五年制高等职业教育教材

语文

总 主 编⊙王劲松
本册主编⊙张 蕾 毕琳琳 李 明

3

北京师范大学出版集团
BEIJING NORMAL UNIVERSITY PUBLISHING GROUP
安 徽 大 学 出 版 社

图书在版编目(CIP)数据

语文.3/张蕾,毕琳琳,李明主编.—合肥:安徽大学出版社,2019.6
五年制高等职业教育教材
ISBN 978-7-5664-1754-1

Ⅰ.①语… Ⅱ.①张… ②毕… ③李… Ⅲ.①大学语文课—高等职业教育—教材 Ⅳ.①H193.9

中国版本图书馆CIP数据核字(2019)第025038号

语文3 张蕾 毕琳琳 李明 主编

出版发行:北京师范大学出版集团
安徽大学出版社
(安徽省合肥市肥西路3号邮编230039)
www.bnupg.com.cn
www.ahupress.com.cn
印 刷:合肥现代印务有限公司
经 销:全国新华书店
开 本:170mm×240mm
印 张:18.25
字 数:260千字
版 次:2019年6月第1版
印 次:2019年6月第1次印刷
定 价:45.00元
ISBN 978-7-5664-1754-1

策划编辑:马晓波 钱翠翠
责任编辑:马晓波 钱翠翠 李月跃
责任印制:陈 如 孟献辉
装帧设计:张同龙 孟献辉
美术编辑:李 军

前言

习近平总书记在全国教育大会上指出：培养什么人，是教育的首要问题。要把立德树人融入思想道德教育、文化知识教育、社会实践教育各环节，培养德智体美劳全面发展的社会主义建设者和接班人。国务院《关于加快发展现代职业教育的决定》强调："在保障学生技术技能培养质量的基础上，加强文化基础教育，实现就业有能力、升学有基础。"

以初中为起点的五年制高等职业教育，主要培养兼具较高文化素质和专业技术技能的专门人才。"语文"作为五年制高职教育各专业必修的公共基础课，是学习文化基础课和专业技能课的基础与前提。

为提高五年制高职学生的文化素质，确保五年制高等职业教育质量，我们编写了本套教材。

一、宗旨与目的

本套教材的编写宗旨与目的为：以美育为主线，以能力为核心。

(1)体现育人功能，使学生能够努力向真、向善，做一个讲诚信、有道德的人。

(2)提升审美能力，使学生善于发现美、鉴赏美，做一个爱生活、有品味的人。

(3)强调思辨能力，使学生能够思考、规划人生，做一个思进取、有追求的人。

(4)提高实践能力，使学生能听会说、爱读善写，做一个能学习、善表达的人。

二、框架安排

本套教材分四册，每册5个单元，每单元选文5篇，以内容主题为划分标准。每单元后面分别安排“口语交际训练”“应用写作”“基础写作”和“综合实践活动”等内容，从听、说、读、写等方面对学生进行专题训练。另外，每本书最后都有附录，内容主要是一些常识性、法规性和工具性的知识，以拓展学生的视野，提升他们的综合能力水平。

三、选编原则

1. 内容经典性与当代性的融合

(1) 教育的本质首先是接受，是传承，是将受教育者变成有历史感、有深度的人。经典是经过几代人的淘洗筛选得来的，代表了我们无法逾越的历史和必须了解的传统。其次，从经典的定义来看，经典同时体现着复杂的价值、立场、趣味。当某一作品所包含的信息、所传达的经验具有普适性时，它成为经典的可能性就越大，对个体的塑造功能也越大。

(2) 语文教育的目的主要不是让学生去读史讲典，而是学会以汉语语言为工具，毫无阻隔地融入到当下的生活之中。而最便捷的方式无过于将当代作品引入教材，它意味着将当代人的生活、精神与价值引入课堂，将当代的文体、文风、语言状况与表达方式引入课堂。

2. 内容地方性与世界性的统一

(1) 地方性是本套教材的特色之一，首先是立足地方，了解自己，然后才能更好地了解世界。第一册第一单元选编内容以安徽省为对象，内容包括安徽的自然风光、风土人情、非物质文化遗产等。

(2) 适当选取了外国文学作品，帮助学生了解普适性的价值追求，同时能够接受、思考差异性的存在。开拓视野，了解部分国外习俗文化等。

3. 内容的深度与适切度的调合

考虑到五年制高职学生特点，既选了经典美文，发挥经典文本引领作用，提高学生文本鉴赏能力，又选择了一些浅显易懂、富有情趣的文章，提高学生的阅读兴趣。

本套教材的编写者均为一线教师，具有丰富的教学经验，希望能为五年制高职教育奉献自己的一份力量，为广大五年制高职学生的成长贡献自己的光与热。

教材编写过程中，我们学习参考了有关资料，对于资料的原作者，谨表深深的谢意。

由于时间仓促，书中可能会有不妥之处，恳请广大师生在使用过程中提出宝贵意见，以便我们及时进行修订。

编者

2019年5月

目录

第一单元　丝绸之路

第二单元　谈谈爱情

第三单元　热爱生活

第四单元　壮哉中年

第五单元　责任义务

附　录

第一单元

丝绸之路

单元导语

丝绸之路，简称“丝路”，是指西汉时，由张骞出使西域开辟的以长安（今西安）为起点，经甘肃、新疆，到中亚、西亚，并联结地中海各国的陆上通道。因为由这条路西运的货物中以丝绸制品的影响最大，所以19世纪下半期，来自德国的地理学家费迪南·冯·李希霍芬将这条路称为“丝绸之路”，并迅速得到大家的广泛认同。经过几个朝代的努力，丝绸之路的路线范围不断拓宽，已经发展为遍及欧亚大陆甚至包括北非和东非在内的长途商业贸易和文化交流的线路。

为使欧亚各国经济联系更加紧密、相互合作更加深入、发展空间更加广阔，2013年习近平总书记提出共同建设“丝绸之路经济带”。重新激活这条古老的贸易通道，对于沿途国家的经济建设、地区繁荣乃至世界经济的平衡都具有重大的战略意义。

围绕着“丝绸之路”这个主题，本单元共选取了五篇文章，向大家介绍丝绸之路上的民风民情、历史文化、艺术底蕴等。叶文玲通过《洛阳诗韵》向我们展示了“十三朝古都”洛阳的灿烂文明，白马寺、唐三彩、龙门石窟，件件瑰宝无不让人叹服。刘成章的《安塞腰鼓》为我们展现了“天下第一鼓”的大气磅礴、流畅飘逸，也将生活在黄土高原上的人们淳朴、憨厚、豪迈、不屈的精神蕴含其中。余秋雨的《莫高窟》则告诉我们，尽管中国古代文明曾屡遭不幸，但中华民族毕竟有着世界文明史上最伟大最灿烂的文化，这种文化孕育了它的生生不息、吐纳百代的独特禀赋。《西风胡杨》是一篇感物吟志的散文，为怀念胡杨树在沙漠中所保护的西域文明而写，抒发了作者对胡杨树的热爱、同情和赞美之情，也表达了对环境保护事业的关注。《内蒙访古》中翦伯赞带领我们寻访了最古的长城以及大青山脚下的古堡和青冢，表达了作者促进各民族文化交流，加强民族团结的强烈愿望。

本单元的口语交际训练安排了“倾听与诉说（上）”，通过学习，使学生掌握倾听与诉说的基本要求和方法。

1 洛阳诗韵[1]

叶文玲

· 课文导读 ·

本文是一篇语言优美、情丝悠长的散文。因着“特殊的机遇和亲缘”，作者多次来到洛阳，对有着深厚历史文化底蕴的古都洛阳“十分偏爱”，且“有着笃诚的崇拜”。在洛阳，有被称为“天下第一寺”的白马寺；在洛阳，有“群芳之冠的牡丹”；在洛阳，有已有“1300年历史的唐三彩”；在洛阳，还有“无比雄奇的龙门石窟”。读课文时，我们要体会作者对悠久灿烂的中华民族历史文化的挚爱之情。

学习本文时重点体会作者觉得洛阳有着怎样“特殊的况味”，又是如何去表现这种“况味”的。

中原忆，最忆是洛阳[2]。情思悠悠中写下这句话，连笔尖都带了几分醉意。

水自天上来的黄河，浩荡东去，沿途凝结了一颗颗明珠似的城市，洛阳是璀璨的一颗。

洛阳一似黄河激扬雄浑的音符，洛阳又像春之神明媚动人的笑靥。不不，

---

① 选自《叶文玲文集》（作家出版社1998年版）。叶文玲（1942— ），浙江台州人，当代小说家，曾任浙江省作协主席。主要作品有《无花果》《心香》《父母官》《太阳的骄子》《无梦谷》《我的“长生果”》等。

② 【洛阳】位于河南省西部、黄河中下游，因地处洛河之阳而得名，是国务院首批公布的国家历史文化名城，中国四大古都之一，世界文化名城。洛阳有“十三朝古都”之称，是东汉、曹魏、西晋、北魏及隋唐时期丝绸之路的东方起点。

洛阳就是洛阳，洛阳是历史厚重的馈赠和沉积，从洛阳发掘的文化遗产，足可以代表中华民族灿烂的精神财富。

在河南的24载中，洛阳是我去的最勤的地方，特殊的机遇和亲缘，使我对洛阳十分偏爱。我总觉得这个九朝古都，有着特殊的况味，不然的话，历代文人墨客，也不会把对洛阳的赞誉，写进千首万阕诗词里了。

“陆机入洛，噪起才名。”——30年前，我曾抄录这一古句，慰勉当时发落邙山[①]的兄长。我对这个东汉、魏晋、隋唐时代的全国乃至亚洲的经济文化中心，有着笃诚的崇拜。洛阳，光名字就是古色古香，充满文情和诗意的；洛阳，历代才俊辈出，在东汉时就有过3万多太学生呐！

24年前，我初访洛阳，就觉得她名不虚传。24年中多次去洛阳，一次比一次深地感受到她的古美和奇绝。

洛阳古，她有“天下第一寺”的白马寺。许多城市的风景点，常见冠以“天下第一”的美称，但都没有白马寺这个“第一”叫我感到真切实在。

据史书记载：东汉永平八年，明帝遣使去天竺国求佛经，得贝叶经四十二章和佛像，用白马驮回。天竺沙门摄摩腾、竺法兰护送至京师，遂建成了中国佛教之源的白马寺。白马寺门口那匹粗拙的石塑白马，便是文化使者的象征；寺后墓园中，摄摩腾和竺法兰的大圆坟，年年芳草青青，更使历史和现实贴近。

洛阳美，她有群芳之冠的牡丹。聪明的洛阳人，古戏今做，把传说中不肯献媚而被武则天贬谪的牡丹奉为市花[②]。在花事烂漫的5月，年年举行规

① 【邙(máng)山】在河南省西部、陇海铁路北，西起自三门峡市，东止于伊洛河岸。

② 【把传说中……奉为市花】相传，寒冬时节，武则天想游览上苑，便专门宣诏：“明朝游上苑，火急报春知。花须连夜发，莫待晓风吹。”第二天，园内众花竞开，独牡丹未开，武则天一怒之下将牡丹从长安贬到洛阳。谁知，牡丹一迁至洛阳竟开出艳丽的花朵。1982年洛阳市将牡丹花作为洛阳市“市花”，每年根据牡丹开放情况于4月某日至5月某日举办洛阳牡丹花会。

洛阳牡丹

模空前的牡丹花会。这一来，王城公园的牡丹，越发明媚娇妍；市区的十里长街，更有三步一座姹紫嫣红的牡丹园。而今，洛水之畔看牡丹，已成了域外海内的文明盛事。花会期间，洛阳城日日车水马龙，游人如织。人笑传：光捡看花人挤落的鞋子，都能捡上几大车呢！

洛阳绝，她有1300年历史的唐三彩[①]。这种运用赭、白、绿色铅釉烧制的三彩陶名扬天下。其中造型最优美的马和骆驼，已成了人们馈赠亲友的佳品。不久前，在洛阳还发掘了隋代的三彩骆驼，它釉色苍晦素净、姿态生动逼真，无愧是隋代工匠的杰作，也是举世罕见的艺术瑰宝。而今，唐三彩驼、马，已带着它们特有的明光丽色"走"向世界各地——我在不止一个外国朋友的柜橱中，看到了它们的风姿。去年，当我告别中原时，谙熟我心思的哥哥，一下为我"牵"来了五匹大小不同的唐三彩马，真是"愿借明驼千里足"，送我还故乡呢！

洛阳奇，更因她有无比雄伟的龙门石窟[②]。这个在洛阳市南12公里的去处，有与洛阳同样古香古色的名字：伊阙。

---

① 【唐三彩】中国古代陶瓷烧制工艺的珍品，全名为"唐代三彩釉陶器"，是盛行于唐代的一种低温釉陶器，釉彩有黄、绿、白、褐、蓝、黑等色彩，而以黄、绿、白三色为主，所以人们习惯称之为"唐三彩"。因唐三彩最早、最多出土于洛阳，亦有"洛阳唐三彩"之称。

② 【龙门石窟】中国石刻艺术宝库之一，现为世界文化遗产、全国重点文物保护单位、国家5A级旅游景区，位于河南省洛阳市洛龙区伊河两岸的龙门山与香山上。龙门石窟与甘肃的莫高窟、麦积山石窟、山西的云冈石窟并称"中国四大石窟"。

龙门山（西山）和香山（东山）夹峙[①]伊水，岚气氤氲[②]，翠峰如簇[③]，北流入洛的伊河，烟柳重，春雾薄，鱼浪起，千片雪。看惯了黄河的浊黄，你定要惊异这伊水怎会如此澄碧；见多了黄土地的苍凉，你更会讶然这龙门两山竟夺得千峰翠色，春意乱生；而叫你真正称奇的，当然还是那浩大辉煌的石窟。

龙门石窟

据记载，开凿于北魏太和十八年的龙门石窟，延续至唐代，历时400余年。令人痛心的是，十之八九的小佛像头部已遭损毁，最著名的《帝后礼佛图》浮雕也被盗凿。但是，残留的佛像形态乃至每块衣袂[④]，都刀法圆熟，极其传神。现存的1352个石窟，785个龛[⑤]，9.7万余尊造像，3680种题记，凝结着我们民族文化的精华。

龙门石窟最雄奇的是奉先寺。卢舍那的塑像是我所见各地佛像中最美的一尊。那婉约端丽的姿态，那摄人心魄的慧眼美目，那浅笑盈盈的秀美双唇，真是集美之大成。

到洛阳，游龙门，不拘四季，无论晨昏，一棹[⑥]碧涛春水路，龙门石窟永远向你展示着壮美的大观。而当你沿着香山寺、白居易墓、宾阳洞、药方洞、

① 【夹峙（zhì）】左右高高地直立。

② 【氤氲（yīnyūn）】指湿热飘荡的云气，烟云弥漫的样子。形容烟或云气浓郁。

③ 【簇（cù）】形声字，本义是小竹丛生。

④ 【衣袂（mèi）】泛指宽大衣服的袖口。

⑤ 【龛（kān）】供奉佛像或神位的石室或小阁。

⑥ 【棹（zhào）】船用撑杆。

万佛洞、奉先寺一一游赏时，你将会如品诗韵、如临仙境，一轴六代九朝的画卷，一部中华民族的文化史，正徐徐向你展开……

思考与练习

一、下列加点字的读音完全正确的一项是（　　）

A. 璀（cuǐ）璨　笑靥（yè）　贬谪（dí）　姹（chà）紫嫣红

B. 氤氲（wēn）　衣袂（mèi）　釉（yòu）色　谙（yīn）熟

C. 夹峙（zhì）　粗拙（zhuō）　伊阙(què)　龛（kān）

D. 馈赠（kuì）　棹（zhuó）　一阕（quē）　苍晦（méi）

二、作者认为洛阳有着怎样“特殊的况味”，又运用了哪些材料来介绍这些“特殊的况味”？

三、课外搜集关于洛阳的史料、诗词，深入了解这座历史文化名城。

四、读读记记。

1. 洛阳城东西，长作经时别。昔去雪如花，今来花似雪。

——【中国】南北朝 · 范云《别诗》

2. 洛阳亲友如相问，一片冰心在玉壶。

——【中国】唐 · 王昌龄《芙蓉楼送辛渐》

2 安塞腰鼓[1]

刘成章

· 课文导读 ·

这是一篇释放着蓬勃力量的散文。安塞腰鼓是属于黄土高原的一种艺术形式，充满原始、浓郁的乡土气息。它起源于战争和祭祀，后来演变为民间的娱乐活动，已有数千年的历史。安塞腰鼓可由几千人一起演奏，具有粗犷豪放、气势磅礴、舞姿优美、流畅飘逸、有张有弛、变化多端等特点。安塞腰鼓融舞蹈、武术、体操、打击乐、吹奏乐、民歌于一体，被称为“天下第一鼓”。

学习本文，我们要体会作者在文中体现出的力量之美和对黄土高原的热爱。文中大量运用排比句式，应反复阅读并赏析。

一群茂腾腾的后生。

他们的身后是一片高粱地。他们朴实得就像那片高粱。

咝溜溜的南风吹动了高粱叶子，也吹动了他们的衣衫。

他们的神情沉稳而安静。紧贴在他们身体一侧的腰鼓，呆呆的，似乎从来不曾响过。

但是：

① 选自《羊想云彩》(中国工人出版社1996年版)，最早发表于1986年10月3日的《人民日报·大地副刊》。刘成章（1937— ），当代诗人、散文家，陕西省延安市人。代表作有散文《山峁》《扛椽树》《老黄风记》等，散文集《羊想云彩》曾荣获首届鲁迅文学奖。

看！——

一捶起来就发狠了，忘情了，没命了！百十个斜背腰鼓的后生，如百十块被强震不断击起的石头，狂舞在你的面前。骤雨一样，是急促的鼓点；旋风一样，是飞扬的流苏；乱蛙一样，是蹦跳的脚步；火花一样，是闪射的瞳仁；斗虎一样，是强健的风姿。黄土高原上，爆出一场多么壮阔、多么豪放、多么火烈的舞蹈哇——安塞腰鼓！

千人腰鼓

这腰鼓，使冰冷的空气立即变得燥热了，使恬静的阳光立即变得飞溅了，使困倦的世界立即变得亢奋了。

使人想起：落日照大旗，马鸣风萧萧①！

使人想起：千里的雷声万里的闪②！

使人想起：晦暗③了又明晰、明晰了又晦暗、而后最终永远明晰了的大彻大悟！

容不得束缚，容不得羁绊④，容不得闭塞。是挣脱了、冲破了、撞开了的那么一股劲！

好一个安塞腰鼓！

---

① 【落日照大旗，马鸣风萧萧】出自杜甫《后出塞》，意思为夕阳照耀着战旗，战马嘶鸣，寒风萧萧，表现出一种凛然庄严的行军场面。

② 【千里的雷声万里的闪】出自陕北民歌《山丹丹开花红艳艳》。

③ 【晦（huì）暗】昏暗。这里是迷惘、糊涂的意思。

④ 【羁（jī）绊（bàn）】缠住不能脱身，束缚。

百十个腰鼓发出的沉重响声，碰撞在四野长着酸枣树的山崖上，山崖蓦然变成牛皮鼓面了，只听见隆隆，隆隆，隆隆。

百十个腰鼓发出的沉重响声，碰撞在遗落了一切冗杂[①]的观众的心上，观众的心也蓦然变成牛皮鼓面了，也是隆隆，隆隆，隆隆。

隆隆隆隆的豪壮的抒情，隆隆隆隆的严峻的思索，隆隆隆隆的犁尖翻起的杂着草根的土浪，隆隆隆隆的阵痛的发生和排解……

好一个安塞腰鼓!

后生们的胳膊、腿、全身，有力地搏击着，疾速地搏击着，大起大落地搏击着。它震撼着你，烧灼[②]着你，威逼着你。它使你从来没有如此鲜明地感受到生命的存在、活跃和强盛。它使你惊异于那农民衣着包裹着的躯体，那消化红豆角老南瓜的躯体，居然可以释放出那么奇伟磅礴[③]的能量!

黄土高原啊，你生养了这些元气淋漓的后生；也只有你，才能承受如此惊心动魄的捶击!

多水的江南是易碎的玻璃，在那儿，打不得这样的腰鼓。

除了黄土高原，哪里再有这么厚这么厚的土层啊!

好一个黄土高原! 好一个安塞腰鼓!

每一个舞姿都充满了力量。每一个舞姿都呼呼作响。每一个舞姿都是光与影的匆匆变幻。每一个舞姿都使人颤栗在浓烈的艺术享受中，使人叹为观止[④]。

好一个痛快了河山、蓬勃了想象力的安塞腰鼓!

愈捶愈烈! 形成了沉重而又纷飞的思绪!

---

① 【冗（rǒng）杂】形容（事情）繁杂，缺乏统一协调。

② 【烧灼（zhuó）】指高温炙烫。

③ 【磅（páng）礴（bó）】形容气势盛大，广大无边。

④ 【叹为观止】叹，赞赏。观止，看到这里就够了。指赞美所见的事物好到极点。

愈捶愈烈！思绪中不存任何隐秘！

愈捶愈烈！痛苦和欢乐，生活和梦幻，摆脱和追求，都在这舞姿和鼓点中，交织！旋转！凝聚！奔突！辐射！翻飞！升华！人，成了茫茫一片；声，成了茫茫一片……

当它戛然而止[1]的时候，世界出奇的寂静，以致使人感到对她十分陌生了。

简直像来到另一个星球。

耳畔是一声渺远的鸡啼。

练习与思考

一、研读课文，回答以下问题。

1. 安塞腰鼓的总体特征是什么，作者从哪些角度展示了安塞腰鼓的美？

2. “好一个安塞腰鼓”在文中反复出现，包含着作者什么样的情感？作者想要赞颂什么？

3.“多水的江南是易碎的玻璃，在那儿，打不得这样的腰鼓。”该如何理解这句话？

二、文中使用最多的修辞手法是什么？试举例说明这种手法对表现文章思想感情所起的作用。

① 【戛（jiá）然而止】戛然，突然停止的样子。形容声音突然终止。

三、结合课文，分析本文的语言特点。

四、“安塞腰鼓”是产生于黄土高原的一种艺术形式，充满原始和浓郁的乡土气息，被称为“天下第一鼓”。请同学们课后查找资料，了解安塞腰鼓及其发源地——黄土高原。

五、读读记记。

1.人的生命，似洪水奔流，不遇到岛屿与暗礁，就难以激起美丽的浪花。

——【苏联】奥斯特洛夫斯基《奥斯特洛夫斯基两卷集》

2.种子不落在肥土而落在瓦砾中，有生命力的种子决不会悲观叹气，因为有了阻力才有磨练。

——【中国】夏衍《野草》

3 莫高窟[1]

余秋雨

·课文导读·

本文虽为游记，却与一般的游记不同，字里行间流露出浓厚的文化韵味。作者在对历史的回忆与追踪中，传递出种种与社会、与人生、与命运相关的意蕴。作者看莫高窟，“不是看死了一千年的标本，而是看活了一千年的生命”，他被艺术壮阔的生命力震撼，又在这震撼中感受到情感的升腾。

全文共四个部分，作者用充满激情的诗一般的语言尽情讴歌了伟大的敦煌艺术，给人以强烈的感染。第一部分交代了莫高窟的地理位置和开凿时间。第二部分充满激情地勾勒了莫高窟艺术各个不同历史时期的特点。第三部分主要写作者的感受。第四部分总结全文，表达了意犹未尽、难以忘怀的感情。

学习本文，重在通过作者激情的文字感受莫高窟艺术傲视异邦、吐纳百代的独特魅力。

一

莫高窟对面，是三危山。《山海经》记，“舜逐三苗于三危”[2]。可见它是华夏文明的早期屏障，早得与神话分不清界线。那场战斗怎么个打法，现

---

① 选自《文化苦旅》（东方出版中心1992年版）。《文化苦旅》是余秋雨20世纪80年代末和90年代初在海内外讲学和考察途中写下的作品，是他的第一部文化散文集。余秋雨（1946— ），浙江省余姚县人，当代著名文化学者、理论家、文化史学家、作家。主要作品有《余秋雨散文集》《山河之书》《戏剧理论史稿》等。

② 【舜逐三苗于三危】舜击败了三苗部落，将他们放逐到三危去了。

在已很难想象，但浩浩荡荡的中原大军总该是来过的。当时整个地球还人迹稀少，哒哒的马蹄声显得空廓而响亮。让这么一座三危山来做莫高窟的映壁，气概之大，人力莫及，只能是造化的安排。

公元366年，一个和尚来到这里。他叫乐樽[①]，戒行清虚，执心恬静，手持一支锡杖，云游四野。到此已是傍晚时分，他想找个地方栖宿。正在峰头四顾，突然看到奇景：三危山金光灿烂，烈烈扬扬，像有千佛在跃动。是晚霞吗？不对，晚霞就在西边，与三危山的金光遥遥对应。

三危金光之谜，后人解释颇多，在此我不想议论。反正当时的乐樽和尚，刹那间激动万分。他怔怔地站着，眼前是腾燃的金光，背后是五彩的晚霞，他浑身被照得通红，手上的锡杖也变得水晶般透明。他怔怔地站着，天地间没有一点声息，只有光的流溢，色的笼罩。他有所憬悟[②]，把锡杖插在地上，庄重地跪下身来，朗声发愿，从今要广为化缘，在这里筑窟造像，使它真正成为圣地。和尚发愿完毕，两方光焰俱黯，苍然暮色压着茫茫沙原。

不久，乐樽和尚的第一个石窟就开工了。他在化缘之时广为播扬自己的奇遇，远近信士也就纷纷来朝拜胜景。年长日久，新的洞窟也一一挖出来了。上至王公，下至平民，或者独筑，或者合资，把自己的信仰和祝祈，全向这座陡坡凿进。从此，这个山岙[③]的历史，就离不开工匠斧凿的叮当声。

工匠中隐潜着许多真正的艺术家。前代艺术家的遗留，又给后代艺术家以默默的滋养。于是，这个沙漠深处的陡坡，浓浓地吸纳了无量度的才情，空灵灵又胀鼓鼓地站着，变得神秘而又安详。

二

从哪一个人口密集的城市到这里，都非常遥远。在可以想象的将来，还

---

① 【樽】zūn。

② 【憬（jǐng）悟】醒悟、觉悟。

③ 【山岙（ào）】浙江、福建等沿海一带称山间平地（多用于地名）。

只能是这样。它因华美而矜持，它因富有而远藏。它执意要让每一个朝圣者，用长途的艰辛来换取报偿。

莫高窟

我来这里时刚过中秋，但朔风[①]已是铺天盖地。一路上都见鼻子冻得通红的外国人在问路，他们不懂中文，只是一叠连声地喊着："莫高！莫高！"声调圆润，如呼亲人。国内游客更是拥挤，傍晚闭馆时分，还有一批刚刚赶到的游客，在苦苦央求门卫，开方便之门。

我在莫高窟一连呆了好几天。第一天入暮，游客都已走完了，我沿着莫高窟的山脚来回徘徊。试着想把白天观看的感受在心头整理一下，很难；只得一次次对着这堵山坡傻想，它究竟是个什么样的存在？

比之于埃及的金字塔，印度的山奇大塔[②]，古罗马的斗兽场[③]遗迹，中国的许多文化遗迹常常带有历史的层累性。别国的遗迹一般修建于一时，兴盛于一时，以后就以纯粹遗迹的方式保存着，让人瞻仰。中国的长城就不是如此，总是代代修建、代代拓伸。长城，作为一种空间的蜿蜒，竟与时间的蜿蜒紧紧对应。中国历史太长、战乱太多、苦难太深，没有哪一种纯粹的遗迹能够长久保存，除非躲在地下，躲在坟里，躲在不为常人注意的秘处。阿房宫[④]烧了，

① 【朔风】指冬天的风，也指寒风、西北风。

② 【山奇大塔】印度著名的古迹，是印度早期王朝时代的佛塔，位于中央邦首府博帕尔附近的桑奇村。

③ 【斗兽场】古罗马帝国标志性的建筑物之一，建于公元72—82年，遗址位于意大利首都罗马市中心。是古罗马帝国专供奴隶主、贵族和自由民观看斗兽或奴隶角斗的地方。

④ 【阿房宫】读音存在争议，主流观点认为应读作 ē páng gōng。阿房宫被誉为"天下第一宫"，始建于秦始皇三十五年（前212年），遗址位于今陕西省西安市西郊。

滕王阁[1]坍了，黄鹤楼[2]则是新近重修。成都的都江堰[3]所以能长久保留，是因为它始终发挥着水利功能。因此，大凡至今哄传的历史胜迹，总有生生不息、吐纳百代的独特禀赋。

莫高窟可以傲视异邦古迹的地方，就在于它是一千多年的层层累聚。看莫高窟，不是看死了一千年的标本，而是看活了一千年的生命。一千年而始终活着，血脉畅通、呼吸匀停，这是一种何等壮阔的生命！一代又一代艺术家前呼后拥向我们走来，每个艺术家又牵连着喧闹的背景，在这里举行着横跨千年的游行。纷杂的衣饰使我们眼花缭乱，呼呼的旌旗[4]使我们满耳轰鸣。在别的地方，你可以蹲下身来细细玩索一块碎石、一条土埂，在这儿完全不行，你也被裹卷着，身不由主，踉踉跄跄[5]，直到被历史的洪流消融。在这儿，一个人的感官很不够用，那干脆就丢弃自己，让无数双艺术巨手把你碎成轻尘。

因此，我不能不在这暮色压顶的时刻，在山脚前来回徘徊。一点点地找回自己，定一定被震撼了的惊魂。晚风起了，夹着细沙，吹得脸颊发疼。沙漠的月亮，也特别清冷。山脚前有一泓泉流，汩汩[6]有声。抬头看看，侧耳听听，总算，我的思路稍见头绪。

白天看了些什么，还是记不大清。只记得开头看到的是青褐浑厚的色流，那应该是北魏的遗存。色泽浓厚沉着得如同立体，笔触奔放豪迈得如同剑戟。

---

① 【滕王阁】与湖北武汉的黄鹤楼、湖南岳阳的岳阳楼并称“江南三大名楼”，位于江西省南昌市。滕王阁因唐太宗李世民之弟——滕王李元婴始建而得名，因初唐诗人王勃的《滕王阁序》为后人熟知。

② 【黄鹤楼】湖北省武汉市标志性建筑，与晴川阁、古琴台并称“武汉三大名胜”，自古享有“天下江山第一楼”和“天下绝景”之称。

③ 【都江堰】位于四川省成都市都江堰市城西，坐落在成都平原西部的岷江上，始建于秦昭王末年（约前256—前251），是蜀郡太守李冰父子在前人鳖灵开凿的基础上组织修建的大型水利工程，两千多年来一直发挥着防洪灌溉的作用。

④ 【旌（jīng）旗】旗帜的总称，也借指军士。

⑤ 【踉踉跄跄】指走路不稳，跌跌撞撞的样子。

⑥ 【汩汩（gǔgǔ）】拟声词，形容水流动的声音或样子。

那个年代故事频繁，驰骋沙场的又多北方骠壮之士，强悍与苦难汇合，流泻到了石窟的洞壁。当工匠们正在这些洞窟描绘的时候，南方的陶渊明，在破残的家园里喝着闷酒。陶渊明喝的不知是什么酒，这里流荡着的无疑是烈酒，没有什么芬芳的香味，只是一派力，一股劲，能让人疯了一般，拔剑而起。这里有点冷，有点野，甚至有点残忍。

色流开始畅快柔美了，那一定是到了隋文帝统一中国之后。衣服和图案都变得华丽，有了香气，有了暖意，有了笑声。这是自然的，隋炀帝正乐呵呵地坐在御船中南下，新竣的运河碧波荡漾，通向扬州名贵的奇花。隋炀帝太凶狠，工匠们不会去追随他的笑声，但他们已经变得大气、精细，处处预示着，他们手下将会奔泻出一些更惊人的东西。

色流猛地一下涡漩[①]卷涌，当然是到了唐代。人世间能有的色彩都喷射出来，但又喷得一点儿也不野，舒舒展展地纳入细密、流利的线条，幻化为壮丽无比的交响乐章。这里不再仅仅是初春的气温，而已是春风浩荡，万物甦醒[②]，人们的每一缕筋肉都想跳腾。这里连禽鸟都在歌舞，连繁花都裹卷成图案，为这个天地欢呼。这里的雕塑都有脉搏和呼吸，挂着千年不枯的吟笑和娇嗔。这里的每一个场面，都非双眼能够看尽，而每一个角落，都够你留连长久。这里没有重复，真正的欢乐从不重复。这里不存在刻板，刻板容不下真正的人性。这里什么也没有，只有人的生命在蒸腾。一到别的洞窟还能思忖片刻，而这里，一进入就让你燥热，让你失态，让你只想双足腾空。不管它画的是什么内容，一看就让你在心底惊呼，这才是人，这才是生命。人世间最有吸引力的，莫过于一群活得很自在的人发出的生命信号。这种信号是磁，是蜜，是涡卷方圆的魔井。没有一个人能够摆脱这种涡卷，没有一个人能够面对着它们而保持平静。唐代就该这样，这样才算唐代。我们的民族，

---

① 【涡漩（wō xuán）】水流回环旋转。

② 【甦（sū）醒】甦，本义为逐渐复活。甦醒即苏醒。

总算拥有这么一个朝代，总算有过这么一个时刻，驾驭如此瑰丽的色流，而竟能指挥若定。

色流更趋精细，这应是五代。唐代的雄风余威未息，只是由炽热走向温煦[①]，由狂放渐趋沉着。头顶的蓝天好像小了一点，野外的清风也不再鼓荡胸襟。

终于有点灰黯了，舞蹈者仰首看到变化了的天色，舞姿也开始变得拘谨。仍然不乏雅丽，仍然时见妙笔，但欢快的整体气氛，已难于找寻。洞窟外面，辛弃疾、陆游仍在握剑长歌，美妙的音色已显得孤单，苏东坡则以绝世天才，与陶渊明呼应。大宋的国土，被下坡的颓势，被理学的层云，被重重的僵持，遮得有点阴沉。

色流中很难再找到红色了，那该是到了元代。

……

这些朦胧的印象，稍一梳理，已颇觉劳累，像是赶了一次长途的旅人。据说，把莫高窟的壁画连起来，整整长达60华里。我只不信，60华里的路途对我轻而易举，哪有这般劳累？

夜已深了，莫高窟已经完全沉睡。就像端详一个壮汉的睡姿一般，看它睡着了，也没有什么奇特，低低的、静静的，荒秃秃的，与别处的小山一样。

三

第二天一早，我又一次投入人流，去探寻莫高窟的底蕴，尽管毫无自信。

游客各种各样。有的排着队，在静听讲解员讲述佛教故事；有的捧着画具，在洞窟里临摹；有的不时拿出笔记写上几句，与身旁的伙伴轻声讨论着学术课题。他们就像焦距不一的镜头，对着同一个拍摄对象，选择着自己所需要的清楚和模糊。

---

① 【温煦（xù）】温暖，和煦。常用于形容阳光。

莫高窟确实有着层次丰富的景深 (depth of field)，让不同的游客摄取。听故事，学艺术，探历史，寻文化，都未尝不可。一切伟大的艺术，都不会只是呈现自己单方面的生命。它们为观看者存在，它们期待着仰望的人群。一堵壁画，加上壁画前的唏嘘[1]和叹息，才是这堵壁画的立体生命。游客们在观看壁画，也在观看自己。于是，我眼前出现了两个长廊：艺术的长廊和观看者的心灵长廊；也出现了两个景深：历史的景深和民族心理的景深。

如果仅仅为了听佛教故事，那么它多姿的神貌和色泽就显得有点浪费。如果仅仅为了学绘画技法，那么它就吸引不了那么多普通的游客。如果仅仅为了历史和文化，那么它至多只能成为厚厚著述中的插图。它似乎还要深得多，复杂得多，也神奇得多。

它是一种聚会，一种感召。它把人性神化，付诸造型，又用造型引发人性，于是，它成了民族心底一种彩色的梦幻，一种圣洁的沉淀，一种永久的向往。

它是一种狂欢，一种释放。在它的怀抱里神人交融、时空飞腾，于是，它让人走进神话，走进寓言，走进宇宙意识的霓虹。在这里，狂欢是天然秩序，释放是天赋人格，艺术的天国是自由的殿堂。

它是一种仪式，一种超越宗教的宗教。佛教理义已被美的火焰蒸馏，剩下了仪式应有的玄秘、洁净和高超。只要是知闻它的人，都会以一生来投奔这种仪式，接受它的洗礼和熏陶。

这个仪式如此宏大，如此广袤。甚至，没有沙漠，也没有莫高窟，没有敦煌。仪式从沙漠的起点已经开始，在沙窝中一串串深深的脚印间，在一个个夜风中的帐篷里，在一具具洁白的遗骨中，在长毛飘飘的骆驼背上。流过太多眼泪的眼睛，已被风沙磨钝，但是不要紧，迎面走来从那里回来的朝拜者，双眼是如此晶亮。我相信，一切为宗教而来的人，一定能带走超越宗教的感受，

---

① 【唏嘘（xī xū）】哭泣后不自主地急促呼吸；抽搭，现在通常指无奈、感慨、叹息。

在一生的潜意识中蕴藏。蕴藏又变作遗传，下一代的苦旅者又浩浩荡荡。为什么甘肃艺术家只是在这里撷取了一个舞姿，就能引起全国性的狂热？为什么张大千举着油灯从这里带走一些线条，就能风靡世界画坛？只是仪式，只是人性，只是深层的蕴藏。过多地捉摸他们的技法没有多大用处，他们的成功只在于全身心地朝拜过敦煌。蔡元培在本世纪初提出过以美育代宗教，我在这里分明看见，最高的美育也有宗教的风貌。或许，人类的将来，就是要在这颗星球上建立一种有关美的宗教？

四

离开敦煌后，我又到别处旅行。

我到过另一个佛教艺术胜地，那里山清水秀，交通便利。思维机敏的讲解员把佛教故事与今天的社会新闻、行为规范联系起来，讲了一门古怪的道德课程。听讲者会心微笑，时露愧色。我还到过一个山水胜处，奇峰竞秀，美不胜收。一个导游指着几座略似人体的山峰，讲着一个个贞节故事，如画的山水立时成了一座座道德造型。听讲者满怀兴趣，扑于船头，细细指认。

我真怕，怕这块土地到处是善的堆垒，挤走了美的踪影。

为此，我更加思念莫高窟。

什么时候，哪一位大手笔的艺术家，能告诉我莫高窟的真正奥秘？日本井上靖的《敦煌》[1]显然不能令人满意，也许应该有中国的赫尔曼·黑塞，写一部《纳尔齐斯与歌尔德蒙》(Narziss and Goldmund)，把宗教艺术的产生，刻画得如此激动人心，富有现代精神。

不管怎么说，这块土地上应该重新会聚那场人马喧腾、载歌载舞的游行。

我们，是飞天的后人。

---

① 【日本井上靖的《敦煌》】井上靖（1907—1991），日本著名小说家、诗人、学者，著有以西域为题材的作品《楼兰》《敦煌》和《丝绸之路诗集》。《敦煌》主要讲述了莫高窟背后的未解之谜，获日本每日艺术大奖。

练习与思考

一、在作者眼中，莫高窟不同历史阶段的作品有着不尽相同的色调，请分别加以描述。

二、分析课文内容，回答下列问题。

1.作者在文中说“看莫高窟，不是看死了一千年的标本，而是看活了一千年的生命”。该如何理解这句话？

2.“这里什么也没有，只有人的生命在蒸腾”一句在文中有何作用？

3.“我真怕，怕这块土地到处是善的堆垒，挤走了美的踪影。”这句话该从什么样的角度去理解？

三、阅读余秋雨的《文化苦旅》。

四、读读记记。

1.我不敢对我们过于庞大的文化有什么祝祈，却希望自己笔下的文字能有一种苦涩后的回味，焦灼后的会心，冥思后的放松，苍老后的年轻。

——【中国】余秋雨《文化苦旅》

2.路，就是书。

——【中国】余秋雨《文化苦旅》

4 西风胡杨[1]

潘　岳

·课文导读·

本文是一篇散文。胡杨是生长在沙漠的古老树种。它耐寒、耐旱、耐盐碱、抗风沙，有很强的生命力。千百年来，胡杨守护在边关大漠，被人们誉为“沙漠守护神”。作者在文章中赞颂了胡杨的坚韧、无私、包容、悲壮，歌颂了“千年不倒”“千年不朽”“宁死不屈”的胡杨对身后土地的保护和不为人知的伟大。

学习本文，我们要注意体会作者对胡杨精神的深情赞美，对胡杨命运的深切同情以及对环保事业的殷切关注。

胡杨生于西域。在西域，那曾经三十六国的繁华，那曾经狂嘶的烈马、腾燃的狼烟、飞旋的胡舞、激奋的羯鼓[2]、肃穆的佛子、缓行的商队，以及那连绵万里直达长安的座座烽火台……都已被那浩茫茫的大漠洗礼得苍凉斑驳。仅仅千年，只剩下残破的驿道，荒凉的古城，七八匹孤零零的骆驼，三五杯血红的酒，两三篇英雄逐鹿的故事，一曲飘忽在天边如泣如诉的羌笛[3]。当然，还剩下胡杨，还剩下胡杨簇簇金黄的叶，倚在白沙与蓝天间，一幅醉人心魄

① 选自《2005中国散文年选》（花城出版社2006年版，中国散文学会主编，李晓虹编）。本文是作者2004年为怀念胡杨树在沙漠中所保护的西域文明而写。潘岳（1960—　），历史学博士，现任中央社会主义学院党组书记、第一副院长，时任国家环境保护总局副局长。

② 【羯（jié）鼓】两面蒙皮，腰部细，用公羊皮做鼓皮，因此叫羯鼓。古时，龟兹、高昌、疏勒、天竺等地的居民都使用羯鼓。

③ 【羌笛】我国古老的单簧气鸣乐器，已有2000多年历史，流行于四川北部阿坝藏羌自治州羌族居住之地。

的画，令人震撼无声。

金色之美，属于秋天。凡秋天最美的树，都在春夏时显得平淡。可当严冬来临时，一场凌风厉雨的抽打，棵棵绿树郁积多时的幽怨，突然迸发出最鲜活最丰满的生命。那金黄，那鲜红，那刚烈，那凄婉，那裹着苍云顶着青天的孤傲，那如悲如喜如梦如烟的摇曳，会使你在夜里借着月光去抚摸隐约朦胧的花影，会使你在清晨踏着雨露去感触飘曳的落叶。你会凝思，你会倾听，你会去当一个剑客，披着一袭白衫，在飘然旋起的片片飞黄与零零落红中遥遥劈斩，挥出那道悲凉的弧线。这便是秋树。如同我爱夕阳，唯有在傍晚，唯有在坠落西山的瞬间，烈日变红了，金光变柔了，道道彩练划出万朵莲花，整个天穹被泼染得绚丽缤纷，使这最后的挣扎，最后的拼搏，抛洒出最后的灿烂。人们开始明白他的存在，开始追忆他的辉煌，开始探寻他的伟大，开始恐惧黑夜的来临。这秋树与夕阳，是人们心中梦中的诗画，而金秋的胡杨，便是这诗画中的绝品。

胡杨，秋天最美的树，是一亿三千万年前遗留下的最古老树种，只生在沙漠。全世界90%的胡杨在中国，中国90%的胡杨在新疆，新疆90%的胡杨在塔里木。我去了塔里木。在这里，一边是世界第二大的三十二万平方公里的塔克拉玛干大沙漠，一边是世界第一大的三千八百平方公里的塔里木胡杨林。两个天敌彼此对视着，彼此僵持着，整整一亿年。在这两者中间，

胡杨

是一条历尽沧桑的古道，它属于人类，那便是丝绸之路。想想当时在这条路上络绎不绝、逶迤而行的人们，一边是空旷的令人窒息的“死海”，一边是鲜活的令人亢奋的生命；一边使人觉得渺小而数着一粒粒流沙去随意抛逝自己的青春，一边又使人看到勃勃而生的绿色去挣扎走完人生的旅程。心中太多的疑惑，使人们将头举向天空。天空中，风雨雷电，变幻莫测。人们便开始探索，开始感悟，开始有了一种冲动，便是想通过今生的修炼而在来世登上白云去了解天堂的奥秘。如此，你就会明白，佛祖释迦牟尼，是如何从这条路上踏进中国的。

胡杨，是我平生所见最坚韧的树。能在零上四十度的烈日中娇艳，能在零下四十度的严寒中挺拔。不怕侵入骨髓的斑斑盐碱，不怕铺天盖地的层层风沙，他是神树，是生命的树，是不死的树。那种遇强则强，逆境奋起，一息尚存，绝不放弃的精神，使所有真正的男儿血脉贲张[①]。霜风击倒，挣扎爬起，沙尘掩盖，奋力撑出。他们为精神而从容赴义，他们为理念而慷慨就死。虽断臂折腰，仍死挺着那一副铁铮铮的风骨；虽伤痕累累，仍显现着那一腔硬朗朗的本色。

胡杨，是我平生所见最无私的树。胡杨是挡在沙漠前的屏障，身后是城市，是村庄，是青山绿水，是喧闹的红尘世界，是并不了解他们的芸芸众生[②]。身后的芸芸众生，是他们生下来活下去斗到底的唯一意义。他们不在乎，他们并不期望人们知道，他们将一切浮华虚名让给了牡丹，让给了桃花，让给了所有稍纵即逝的奇花异草，而将这摧肝裂胆的风沙留给了自己。

胡杨，是我平生所见最包容的树。包容了天与地，包容了人与自然。胡杨林中，有梭梭、甘草、骆驼草，他们和谐共生。容与和，正是儒学的真髓。

---

① 【血脉贲(bēn)张】扩张突起，激奋。现多形容人激动、兴奋的心情。

② 【芸芸众生】佛家语，指一切生灵。一般也用来指众多的生命。

胡杨林是硕大无边的群体，是一荣俱荣一损俱损的团队，是典型的东方群体文明的构架。胡杨的根茎很长，穿透虚浮漂移的流沙，竟能深达二十米去寻找沙下的泥土，并深深根植于大地。如同我们中国人的心，每个细胞、每个枝干、每个叶瓣，无不流动着文明的血脉，使大中国连绵不息的文化，虽经无数风霜雪雨，仍然同根同种同文独秀于东方。

胡杨，是我平生所见最悲壮的树。胡杨生下来一千年不死，死后一千年不倒，倒下去一千年不朽。这不是神话。无论是在塔里木，还是在内蒙额济纳旗，我都看见了大片壮阔无边的枯杨。他们生前为所挚爱的热土战斗到最后一刻，死后仍奇形怪状地挺立在战友与敌人之间。他们让战友落泪，他们让敌人尊敬。那亿万棵宁死不屈、双拳紧握的枯杨，似一个悲天悯人的冬天童话。一看到他们，就会想起岳飞，想起袁崇焕，想起谭嗣同，想起无数中国古人的气节，一种凛凛然、士为知己者死的气节。当初，伍子胥劝夫差防备越国复仇，忠言逆耳，反遭谗杀。他死前的遗言竟是：把我的眼睛挖下来镶在城门上，我要看着敌军入城。他的话应验了。入城的敌军怀着深深的敬意重新厚葬了他与他的眼睛。此时，胡杨林中飘过的阵阵凄风，这凄风中指天画地的条条枝干，以及与这些枝干紧紧相连的棱棱风骨，正如一只只怒目圆睁的眼睛。眼里，是圣洁的心与叹息的泪。

胡杨是当地人的生命。13 世纪，蒙古人通过四个汗国征服了大半个世界，其中金帐汗国最长，统治俄罗斯三百多年。18 世纪，俄罗斯复兴了，桀骜不驯的蒙古土尔扈特骑士们开始怀念东方。他们携家带口，万里迢迢回归祖国。这些兴高采烈的游子怎么也没想到“回乡的路是那么的漫长”，哥萨克骑兵追杀的马刀、突来的瘟疫与浩瀚无边的荒沙，伴随着他们走进新疆，十六万人死了十万。举目无亲的土尔扈特人掩埋了族人的尸体，含泪接受了中国皇帝的赐封，然后，搬入莽莽的胡杨林海。胡杨林收留了他们，就像永无抱怨的母亲。两百年后，他们在胡杨林中恢复了自尊，他们在胡杨林中繁衍了子孙，他们与美丽的胡杨融为一体。我见到了他们的后裔。他们爱喝酒，爱唱歌，更爱胡杨。在他们眼中，胡杨就是赋予他们母爱的祖国。

胡杨并不孤独。在胡杨林前面生着一丛丛、一团团、茸茸的、淡淡的、柔柔的红柳。她们是胡杨的红颜知己。为了胡杨，为了胡杨的精神，为了与胡杨相同的理念，她们自愿守在最前方。她们面对着肆虐的狂沙，背倚着心爱的胡杨，一样地坚韧不退，一样地忍饥挨渴。这又使我想起远在天涯海角，与胡杨同一属种的兄弟，他们是红树林。与胡杨一样，他们生下来就注定要保卫海岸，注定要为身后的繁华人世而牺牲，注定要抛弃一切虚名俗利，注定长得俊美，生得高贵，活得清白，死得忠诚。身后的人们用泥土塑成一个个偶像放在庙堂里焚香膜拜，然后再将真正神圣的他们砍下来烧柴。短短几十年，因过度围海养殖与滥砍滥伐，中国四万两千公顷的红树林已变成一万四千公顷。为此，红树哭了，赤潮来了。

胡杨不能倒。因为人类不能倒，因为人类文明不能倒。胡杨曾孕育了整个西域文明。两千年前，西域为大片葱郁的胡杨覆盖，塔里木、罗布泊等水域得以长流不息，水草丰美，滋润出楼兰、龟兹[①]等三十六国的西域文明。拓荒与争战，使水和文明一同消失在干涸的河床上。胡杨林外，滚滚的黄沙埋下了无数辉煌的古国，埋下了无数铁马冰河的好汉，埋下了无数富丽奢华的商旅，埋下了无知与浅薄，埋下了骄傲与尊严，埋下了伴他们一起倒下的枯杨。让胡杨不倒，其实并不需要人类付出什么。胡杨的生命本来就比人类早很多年。英雄有泪不轻弹，胡杨也有哭的时候。每逢烈日蒸熬，胡杨树身都会流出咸咸的泪，他们想求人类，将上苍原本赐给他们的那一点点水仍然留下。上苍每一滴怜悯的泪，只要洒在胡杨林入地即干的沙土上，就能化出

---

① 【龟(qiū)兹(cí)】又称丘慈、邱兹、丘兹，是中国古代西域大国之一，汉朝时为西域北道诸国之一，唐代安西四镇之一。

漫天的甘露，就能化出沸腾的热血，就能化出清白的正气，就能让这批战士前赴后继地奔向前方，就能让他们继续屹立在那里奋勇杀敌。我看到塔里木与额济纳旗的河水在骤减，我听见上游的人们要拦水造坝围垦开发，我怕他们忘记曾经呵护他们爷爷的胡杨，我担心他们的子孙会重温那荒漠残城的噩梦。

写胡杨的人很少。翻遍古今文献，很难找到一篇像样的胡杨诗文。中华大地上，总有那么一批不求显达的精英，总有那么一批无私奉献的中坚，总有那么一批甘于寂寞的士子，如中流砥柱[①]般地撑起整个江河大川。不被人知的伟大才是真正的伟大，同理，不被人知的平凡才是真正的平凡。我站在这孑然[②]凄立的胡杨林中，我祈求上苍的泪，哪怕仅仅一滴；我祈求胡杨、红柳与红树，请他们再坚持一会儿，哪怕只有几十年；我祈求所有饱食终日的人们背着行囊在大漠中静静地走走，哪怕就三天。我想哭，想为那些仍继续拼搏的战士而哭，想为倒下去的伤者而哭，想为那死而不朽的精神而哭，想让更多的人在这片胡杨林中都好好地哭上一哭。也许这些苦涩的泪水能化成蒙蒙细雨再救活几株胡杨。然而我不会哭。因为这不是英雄末路的悲怆，更不是传教士的无奈。胡杨还在，胡杨的精神还在，生命还在，苍天还在，苍天的眼睛还在。那些伤者将被疗治，那些死者将被祭奠，那些来者将被激励。

直到某日，被感动的上苍猛然看到这一大片美丽忠直、遍体鳞伤的树种问：你们是谁？烈烈西风中有无数声音回答：我是胡杨。

---

① 【中流砥柱】比喻坚强的、能起支柱作用的人或集体，就像立在黄河激流中的砥柱山（在三门峡）一样。

② 【孑（jié）然】形容单独，孤单。

练习与思考

一、文章第一段将西域昔日的繁华与今天的滚滚黄沙进行对比，请简要说说这样写的作用是什么。

二、研读课文，说说作者是从哪几个方面赞颂胡杨的，又是怎样从胡杨联系到人的。

三、解析下列语句。

1.“胡杨生下来一千年不死，死后一千年不倒，倒下去一千年不朽。这不是神话。……他们生前为所挚爱的热土战斗到最后一刻，死后仍奇形怪状地挺立在战友与敌人之间。他们让战友落泪，他们让敌人尊敬。”胡杨为什么会“死而不倒”？生前，它是为了什么而“战斗”？死后，它又为了什么而“挺立”？

2.“这不是英雄末路的悲怆，更不是传教士的无奈。胡杨还在，胡杨的精神还在，生命还在，苍天还在，苍天的眼睛还在。那些伤者将被疗治，那些死者将被祭奠，那些来者将被激励。”你从这几句话中体会到了什么？胡杨“精神”的具体内涵是什么，它可以如何疗治伤者、祭奠死者、激励来者？

3.“我祈求上苍的泪，哪怕仅仅一滴……也许这些苦涩的泪水能化成蒙蒙细雨再救活几株胡杨。”这段话表达了作者怎样的情感？

四、读读记记。

1.忍耐和坚持虽是痛苦的事情，但却能渐渐地为你带来好处。

——【古罗马】奥维德

2.既然我已经踏上这条道路，那么，任何东西都不应妨碍我沿着这条路走下去。

——【德国】康德

5 内蒙访古（节选）[1]

翦伯赞

·课文导读·

本文是一篇游记散文。作者于1961年应邀到内蒙古访问，写下了这篇具有史论色彩的文章。全文除引子外分为六个小节，本文选取了其中的第二和第三小节。

学习本文时，要注意找出交代作者行踪的词语，总结作者组织安排材料的思路；既然题为“访古”，那么留意作者寻访了哪些古迹，并在其中表达了怎样的观点。

学习本文时，还要进一步了解夹叙夹议、记叙为议论服务的写法。

一九六一年夏天，我和历史学家范文澜、吕振羽同志等应乌兰夫同志的邀请，访问了内蒙古自治区。访问历时近两月(从七月二十三日到九月十四日)，行程达一万五千余里。要想把这次访问的收获都写出来那是写不完的，不过也可以用最简单的话概括这次访问的收获，那就是“见所未见，闻所未闻”。现在我想写一点内蒙访古的见闻。

---

① 节选自《散文特写选（1959—1961）》（人民文学出版社1963年版），有改动。翦伯赞（1898—1968），湖南桃源县人，著名历史学家、社会活动家，著名马克思主义史学家，中国马克思主义历史科学的重要奠基人之一。主要著作有《历史哲学教程》《中国史论集》等。

一段最古的长城

火车走出居庸关[①]，经过了一段崎岖的山路以后，便在我们面前敞开了一片广阔的原野，一片用望远镜都看不到边际的原野，这就是古之所谓塞外。

从居庸关到呼和浩特大约有一千多里的路程，火车都在这个广阔的高原上奔驰。我们都想从铁道两旁看到一些塞外风光，黄沙白草之类，然而这一带既无黄沙，亦无白草，只有肥沃的田野，栽种着各种各样的庄稼：小麦、荞麦、谷子、高粱、山药、甜菜等等。如果不是有些地方为了畜牧的需要而留下了一些草原，简直要怀疑火车把我们带到了河北平原。

过了集宁，就隐隐望见了一条从东北向西南伸展的山脉，这就是古代的阴山，现在的大青山。大青山是一条并不很高但很宽阔的山脉，这条山脉像一道墙壁把集宁以西的内蒙分成两边。值得注意的是山的南北，自然条件迥乎[②]不同。山的北边是暴露在寒冷的北风之中的起伏不大的波状高原。据《汉书·匈奴传》载，这一带在古代就是一个“少草木，多大沙”的地方。山的南边，则是在阴山屏障之下的一个狭长的平原。

现在的大青山，树木不多，但据《汉书·匈奴传》载，这里在汉代却是一个“草木茂盛，多禽兽”的地方，古代的匈奴人曾经把这个地方当作自己的苑囿[③]。一直到蒙古人来到阴山的时候，这里的自然条件还没有什么改变。关于这一点，从呼和浩特和包头这两个蒙古语的地名可以得到说明。呼和浩特，蒙古语意思是青色的城。包头也是蒙古语的音译，意思是有鹿的地方。这两个蒙古语的地名，很清楚地告诉了我们，直到十三世纪或者更晚的时候，这里还是一个有森林、有草原、有鹿群出没的地方。

---

① 【居庸关】京北长城沿线上的著名古关城，“天下九塞”之一，“太行八陉”之八。居庸关与紫荆关、倒马关、固关并称“明朝京西四大名关”，其中居庸关、紫荆关、倒马关又称“内三关”。

② 【迥（jiǒng）乎】形容相差很远。迥，差得远。

③ 【苑囿（yòu）】指划定一定范围的（如墙垣等），具有生产、游赏等功能的皇家专属领地。

呼和浩特和包头这两个城市，正是建筑在大青山南麓[①]的沃野之中。秋天的阴山，像一座青铜的屏风安放在它们的北边，从阴山高处拖下来的深绿色的山坡，安闲地躺在黄河岸上，沐着阳光。这是多么平静的一个原野！但这个平静的原野在民族关系紧张的历史时期，却经常是一个风浪最大的地方。

愈是古远的时代，人类的活动愈受自然条件的限制。特别是那些还没有定居下来的骑马的游牧民族，更要依赖自然的恩赐，他们要自然供给他们丰富的水草。阴山南麓的沃野，正是内蒙西部水草最肥美的地方。正因如此，任何游牧民族只要进入内蒙西部，就必须占据这个沃野。

阴山以南的沃野不仅是游牧民族的苑囿，也是他们进入中原地区的跳板。只要占领了这个沃野，他们就可以强渡黄河，进入汾河或黄河河谷。如果他们失去了这个沃野，就失去了生存的依据，史载“匈奴失阴山之后，过之未尝不哭也”[②]，就是这个原因。在另一方面，汉族如果要排除从西北方面袭来的游牧民族的威胁，也必须守住阴山的峪口，否则这些骑马的民族就会越过鄂尔多斯沙漠，进入汉族居住区的心脏地带。

早在战国时，大青山南麓，沿黄河北岸的一片原野，就是赵国和胡人争夺的焦点。在争夺战中，赵武灵王[③]击败了胡人，占领了这个平原，并且在它北边的国境线上筑起了一条长城，堵住了胡人进入这个平原的道路。据《史记·匈奴传》所载，赵国的长城东起于代(今河北宣化境内)，中间经过山西北部，西北折入阴山，至高阙(今乌拉山与狼山之间的缺口)为止。现在有一段古长城遗址，断续绵亘于大青山、乌拉山、狼山靠南边的山顶上，东西长达二百六十余里，按其部位来说，这段古长城正是赵长城遗址。

我们这次访问包头，曾经登临包头市西北的大青山，游览这里的一段赵

---

① 【麓（lù）】山脚下。

② 【匈奴失阴山之后，过之未尝不哭也】引自《汉书·匈奴传》。

③ 【赵武灵王】赵雍（约前340—前295年），战国中后期赵国君主，政治家、改革家。

长城。这段长城高处达五米左右，土筑，夯筑[①]的层次还很清楚。东西纵观，都看不到终级，在东边的城址上，隐然可以看到一个古代废垒，指示出那里在当时是一个险要地方。

我在游览赵长城时，作了一首诗，称颂赵武灵王，并且送了他一个英雄的称号。赵武灵王是无愧于英雄的称号的。大家都知道，秦始皇以全国的人力物力仅仅连接原有的秦燕赵的长城并加以增补，就引起了民怨沸腾。不知从什么时候起，在秦始皇面前就站着一个孟姜女，控诉这条举世闻名的万里长城。而赵武灵王以小小的赵国，在当时的物质和技术条件下，竟能完成这样一个巨大的国防工程而没有挨骂，不能不令人惊叹。

当然，我说赵武灵王是一个英雄，不仅仅是因为他筑了一条长城，更重要的是因为他敢于发布“胡服骑射”[②]的命令。要知道，他在当时发布这个命令，实质上就是与最顽固的传统习惯和保守思想宣战。

只要读一读《战国策·赵策》就知道当赵武灵王发布了胡服骑射的命令以后，他立即遭遇到来自赵国贵族官僚方面的普遍反抗。赵武灵王击败了那些顽固分子的反抗，终于使他们脱下了那套用以标志他们身份的祖传的宽大的衣服，并且把过了时的笨重的战车扔到历史的垃圾堆去。敢于这样做的人，难道不是一个英雄吗？可以肯定说是一个英雄，一个大大的英雄。

在大青山下

现在让我们离开赵长城谈一谈阴山一带的汉代城堡。

---

① 【夯（hāng）筑】用重物把地或其他粒状材料砸密实的建筑方法，是中国古代建造房屋基础、墙和台基时所使用的主要技术。

② 【胡服骑射】赵武灵王进行的军事改革。“胡服”，是指类似于西北戎狄之衣短袖窄的服装，同中原华夏族人的宽衣博带长袖大不相同，所以俗称“胡服”；“骑射”是指周边游牧部族的“马射”（骑在马上射箭），有别于中原地区传统的“步射”（徒步射箭）。赵武灵王的这项改革为国家的稳固和发展奠定了基础。

根据考古报告，在阴山南北麓发现了很多古城遗址，至少有二十几处。这些古城大部分是西汉时期的，也有北魏时期或更晚的。古城遗址最大多数分布在阴山南麓通向山北的峪口，也有分布在阴山北麓的，还有分布在黄河渡口和鄂尔多斯东北地区的。从古城分布的地位看来，几乎通向阴山以北的每一个重要峪口，都筑有城堡。特别是今日呼和浩特市北的蜈蚣坝，包头市北大青山与乌拉山之间的缺口，城堡的遗址更多。大概这两个峪口是古代游牧民族，特别是汉代匈奴人侵袭中原的主要通路。看起来，汉王朝在阴山一带的战略部署，至少有三道防线，第一道防线是阴山北麓的峪口和更远的地方，第二道防线是阴山南麓的峪口，第三道防线是黄河渡口和鄂尔多斯东北一带。

大青山

在阴山以北筑城障的事，《史记·匈奴传》有如此的记载：太初[①]四年“汉使光禄[②]徐自为出五原塞数百里，远者千余里，筑城障列亭，至庐朐[③]”。《正义》[④]引《括地志》[⑤]云：“五原郡相阳县（《汉书·地理志》作稒[⑥]阳县），

---

① 【太初】汉武帝时的一个年号（前104—前101）。

② 【光禄】官名。

③ 【朐】读作qú。

④ 【《正义》】即《史记正义》，为唐代张守节注释《史记》的著作。

⑤ 【《括地志》】唐代地理著作，由唐初魏王李泰主编。

⑥ 【稒】读作gù。

北出石门障，得光禄城，又西北得支就县(《汉书·地理志》注作支就城)，又西北得头曼城，又西北得牢城河(《汉书·地理志》注作虖[①]河城)，又西北得宿虏城(《汉书·地理志》注作宿虏城)。”由此看来，当汉武帝时汉王朝在阴山以北筑了很多城堡，几乎是步步为营，把它的势力远远地推到阴山以北的地方。一直到元帝时由于匈奴呼韩邪单于[②]款塞[③]入朝，才从阴山以北的城堡撤退驻军，但仍然保留着通烽火的哨兵。《汉书·匈奴传》记侯应谏元帝的话，其中有云："前以罢外城，省亭隧[④]，今裁足以候望[⑤]，通烽火而已。"这里所谓"外城"，就是阴山以外的城堡。

在大青山与乌拉山之间的峪口中有一条昆都仑河，由北而南流入黄河。昆都仑河就是古代的石门水，石门水大概是古代游牧民族进入阴山以南的沃野最方便的一条道路。在这个通道的外面，已经发现了一些汉代的古城，有一个古城可能就是汉代的光禄城。

我们这次访问内蒙西部，曾经游览了呼和浩特市附近塔布土拉罕的汉城遗址和包头市附近麻池乡的汉城遗址。

塔布土拉罕在呼和浩特市东北三十五公里，大青山的南麓。古城作长方形，分内外两城，外城周围约六里。在内城的地面上到处可以看到汉代的绳纹陶片[⑥]。在城的附近有五个大土堆，塔布土拉罕就是五个大土堆的意思。这五个大土堆，可能是五个大封土墓，如果把这五个大封土墓打开，很有可能发现这个古城的历史档案。

---

① 【虖】读作hū。

② 【呼韩邪（yé）单（chán）于】（？—公元前31年），西汉后期匈奴单于，名稽侯珊。他是第一个到中原来朝见的匈奴单于，因迎娶王昭君而广为人知。单于，匈奴君主的称号。

③ 【款塞】叩塞门。指异族诚心来到边界归顺，与"寇边"相对。

④ 【省亭隧】裁减用以守望并放烽火报告军情的亭子。省，裁减。

⑤ 【候望】观望。

⑥ 【绳纹陶片】带有绳纹的陶器残片。绳纹，古代陶器的装饰纹样之一。

麻池乡在包头市西三十里。这里的古汉城也是分内外两城，内城也散布着很多汉代砖瓦，外城很少。古城周围有很多古墓，大多数没有封土。在这里的墓葬中，发现了很多古物，其中有汉代的钱币和汉式的铜器、陶器、漆器等等，也有金质和银质的镂空饰片，饰片上的花纹作虎豹骆驼等动物形象。还发现了“单于天降”“四夷□服”[①] 以及“单于和亲”“千秋万岁”“长乐未央”[②] 等文字的瓦当[③] 残片。

我不想详细介绍这两个古城的发现，只想指出一个事实，即阴山南北和黄河渡口一带的汉代古城，不是由于经济的原因，而是由于军事的原因建筑起来的。严格地说，这些古城不能称为真正的城市，只是一种驻扎军队和屯积军用粮食武器的营垒。居住在这些城堡中的主要的是军队，也有小商人和手工业者；但这些小商人和手工业者是依靠军队生活的，只要军队撤退，这些城堡也就废弃了。

我还想指出，阴山一带在民族关系紧张的时期是一个战场，而在民族关系缓和时期则是一个重要的文化交流的驿站；甚至在战争的时期，也不能完全阻止文化的交流。关于这一点，我们可以从这一带发现的文物得到说明。例如在当时汉与匈奴的边境线上到处都发现了汉代的钱币和工艺品，这些工艺品与在内地发现的同一时期的工艺品是一样的，这件事说明汉与匈奴之间的和平往来，并没有完全被万里长城和军事堡垒所遮断。

在大青山脚下，只有一个古迹是永远不会废弃的，那就是被称为青冢的昭君墓。因为在内蒙人民的心中，王昭君已经不是一个人物，而是一个象征，一个民族友好的象征；昭君墓也不是一个坟墓，而是一座民族友好的历史纪念塔。

---

① 【四夷□服】指四方的少数民族向汉朝统治者称臣。“□”表示此处有残缺。残缺处应为“臣”或“咸”字。

② 【长乐未央】长久欢乐，永不结束。未央，未尽。

③ 【瓦当】特指东汉和西汉时期，用以装饰美化和蔽护建筑物檐头的建筑附件，上刻有文字或图案。

青冢在呼和浩特市南二十里左右。据说清初墓前尚有石虎两列、石狮一个，还有绿琉璃瓦残片，好像在墓前原来有一个享殿[①]。现在这些东西都没有了，只有一个石虎伏在台阶下面陪伴这位远嫁的姑娘。

据内蒙的同志说，除青冢外，在大青山南麓还有十几个昭君墓。我们就看到了两个昭君墓，另一个在包头市的黄河南岸。其实这不是一个坟墓，而是一个古代的堡垒。在这个堡垒附近，还有一个古城遗址。

王昭君究竟埋葬在哪里，这件事并不重要，重要的是为什么会出现这样多的昭君墓。显然，这些昭君墓的出现，反映了内蒙人民对王昭君这个人物有好感，他们都希望王昭君埋葬在自己的家乡。

然而现在还有人反对昭君出塞，认为昭君出塞是民族国家的屈辱。我不同意这样的看法。因为在封建时代要建立民族之间的友好关系，不能像我们今天一样，通过各族人民之间的共同的阶级利益、经济基础和意识形态来建立，而主要依靠统治阶级之间的和解，而统治阶级之间的和解又主要决定于双方力量的对比，以及由此产生的封建关系的改善。和亲就是改善封建关系的一种方式。当然，和亲也是在不同的历史条件下出现的，有些和亲是被迫的，但有些也不是被迫的，昭君出塞就没有任何被迫的情况存在。如果不分青红皂白，只要是和亲就一律加以反对，那么在封建时代还有什么更好的方法可以取得民族之间的和解呢？在我看来，和亲政策比战争政策总要好得多。

1961年10月

---

① 【享殿】即供奉灵位、祭祀亡灵的大殿，也泛指陵墓的地上建筑群。

练习与思考

一、散文的特点是“形散而神不散”。本文的“形散”表现在哪些方面，“神不散”又体现在哪里？

二、作者是按什么路线进行寻访的？请按先后顺序说出作者行踪的变化。

三、梳理课文思路，回答下列问题。

1. 作者为什么要用大量的笔墨写大青山南麓？

2. 作者为什么说赵武灵王是个英雄？

3. 作者对昭君出塞的评价是怎样的？

4. 综合以上问题，总结作者对处理民族关系有着怎样的观点。

四、读读记记。

1. 敕勒川，阴山下。天似穹庐，笼盖四野。天苍苍，野茫茫，风吹草低见牛羊。

——南北朝·民歌《敕勒歌》

2. 一去紫台连朔漠，独留青冢向黄昏。

——【中国】唐·杜甫《咏怀古迹五首·其三》

口语交际训练：倾听与诉说（上）

听、说、读、写是四项基本的语文能力，也是语文学习的重要方法。其中，倾听与诉说还作为日常人际交往沟通的基本要素，影响着一个人的人际关系与社会影响力。因此，掌握倾听与诉说的基本要求和方法，对我们的学习与生活十分重要，也是我们成为合格的社会人的必要准备。

【案例】

一

下面是曹雪芹《红楼梦》中林黛玉和薛宝钗的一段对话：

一语未了，忽听外面人说："林姑娘来了。"话犹未完，黛玉已摇摇的走了进来，一见宝玉，便笑道："哎哟！我来的不巧了！"宝玉等忙起身笑让坐，宝钗笑道："这是怎么说？"黛玉道："早知他来，我就不来了。"宝钗道："我更不解这意。"黛玉道："要来时一群都来，要不来一个也不来；今儿他来了，明儿我再来，如此间错开了来看，岂不天天有人来了？也不至于太冷落，也不至于太热闹了。姐姐如何不解这意思？"

评析：

"我来的不巧了！"黛玉的这句话看似打趣，但结合小说中宝黛钗三人的关系和黛玉的心结，不难嗅出浓浓的醋意。偏偏黛玉才思敏捷，用一句不经意的"不巧"巧为遮掩，而宝钗也不遑多让，听出了黛玉的"言外之意"，但宝钗少年老成，只作不解，引出黛玉如滚玉走盘的一段话，不仅巧妙地掩饰了自己的小心思，也显示了她口才了得的一面。

二

话剧《陈毅市长》第五场有一段陈毅夜访化学家齐仰之的戏，节录如下：

陈　毅（看到墙上贴的条幅，念）　“闲谈不得超过三分钟”。

齐仰之（看表）　有何见教，请说吧。

陈　毅（也看表）　真的只许三分钟？

齐仰之　从不例外。

陈　毅　可我作报告，一讲就是几个钟头。

齐仰之（看表）　还有两分半钟了。

（齐仰之请陈毅坐下。）

陈　毅　好好好。这次我趋访贵宅，一是向齐先生问候，二是为了谈谈本市长对齐先生的一点不成熟的看法。

齐仰之　哦？敬听高论。

陈　毅　我以为，齐先生虽是海内闻名的化学专家，可是对有一门化学齐先生也许一窍不通。

齐仰之　什么？我齐仰之研究化学四十余年，虽然生性驽钝，建树不多，但举凡化学，不才总还略有所知。

陈　毅　不，齐先生对有门化学确实无知。

齐仰之（不悦）　那我倒要请教，敢问是哪门化学？是否无机化学？

陈　毅　不是。

齐仰之　有机化学？

陈　毅　非也。

齐仰之　医药化学？

陈　毅　亦不是。

齐仰之　生物化学？

陈　毅　更不是。

齐仰之　这就怪了，那我的无知究竟何在？

陈　毅　齐先生想知道？

齐仰之　极盼赐教！

陈　毅（看表）　哎呀呀，三分钟已到，改日再来奉告。

齐仰之　话没说完，怎好就走？

陈　毅　闲谈不得超过三分钟嘛。

齐仰之　这……可以延长片刻。

陈　毅　说来话长，片刻之间，难以尽意，还是改日再来，改日再来。

（陈毅站起，假意要走，齐仰之连忙拦住。）

齐仰之　不不不，那就请陈市长尽情尽意言之，不受三分钟之限。

陈　毅　要不得，要不得，齐先生是从不破例的。

齐仰之　今日可以破此一例。

陈　毅　可以破此一例？

齐仰之　学者以无知为最大耻辱，我一定要问个明白。请！

（齐仰之又请陈毅坐下。）

评析：从这段对话可以看出，陈毅市长乃有备而来，面对齐仰之“闲谈不得超过三分钟”的规定，抓住了对方在学术上的自信心理，采用“激将法”，调动起齐仰之的好奇心，从而突破了“闲谈不得超过三分钟”的难关。可见，倾听与诉说本就是沟通交流过程的一体两面，是心与心的交流、脑与脑的较量，对沟通对象心理的了解，是倾听与诉说的必要准备工作。

【相关知识】

倾听和诉说是人们在日常生活中进行交流的必要手段，“倾听”在某种意义上也许比“诉说”更为重要。做一个善于倾听的听众，首先要有耐心与专注力。而“诉说”作为表达自我的重要手段，承担着重要的信息传达任务，首先要准确与得体。倾听与诉说两种能力，体现着一个人的内涵与修养，因此，我们需要掌握它们的一些基本要求：

一、倾听的基本要求是全神贯注、耐心包容、理解与共情

全神贯注就是要在倾听的过程中将注意力集中在说话者身上，目光柔和地注视对方，听清说话者的语音、语气等，准确把握对方传递的信息，并能够及时给予回应，不受外部环境的干扰。

耐心包容则要做到不在倾听过程中随意打断说话者，力求了解说话者最完整全面的信息内容，即使在倾听过程中有不同的意见，或者说话者的情绪比较激动或暴躁，也要给予最大限度的尊重，可以用眼神示意安抚，等待对方的话语告一段落后再进行回应。

“倾听”不仅仅是用耳朵“听”，还要用真心去理解说话者话语中的意思与情绪，学会换位思考，当这种理解与共情通过耐心与专注的倾听传递给说话者，会给予说话者深深的安慰。

二、诉说的基本要求是礼貌得体、准确清晰、简洁有效

礼貌得体，就是要注意诉说的场合和诉说对象的身份、地位等。例如，在庄重严肃的场合说话就要沉稳正式，在一般随意的场合，说话可以适当放松幽默；面对长辈说话要谦虚谨慎，面对晚辈则可以亲昵友爱。当然，还可以借助相应的修辞，增强语言的感染力。

准确清晰。诉说是一种信息的传递，为了避免听话者出现误解，说话者要明确说话目的，从而准确地表达清楚自己的想法，在语气、语调上要和话语内容的含义保持一致，保证沟通的顺畅。

简洁有效。在诉说时，不重复，不啰嗦，围绕中心，简明扼要。现代社会讲求效率，沟通也是如此。一段重复冗长的话语往往会使人厌烦，唯有简明扼要的表达才是有效、高效的诉说。

练一练

一、结合口语内容与生活实际，想一想如何培养自己善于倾听的能力。

二、根据下面几个情境，补充说话的内容。

1. 一次好朋友来向你抱怨班主任老师管理严格，你说：____

2. 今天你和妈妈吵架了，事后后悔了，你说：____

3. 春天到了，同学们想开展一次春游活动，推举你为代表向老师反映，你说：____

第二单元

谈谈爱情

单元导语

爱情是世界上最纯粹也最无私的情感之一。它不像血浓于水的亲情那样根深蒂固，也不似具有社交属性的友情那样彬彬有礼，它说不清、道不明，就像夏日黄昏忽然降临的一场暴雨，或是冬夜围炉取暖时蓦然闪过心头的一丝忧伤……但唯有以严肃真诚的态度对待它，才能让它在心间开放出美丽的花朵。

本单元围绕着“爱情”这一永恒的话题选取了五篇文章。或表现古人的婚恋生活，或表达现代男女的爱情观，既有热恋的热烈奔放，也有失去恋人的哀婉忧伤……每一篇都令我们深思，如何更加慎重地对待爱情。《〈诗经〉两首》中的《卫风·氓》是一首弃妇自诉诗，既哀怨缠绵又清醒坚强，《邶风·静女》则纯真热烈，古朴雅趣。《现代诗两首》分别选择了当代女诗人舒婷的代表作《致橡树》和匈牙利著名诗人裴多菲的《我愿意是急流》，《致橡树》以女性的口吻表达了理性独立的爱情观，《我愿意是急流》则是诗人内心最热情的爱情表白。《罗密欧与朱丽叶》是英国戏剧大师莎士比亚的代表作，课文节选了全剧的最后一场，以男女主人公的双双殉情表达了对封建压迫的反抗和对爱情理想的追求。小小说《永远的蝴蝶》凄美哀婉，饱含深情。散文《戏剧性的开头源于生活的真实——情人节的玫瑰绽开在教室里》讲述了一个有关于青少年爱的教育的故事。

本单元的应用写作安排了“计划与总结”，通过任务导入—知识讲解—任务实施的模式，让学生掌握这两种文体的基本格式和写法。

6《诗经》[1] 两首

·课文导读·

《诗经》是我国现实主义文学的光辉起点，由于其内容的丰富、思想和艺术上的高度成就，其在我国乃至世界文化史上都占有重要地位。《诗经》按其表现内容分为“风”“雅”“颂”三部分。其中“风”是周代各地的歌谣，反映了周朝时期普通百姓的劳动与爱情、战争与徭役、风俗与婚姻等，课文中的两篇文章均选自《诗经》中的“国风”。

《氓》是一首弃妇自诉婚姻悲剧的诗。全诗共六章，每章十句，通过讲述一个痴情女子负心汉的故事，表达了对男女不平等的社会现实的控诉。诗歌将叙事、抒情、议论有机结合在一起，使一个善良勤劳、坚强刚毅的劳动妇女的形象跃然纸上。

《静女》是一首表达年轻男女之间美好爱情的诗歌。全诗共三章，每章四句，以热恋中男子的口吻，写出了对恋人的称赞与绵绵情意。

《诗经》普遍采用赋、比、兴的手法，语言以四言为主，优美朴实，在阅读中可细细体味赋、比、兴手法在其中的应用，并体会语言的音律美。

① 【《诗经》】我国第一部诗歌总集，收录了从西周初期到春秋中期约500年间的诗歌305篇。最初称《诗》，汉代儒者奉为经典，乃称《诗经》。语言以四言为主，朴实优美，音律和谐悦耳。

氓[1]

氓之蚩蚩[2]，抱布贸丝。匪来贸丝，来即我谋。送子涉淇[3]，至于顿丘。匪我愆[4]期，子无良媒。将[5]子无怒，秋以为期。

乘彼垝垣[6]，以望复关。不见复关，泣涕涟涟。既见复关，载笑载言。尔卜尔筮[7]，体无咎[8]言。以尔车来，以我贿[9]迁。

桑之未落，其叶沃若。于嗟[10]鸠兮，无食桑葚！于嗟女兮，无与士耽[11]！士之耽兮，犹可说[12]也。女之耽兮，不可说也。

桑之落矣，其黄而陨。自我徂[13]尔，三岁食贫。淇水汤汤[14]，渐[15]车帷裳[16]。女也不爽[17]，士贰[18]其行。士也罔极[19]，二三其德。

---

① 选自《诗经·楚辞鉴赏》（中国书店2011年版，《诗经·楚辞鉴赏》编委会编）。氓(méng)，《说文解字》：“氓，民也。”本义为外来的百姓，这里指自彼来此之民，男子之代称。

② 【蚩蚩（chī）】通“嗤嗤”，笑嘻嘻的样子。一说憨厚、老实的样子。

③ 【淇】卫国河名。今河南淇河。

④ 【愆（qiān）】过失，过错，这里指延误。这句是说并非我要拖延约定的婚期而不肯嫁，是因为你没有找好媒人。

⑤ 【将（qiāng）】愿，请。

⑥ 【垝垣（guǐ yuán）】倒塌的墙壁。垝，倒塌。垣，墙壁。

⑦ 【筮（shì）】用蓍（shī）草占卦叫作“筮”。

⑧ 【咎（jiù）】不吉利，灾祸。无咎言就是无凶卦。

⑨ 【贿】财物，指嫁妆，妆奁（lián）。

⑩ 【于嗟】叹息。于，通“吁”（xū）。

⑪ 【耽（dān）】迷恋，沉溺。

⑫ 【说】通“脱”，解脱。

⑬ 【徂（cú）】往。徂尔，嫁到你家。

⑭ 【汤汤（shāng）】水势浩大的样子。

⑮ 【渐（jiān）】浸湿。

⑯ 【帷裳（wéicháng）】车旁的布幔。以上两句是说被弃逐后渡淇水而归。

⑰ 【爽】差错。

⑱ 【贰】“贰（tè）”的误字。“贰”就是“忒”，和“爽”同义。这里指爱情不专一。

⑲ 【罔极】罔，无，没有。极，标准，准则。

三岁为妇，靡[①]室劳矣；夙兴夜寐，靡有朝矣。言[②]既遂矣，至于暴矣。兄弟不知，咥[③]其笑矣。静言思之，躬自悼矣。

及尔偕老，老使我怨。淇则有岸，隰[④]则有泮[⑤]。总角之宴[⑥]，言笑晏晏[⑦]。信誓旦旦，不思其反[⑧]。反是不思，亦已焉哉！

静女[⑨]

静女其姝[⑩]，俟[⑪]我于城隅。爱[⑫]而不见，搔首踟蹰[⑬]。

静女其娈[⑭]，贻我彤管[⑮]。彤管有炜[⑯]，说怿[⑰]女[⑱]美。

自牧归荑[⑲]，洵[⑳]美且异。匪[㉑]女之为美，美人之贻[㉒]。

---

① 【靡】无。这句指有的家庭劳作一身担负无余。

② 【言】语助词，无义。

③ 【咥（xì）】笑的样子。

④ 【隰（xí）】低湿的地方，当作“湿”。水名，就是漯河，黄河的支流，流经卫国境内。

⑤ 【泮（pàn）】通“畔”，水边，边岸。

⑥ 【总角之宴】总角，古代男女未成年时把头发扎成丫髻，称总角。这里指代少年时代。宴，快乐。

⑦ 【晏晏（yàn）】欢乐、和悦的样子。

⑧ 【不思其反】不曾想过会违背誓言。反，违反。

⑨ 选自《诗经·楚辞鉴赏》（中国书店 2011 年版，《诗经·楚辞鉴赏》编委会编）。静女，贞静娴雅之女。

⑩ 【姝（shū）】美好。

⑪ 【俟（sì）】等待，此处指约好地方等待。

⑫ 【爱】“薆”的假借字。隐蔽，躲藏。

⑬ 【踟蹰（chí chú）】徘徊不定。

⑭ 【娈（luán）】面目姣好。

⑮ 【彤管】不详何物。一说红管的笔，一说和荑应是一物。

⑯ 【炜（wěi）】红而发光。

⑰ 【说怿（yuè yì）】喜爱。说，通“悦”。

⑱ 【女（rǔ）】通“汝”，你，指彤管。

⑲ 【归荑（tí）】归，通“馈”，赠。荑，白茅，茅之始生也。

⑳ 【洵】实在，诚然。

㉑ 【匪】非。

㉒ 【贻】赠与。

练习与思考

一、读准下列句中加点字的字音，并解释句子的意思。

1. 说怿女美

2. 自牧归荑

3. 于嗟女兮，无与士耽

4. 将子无怒，秋以为期

5. 及尔偕老，老使我怨

二、阅读课文，思考并回答下面的问题。

1.《诗经》中所使用的“兴”的手法，指的是先言他物以引起所咏之辞，用于一首诗或一章诗的开头。《氓》中哪两章用了兴的手法？这两处起兴的诗句跟后面的诗句的内容有什么联系？

2.《氓》描写了女主人公和氓怎样的性格特点？女主人公从自己的遭遇中认识到了什么？

3. 结合《静女》全诗，说一说“静女”是一个什么样的人。

三、背诵《静女》全诗及《氓》的第三段。

四、读读记记。

1. 昔我往矣，杨柳依依。今我来思，雨雪霏霏。

——《诗经·小雅·采薇》

2. 关关雎鸠，在河之洲。窈窕淑女，君子好逑。

——《诗经·国风·周南·关雎》

7 现代诗两首

·课文导读·

这是两首与爱情有关的诗歌。舒婷的《致橡树》是一篇否定陈旧世俗爱情观的女性宣言，表达了对平等坚贞的爱情的追求与向往；《我愿意是急流》则是诗人裴多菲向爱人告白的一首动人之歌，他用热情袒露的语言，表达了对爱情真诚无私的奉献精神。

品读诗歌，要反复吟诵，抓住诗歌中的意象，感悟意象内涵；体会诗歌在结构上反复咏唱的艺术美；品味两首诗中深厚的情感，感受诗人对美好爱情的信念和讴歌。

致橡树[1]

舒　婷

我如果爱你——

绝不像攀援的凌霄花，

借你的高枝炫耀自己；

我如果爱你——

绝不学痴情的鸟儿，

为绿荫重复单调的歌曲；

也不止像泉源，

---

① 选自《诗刊》1979年第4期。舒婷（1952—　），原名龚佩瑜，当代朦胧诗派的代表诗人之一。代表作品有《舒婷文集》（三卷）、《致橡树》等。

常年送来清凉的慰藉[1]；
也不止像险峰，
增加你的高度，衬托你的威仪。
甚至日光，
甚至春雨。
不，这些都还不够！
我必须是你近旁的一株木棉，
作为树的形象和你站在一起。
根，紧握在地下；
叶，相触在云里。
每一阵风过，
我们都互相致意，
但没有人，
听懂我们的言语。
你有你的铜枝铁干，
像刀，像剑，也像戟[2]；
我有我红硕的花朵，
像沉重的叹息，
又像英勇的火炬。
我们分担寒潮、风雷、霹雳；

橡 树

① 【慰藉（jiè）】安慰，抚慰。

② 【戟（jǐ）】一种古代的兵器，是戈和矛的合成体。

我们共享雾霭[①]、流岚[②]、虹霓[③]。
仿佛永远分离，
却又终身相依。
这才是伟大的爱情，
坚贞就在这里：
爱——
不仅爱你伟岸的身躯，
也爱你坚持的位置，
足下的土地。

我愿意是急流[④]

【匈牙利】裴多菲

我愿意是急流，
山里的小河，
在崎岖的路上、
岩石上经过……
只要我的爱人
是一条小鱼，
在我的浪花中

① 【雾霭（ǎi）】雾气。
② 【流岚（lán）】流动的雾气。
③ 【虹霓（ní）】雨后或日出、日没之际天空中所现的七色圆弧。
④ 选自《裴多菲诗选》（人民文学出版社1979年版）。裴多菲（1823—1849），匈牙利爱国诗人，自由主义革命者，匈牙利著名爱国歌曲《国民歌》的作者。他被认为是匈牙利民族文学的奠基人，代表作品有《民族之歌》《反对国王》等。

快乐地游来游去。

我愿意是荒林，
在河流的两岸，
对一阵阵的狂风，
勇敢地作战……
只要我的爱人
是一只小鸟，
在我的稠密[①]的
树枝间做窠[②]，鸣叫。

我愿意是废墟，
在峻峭的山岩上，
这静默的毁灭
并不使我懊丧[③]……
只要我的爱人
是青青的常春藤，
沿着我荒凉的额，
亲密地攀援上升。

我愿意是草屋，
在深深的山谷底，

① 【稠（chóu）密】数量多，密度大。

② 【做窠（kē）】鸟兽昆虫的巢穴。

③ 【懊丧】因事情不如意而情绪低落、精神不振。

草屋的顶上

饱受风雨的打击……

只要我的爱人

是可爱的火焰，

在我的炉子里，

愉快地缓缓闪现。

我愿意是云朵，

是灰色的破旗，

在广漠的空中，

懒懒地飘来荡去，

只要我的爱人

是珊瑚似的夕阳，

傍着我苍白的脸，

显出鲜艳的辉煌。

练习与思考

一、给下列加点字词注音。

慰藉（　　）　戟（　　）　霹雳（　　）（　　）

雾霭（　　）　流岚（　　）　虹霓（　　）

二、阅读课文，思考并回答下面的问题。

1.《致橡树》选择了哪些意象？它们象征了怎样的爱情观？诗人对这些爱情观的态度是怎样的？

2. 运用比喻修辞是《我愿意是急流》这首诗最突出的特点，诗人把自己和爱人分别比作什么？

3. 这两首现代诗分别表达了诗人什么样的爱情观？

三、反复诵读这两首诗，在理解诗歌内涵和领会诗人感情的基础上，背诵你喜欢的段落。

四、读读记记。

1. 在我看来，真正的爱情是表现在恋人对他的偶像采取含蓄、谦恭甚至羞涩的态度，而决不是表现在随意流露热情和过早的亲昵。

——【德国】马克思

2. 爱情使人心的憧憬升华到至善之境。 ——【意大利】但丁

8 罗密欧与朱丽叶（节选）[1]

【英国】莎士比亚

· 课文导读 ·

《罗密欧与朱丽叶》是英国剧作家威廉·莎士比亚早期创作的一部悲剧，剧本描写了蒙太古之子罗密欧和凯普莱特之女朱丽叶诚挚相爱，誓言相依，但受到两家世仇的阻挠，为了追求自由的爱情，最终双双以死殉情的故事。该剧创作于文艺复兴的背景之下，反映了人本主义者对封建压迫的反抗和对爱情的理想与追求。

课文节选的是第五幕第三场，也是全剧的最后一场。文中以劳伦斯长老的叙述交代了主人公双双殉情的原因和经过。主人公虽然死了，却换取了两个仇家的和解，从而昭示了腐朽的封建家族的没落和年轻一代追求幸福生活理想的胜利，象征着人文主义理想的胜利。

阅读本文时，可找出其中的戏剧冲突，从中体会莎士比亚人物塑造的特点，通过分析悲剧的原因理解作品的主题。

---

① 选自《莎士比亚全集增订本》第5卷（译林出版社2016年版，朱生豪等译）《罗密欧与朱丽叶》第五幕第三场，有改动。与课文有关的情节是：罗密欧与朱丽叶在一次假面舞会上一见钟情，但因为所属的蒙太古和凯普莱特两个家庭有世仇，只能通过劳伦斯长老秘密成婚。由于世仇的影响，朱丽叶的表哥提伯尔特杀死了罗密欧的好友茂丘西奥，罗密欧不得已也杀了他，并因此被放逐。这时，朱丽叶的父母强迫她星期四与贵族青年巴里斯举行结婚典礼，朱丽叶无奈只得去找劳伦斯长老，长老让她在星期三晚上服下假死毒药，婚礼变成葬礼。罗密欧得知噩耗后随即买来毒药前往坟场。课文中的情节就是从这里开始的。莎士比亚（1564—1616），英国文学史上最杰出的戏剧家，也是欧洲文艺复兴时期最重要、最伟大的作家，代表作有《罗密欧与朱丽叶》《仲夏夜之梦》《威尼斯商人》《哈姆雷特》《奥赛罗》等。

第三场 同前，凯普莱特家坟茔所在的墓地。

巴里斯及侍童携鲜花火炬上。

巴里斯 孩子，把你的火把给我；走开，站在远远的地方；还是灭了吧，我不愿给人看见。你到那边的紫杉树底下直躺下来，把你的耳朵贴着中空的地面，地下挖了许多墓穴，土是松的，要是有跟跄的脚步走到坟地上来，你准听得见；要是听见有什么声息，便吹一个呓哨通知我。把那些花给我。照我的话做去，走吧。

侍　童（旁白）我简直不敢独自一个人站在这墓地上，可是我要硬着头皮试一下。（退后）

巴里斯 （将花撒于墓上）这些鲜花替你铺盖新床；

惨啊，一朵娇红永委沙尘！

我要用沉痛的热泪淋浪，和着香水浇溉你的芳坟；

夜夜到你墓前散花哀泣，这一段相思啊永无消歇！（侍童吹口哨）

这孩子在警告我有人来了。哪一个该死的家伙在晚上到这儿来打扰我在爱人墓前的凭吊？什么！还拿着火把来吗？——让我躲在一旁看看他的动静。（退后）

罗密欧及鲍尔萨泽持火炬、锹锄等上。

罗密欧 把那锄头跟铁锹给我。且慢，拿着这封信；等天一亮，你就把它送给我的父亲。把火把给我。听好我的吩咐，无论你听见什么瞧见什么，都远远地站着不许动，免得妨碍我的事情；要是动一动，我就要你的命。我所以要跑下这个坟墓里去，一部分的原因是要探望探望我的爱人，可是主要的理由却是要从她的手指上取下一个宝贵的指环，因为我有一个很重要的用途。所以你赶快给我走开吧；要是你不相信我的话，胆敢回来窥伺我的行动，那么，我可以对天发誓，我要把你的骨骼一节一节扯下来，让这饥饿的墓地上散满了你的肢体。我现在的心境非常狂野，比饿虎或是咆哮的怒海都要凶猛无情，你可不要惹我性起。

鲍尔萨泽　少爷，我走就是了，决不来打扰您。

罗密欧　这才像个朋友。这些钱你拿去，（递给鲍尔萨泽一钱包）愿你一生幸福。再会，好朋友。

鲍尔萨泽　（旁白）虽然这么说，我还是要躲在附近的地方看着他。他的脸色使我害怕，我不知道他究竟打算做出什么事来。（退后）

罗密欧　你无情的泥土，吞噬了世上最可爱的人儿，我要掰开你的馋吻，（将墓门掘开）索性让你再吃一个饱！

巴里斯　这就是那个已经放逐出去的骄横的蒙太古，他杀死了我爱人的表兄，据说她就是因为伤心他的惨死而夭亡的。现在这家伙又要来盗尸掘墓了，待我去抓住他。（上前）万恶的蒙太古！停止你的罪恶的工作，难道你杀了他们还不够，还要在死人身上发泄你的仇恨吗？该死的凶徒，赶快束手就捕，跟我见官去！

罗密欧　我果然该死，所以才到这儿来。年轻人，不要激怒一个不顾死活的人，快快离开我走吧；想想这些死了的人，你也该胆寒了。年轻人，请你不要激动我的怒气，使我再犯一次罪；啊，走吧！我可以对天发誓，我爱你远过于爱我自己，因为我来此的目的，就是要跟自己作对。别留在这儿，走吧；好好留着你的性命，以后也可以对人家说，是一个疯子发了慈悲，叫你逃走的。

巴里斯　我不听你这种鬼话；你是一个罪犯，我要逮捕你。

罗密欧　你一定要激怒我吗？那么好，来，朋友！（二人格斗）

侍　童　哎哟，主啊！他们打起来了，我去叫巡逻的人来！（下）

巴里斯　（倒下）啊，我死了！——你倘有几分仁慈，打开墓门来，把我放在朱丽叶的身旁吧！（死）

罗密欧 好，我愿意成全你的志愿。让我瞧瞧他的脸：啊，茂丘西奥的亲戚，尊贵的巴里斯伯爵！当我们一路上骑马而来的时候，我的仆人曾经对我说过几句话，那时我因为心绪烦乱，没有听得进去。他说些什么？好像他告诉我说巴里斯本来预备娶朱丽叶为妻。他不是这样说吗？还是我做过这样的梦？或者还是我神经错乱，听见他说起朱丽叶的名字，所以产生了这种幻想？啊！把你的手给我，你我都是登录在恶运的黑册上的人，我要把你葬在一个胜利的坟墓里。一个坟墓吗？啊，不！被杀害的少年，这是一个灯塔，因为朱丽叶睡在这里，她的美貌使这一个墓窟变成一座充满着光明的欢宴的华堂。死了的人，躺在那儿吧，一个死了的人把你安葬了。（将巴里斯放入墓中）人们临死的时候，往往反会觉得心中愉快，旁观的人便说这是死前的一阵回光返照。啊！这也就是我的回光返照吗？啊，我的爱人！我的妻子！死虽然已经吸去了你呼吸中的芳蜜，却还没有力量摧残你的美貌。你还没有被他征服，你的嘴唇上、面庞上，依然显着红润的美艳，不曾让灰白的死亡进占。提伯尔特，你也裹着你的血淋淋的殓衾躺在那儿吗？啊！你的青春葬送在你仇人的手里，现在我来替你报仇来了，我要亲手杀死那杀害你的人。原谅我吧，兄弟！啊！亲爱的朱丽叶，你为什么依然这样美丽？难道那虚无的死亡，那枯瘦可憎的妖魔，也是个多情的种子，所以把你藏匿在这幽暗的洞府里做他的情妇吗？为了防止这样的事情，我要永远陪伴着你，再不离开这漫漫长夜的幽宫。我要留在这儿，跟你的侍婢，那些蛆虫们在一起。啊！我要在这儿永久安息下来，从我这厌倦人世的凡躯上挣脱恶运的束缚。眼睛，瞧你的最后一眼吧！手臂，作你最后一次的拥抱吧！嘴唇，啊！你呼吸的门户，用一个合法的吻，跟网罗一切的死亡订立一个永久的契约吧！来，苦味的向导，绝望的领港人，现在赶快把你的厌倦于风涛的船舶向那巉岩[1]上冲撞过去吧！为了我的爱人，我干了这一杯！（饮药）啊！卖药的人果然没有骗我，药性很快地发作了。我就这样在这一吻中死去。（死）

劳伦斯神父持灯笼、锄、锹自墓地另一端上。

劳伦斯　上天保佑我！我这双老脚今天晚上怎么老是在坟堆里绊来跌去的！那边是谁？

鲍尔萨泽　是一个朋友，也是一个跟您熟识的人。

劳伦斯　祝福你！告诉我，我的好朋友，那边是什么火把，向蛆虫和没有眼睛的骷髅浪费着它的光明？照我辨认起来，那火把亮着的地方，似乎是凯普莱特家里的坟茔。

鲍尔萨泽　正是，神父。我的主人，您的好朋友，就在那儿。

劳伦斯　他是谁？

鲍尔萨泽　罗密欧。

劳伦斯　他来多久了？

鲍尔萨泽　足足半点钟。

劳伦斯　陪我到墓穴里去。

鲍尔萨泽　我不敢，神父。我的主人不知道我还没有走。他曾经对我严辞恐吓，说要是我留在这儿窥伺他的动静，就要把我杀死。

劳伦斯　那么你留在这儿，让我一个人去吧。恐惧降临到我的身上。啊！我怕会有什么不幸的祸事发生。

鲍尔萨泽　当我在这株紫杉树底下睡了过去的时候，我梦见我的主人跟另外一个人打架，那个人被我的主人杀了。

劳伦斯　（趋前）罗密欧！嗳哟！嗳哟，这坟墓的石门上染着些什么血迹？在这安静的地方，怎么横放着这两柄无主的血污的刀剑？（进墓）罗密欧！

---

① 【巉(chán)岩】高而险的山岩。巉，形容山势高而险。

啊，他的脸色这么惨白！还有谁？什么！巴里斯也躺在这儿，浑身浸在血泊里？啊！多么残酷的时辰，造成了这场凄惨的意外！那小姐醒了。（朱丽叶醒）

朱丽叶　啊，善心的神父！我的夫君呢？我记得很清楚我应当在什么地方，现在我正在这地方。我的罗密欧呢？（内喧声）

劳伦斯　我听见有什么声音。小姐，赶快离开这个密布着毒气腐臭的死亡的巢穴吧，一种我们所不能反抗的力量已经阻挠了我们的计划。来，出去吧。你的丈夫已经在你的怀中死去，巴里斯也死了。来，我可以替你找一处地方出家做尼姑。不要耽误时间盘问我，巡夜的人就要来了。来，好朱丽叶，去吧。（内喧声又起）我不敢再等下去了。

朱丽叶　去，你去吧！我不愿意走。（劳伦斯下）这是什么？一只杯子，紧紧地握在我的忠心的爱人的手里。我知道了，一定是毒药结果了他的生命。唉，冤家！你一起喝干了，不留下一滴给我吗？我要吻着你的嘴唇，也许这上面还留着一些毒液，可以让我当作兴奋剂服下而死去。（吻罗密欧）你的嘴唇还是温暖的！

巡丁甲　（在内）孩子，带路。在哪一个方向？

朱丽叶　啊，人声吗？那么我必须快一点了结。啊，好刀子！（攫住罗密欧的匕首）这就是你的鞘子；（以匕首自刺）你插了进去，让我死了吧。（扑在罗密欧身上死去）

巡丁及巴里斯侍童上。

侍　童　就是这儿，那火把亮着的地方。

巡丁甲　地上都是血。你们几个人去把墓地四周搜查一下，看见什么人就抓起来。（若干巡丁下）好惨！伯爵被人杀了躺在这儿，朱丽叶胸口流着血，身上还是热热的好像死得不久，虽然她已经葬在这里两天了。去，报告亲王，通知凯普莱特家里，再去把蒙太古家里的人也叫醒了，剩下的人到各处搜搜。（若干巡丁续下）我们看见这些惨事发生在这个地方，可是在没有得到人证以前，却无法明了这些惨事的真相。

若干巡丁率鲍尔萨泽上。

巡丁乙　这是罗密欧的仆人，我们看见他躲在墓地里。

巡丁甲　把他好生看押起来，等亲王来审问。

若干巡丁率劳伦斯神父上。

巡丁丙　我们看见这个教士从墓地旁边跑出来，神色慌张，一边叹气一边流泪，他手里还拿着锄头铁锹，都给我们拿下来了。

巡丁甲　他有很重大的嫌疑。把这教士也看押起来。

亲王及侍从上。

亲　王　什么祸事在这样早的时候发生，打断了我的清晨的安睡？

凯普莱特、凯普莱特夫人及余人等上。

凯普莱特　外边这样乱叫乱喊，是怎么一回事？

凯普莱特夫人　街上的人们有的喊着罗密欧，有的喊着朱丽叶，有的喊着巴里斯；大家沸沸扬扬地向我们家里的坟上奔去。

亲　王　这么许多人为什么发出这样惊人的叫喊？

巡丁甲　王爷，巴里斯伯爵被人杀死了躺在这儿；罗密欧也死了；已经死了两天的朱丽叶，身上还热着，又被人重新杀死了。

亲　王　用心搜寻，把这场万恶的杀人命案的真相调查出来。

巡丁甲　这儿有一个教士，还有一个被杀的罗密欧的仆人，他们都拿着掘墓的器具。

凯普莱特　天啊！——啊，妻子！瞧我们的女儿流着这么多的血！这把刀弄错了地位了！瞧，它的空鞘子还在蒙太古家小子的背上，它却插进了我的女儿的胸前！

凯普莱特夫人　嗳哟！这些死的惨象就像惊心动魄的钟声，警告风烛残年的我，快要不久于人世了。

蒙太古及余人等上。

亲　王　来，蒙太古，你起来虽然很早，可是你的儿子倒下得更早。

蒙太古　唉！殿下，我的妻子因为悲伤小儿的远逐，已经在昨天晚上去世了；还有什么祸事要来跟我这老头子作对呢？

亲　王　瞧吧，你就可以看见。

蒙太古　啊，你这不孝的东西！你怎么可以抢在你父亲的前面，自己先钻到坟墓里去呢？

亲　王　暂时停止你们的悲恸，让我把这些可疑的事情审问明白，知道了详细的原委以后，再来领导你们放声一哭吧；也许我的悲哀还要远远胜过你们呢！——把嫌疑犯带上来。

劳伦斯　时间和地点都可以作不利于我的证人；在这场悲惨的血案中，我虽然是一个能力最薄弱的人，但却是嫌疑最重的人。我现在站在殿下的面前，一方面要供认我自己的罪过，一方面也要为我自己辩解。

亲　王　那么快把你所知道的一切说出来。

劳伦斯　我要把经过的情形尽量简单地叙述出来，因为我的短促的残生还不及一段冗烦的故事那么长。死了的罗密欧是死了的朱丽叶的丈夫，她是罗密欧的忠心的妻子，他们的婚礼是由我主持的。就在他们秘密结婚的那天，提伯尔特死于非命，这位才做新郎的人也从这城里被放逐出去；朱丽叶是为了他，不是为了提伯尔特，才那样伤心憔悴。你们因为要替她解除烦恼，把她许婚给巴里斯伯爵，还要强迫她嫁给他。她就跑来见我，神色慌张地要我替她想个办法避免这第二次的结婚，否则她要在我的寺院里自杀。所以我就根据我的医药方面的学识，给她一服安眠的药水。它果然发生了我所预期的效力，她一服下去就像死了一样昏沉过去。同时我写信给罗密欧，叫他就在这一个悲惨的晚上到这儿来，帮助把她搬出她寄寓的坟墓，因为药性一到时候便会过去。可是替我带信的约翰神父却因遭到意外，不能脱身，昨天晚上才把我的信原样带了回来。那时我只好按照着预先算定她醒来的时间，一个人前去把她从她家族的墓茔里带出来，预备把她藏匿在我的寺院里，等有方便再去叫罗密欧来。不料我在她醒来以前几分钟到这儿来的时候，尊贵的巴里斯和忠诚的罗密欧已经双双惨死了。她一醒过来，我就请她出去，劝她安心忍受这一种出自天意的变故。可是那时我听见了纷纷的人声，吓得逃出了墓穴。她在万分绝望之中不肯跟我去，看样子她是自杀了。这是我所知道的一切，至于他们两人的结婚，她的乳母也是知道的。要是这一场不幸的惨祸，是由我的疏忽所造成，那么我这条老命愿受最严厉的法律的制裁，请您让它提早几点钟牺牲了吧。

亲　王　我一向知道你是一个道行高尚的人。罗密欧的仆人呢？他有什么话说？

鲍尔萨泽　我把朱丽叶的死讯通知了我的主人，因此他从曼多亚[①]急急地赶到这里，到了这座坟堂的前面。这封信他叫我一早送去给我家老爷。当他走进墓穴的时候，他还恐吓我，说要是我不离开他赶快走开，他就要杀死我。

亲　王　把那封信给我，我要看看。叫巡丁来的那个伯爵的侍童呢？喂，你的主人到这地方来做什么？

侍　童　他带了花来散在他夫人的坟上。他叫我站得远远的，我就听他的话。不一会儿工夫，来了一个拿着火把的人把坟墓打开了。后来我的主人就拔剑跟他打了起来，我就奔去叫巡丁。

亲　王　这封信证实了这个神父的话，讲起他们恋爱的经过和她的去世的消

① 【曼多亚】罗密欧被放逐后，生活在曼多亚。

息。他还说他从一个穷苦的卖药人手里买到一种毒药，要把它带到墓穴里来准备和朱丽叶长眠在一起。这两家仇人在哪里？——凯普莱特！蒙太古！瞧你们的仇恨已经受到了多大的惩罚，上天借手于爱情，夺去了你们心爱的人。我因为忽视你们的争执，也已经丧失了一双亲戚[①]。大家都受到惩罚了。

凯普莱特 啊，蒙太古大哥！把你的手给我；这就是你给我女儿的一份聘礼，我不能再作更大的要求了。

蒙太古 但是我可以给你更多的。我要用纯金替她铸一座像，只要维洛那一天不改变它的名称，任何塑像都不会比忠贞的朱丽叶那一座更为卓越。

凯普莱特 罗密欧也要有一座同样富丽的金像卧在他情人的身旁，这两个在我们的仇恨下惨遭牺牲的可怜的人儿！

亲　王 清晨带来了凄凉的和解，
太阳也惨得在云中躲闪。
大家先回去发几声感慨，
该恕的、该罚的再听宣判。
古往今来多少离合悲欢，
谁曾见这样的哀怨辛酸！（同下）

① 【一双亲戚】第三幕中被提伯尔特杀死的茂丘西奥和这里死去的巴里斯，都是亲王的亲戚。

练习与思考

一、给下列加点字注音。

骄横（　）　墓穴（　）　恐吓（　）　踉跄（　）（　）

血泊（　）（　）　鞘子（　）　铁锹（　）

二、依次填入下列各句横线上的词语，正确的一组是（　）

①想想这些死了的人，你也该____了。

②我的仆人曾经对我说过几句话，那时我因为____烦乱，没有听得进去。

③我要在这儿永久安息下来，从我这____人世的凡躯上挣脱恶运的束缚。

A. ①胆寒 ②心绪 ③厌倦　　B. ①胆寒 ②心思 ③厌烦

C. ①心寒 ②心思 ③厌倦　　D. ①心寒 ②心绪 ③厌烦

三、写出下列语句所用的修辞手法。

1. 我现在的心境非常狂野，比饿虎或是咆哮的怒海都要凶猛无情，你可不要惹我性起。

2. 你无情的泥土，吞噬了世上最可爱的人儿，我要掰开你的馋吻，索性让你再吃一个饱。

3. 难道那虚无的死亡，那枯瘦可憎的妖魔，也是个多情的种子，所以把你藏匿在这幽暗的洞府里做他的情妇吗？

4. 啊！我要在这儿永久安息下来，从我这厌倦人世的凡躯上挣脱恶运的束缚。眼睛，瞧你的最后一眼吧！手臂，作你最后一次的拥抱吧！嘴唇，啊！你呼吸的门户，用一个合法的吻，跟网罗一切的死亡订立一个永久的契约吧！

四、下列文字是对人本主义思想的简要解释。仔细阅读课文，讨论罗密欧与朱丽叶的爱情悲剧所蕴含的人本主义思想。

人本主义是欧洲文艺复兴时期新兴资产阶级在反封建、反教会斗争中形成的一种思想体系。人本主义反对一切以神为本的旧观念，宣传人是宇宙的主宰，用“人权”与“神权”相对抗；反对封建思想，提倡个性解放，颂扬尘世的欢乐和幸福，赞美爱情是人类最崇高的感情；批判中世纪对科学、文化的摧残，主张探索自然、研究科学，等等。

五、读读记记。

1. 真正的爱情能够鼓舞人，唤醒他内心沉睡着的力量和潜藏着的才能。

——【意大利】薄伽丘

2. 爱情的意义在于帮助对方提高，同时也提高自己。

——【俄国】车尔尼雪夫斯基

9 永远的蝴蝶[1]

陈启佑

·课文导读·

这是一篇富有诗意的小小说。它讲述了一个凄美的爱情悲剧，恋人樱子帮“我”去马路对面寄信，却遭遇车祸，像一只蝴蝶般飘落，年轻的生命从此定格，美好的爱情就此消逝。

品读课文，用心感受散文化的语言背后蕴藏的感情，并思考将信的内容放在文末有何深意。

那时候刚好下着雨，柏油路面湿冷冷的，还闪烁着青、黄、红颜色的灯火。我们就在骑楼[2]下躲雨，看绿色的邮筒孤独地站在街的对面。我白色风衣的大口袋里有一封要寄给在南部的母亲的信。

樱子说她可以撑伞过去帮我寄信。我默默点头，把信交给她。

“谁教我们只带来一把小伞哪。”她微笑着说，一面撑起伞，准备过马路去帮我寄信。从她伞骨渗下来的小雨点溅在我眼镜玻璃上。

随着一阵拔尖的煞车声，樱子的一生轻轻地飞了起来，缓缓地，飘落在湿冷的街面，好像一只夜晚的蝴蝶。

---

① 选自《世界华文微型小说大成》（上海文艺出版社 1992 年版，江曾培主编）。陈启佑（1953— ），台湾作家。

② 【骑楼】一种近代商住建筑，建筑物底层沿街面后退且留出公共人行空间的建筑物。

虽然是春天，好像已是深秋了。

她只是过马路去帮我寄信。这简单的动作，却要教我终身难忘了。我缓缓睁开眼，茫然站在骑楼下，眼里裹着滚烫的泪水。世上所有的车子都停了下来，人潮涌向马路中央。没有人知道那躺在街面的，就是我的，蝴蝶。这时她只离我 5 公尺，竟是那么遥远。更大的雨点溅在我的眼镜上，溅到我的生命里来。

蝴 蝶

为什么呢？只带一把雨伞？

然而我又看到樱子穿着白色的风衣，撑着伞，静静地过马路了。她是要帮我寄信的。那，那是一封写给在南部的母亲的信。我茫然站在骑楼下，我又看到永远的樱子走到街心。其实雨下得并不大，却是一生一世中最大的一场雨。而那封信是这样写的，年轻的樱子知不知道呢？

“妈：我打算在下个月和樱子结婚。”

练习与思考

一、阅读课文，思考并回答下面的问题。

1. 小说多次写到“雨”，这“雨”在文中起什么作用？

2.“我”为什么把樱子比作“蝴蝶”？

3. 小说最后再次描写樱子“穿着白色的风衣，撑着伞”，有什么作用?

二、下列几种说法，与原文不一致的两项是（　　）

A. 文中最能表露“我”悔恨心情的一句话是“为什么呢？只带一把雨伞？”

B.“虽然是春天，好像已是深秋了。”这句话表现了“我”失去恋人的痛苦、凄凉、空虚的心境。

C. 小说三次写到“站在骑楼下”，作用是显示“我”的思绪的流程和层次。

D. 把樱子比喻成蝴蝶有两个原因，一是飞的动作，二是樱子长得像蝴蝶一样的外貌。

E. 题目叫“永远的蝴蝶”，就是说蝴蝶是永恒的，我爱蝴蝶，我也爱樱子。

三、读读记记。

1. 曾经沧海难为水，除却巫山不是云。——【中国】唐·元稹

2. 此情可待成追忆，只是当时已惘然。——【中国】唐·李商隐

10 戏剧性的开头源于生活的真实——情人节的玫瑰绽开在教室里[1]

曾宏燕

·课文导读·

爱情，是一种严肃而又神圣的情感。但当它与教室、学生发生联系时，往往会令教师与家长警惕。作为教育工作者，面对青春期孩子对爱情懵懂的期待与理解，更应该正确地进行引导。

当情人节的玫瑰绽开在教室里，“我”应该如何处理这道难题？是粗暴的呵斥还是温柔的指引？而对“我”的反应，学生们又是怎样给予回应的？从这篇文章中，你对于爱情是否有了新的认识？

我惊呆了，当我迈进教室的瞬间。

玫瑰，红色的玫瑰在学生的课桌上绽放着笑靥[2]。

今天？噢，我猛地记起，今天是情人节。

情人节，这一西方人的节日，不知何时，也成了中国人的时尚，更想不到，竟也成了学生的节日。

---

① 选自《向着太阳歌唱——青少年美德天地》（商务印书馆2003年版，徐传德主编）。曾宏燕，教师兼作家，有《爱，你准备好了吗？》《今日“网事”》等作品。

② 【笑靥（yè）】笑时脸上露出的酒窝，也指笑脸。

红色的玫瑰花，将一丝惊诧掠过我的心头。而我这瞬间的心理活动也丝毫没有躲过孩子们的眼睛，教室里有了些许的骚动，有的互递眼色，有的窃窃私语，还有的左顾右盼。看来，这是他们给我这班主任准备的一份情人节“礼物”啊！好吧，我还是坦然地面对这“精心”准备的礼物吧。

玫瑰花

“哦，你们用这么美丽的玫瑰花来装点这节语文课，我真有点受宠若惊了。”我笑呵呵地说。也许是我的话出乎他们的意料，让他们一时不知所措，教室里出现了瞬时的安静。我信步走下了讲台，顺手从一个学生的课桌上拿起一支玫瑰：“好漂亮的红玫瑰呀！”我一边欣赏着手中的玫瑰，一边赞叹着。

此时，我感觉到学生对我投来异样的目光，于是将目光从手中的玫瑰移向学生，缓缓地对他们说：“你们在一个非常的日子，选择了具有特定意义的花，置于一个特殊的场合，给我出了一道即兴的教育话题。是不是啊？”

学生们被我这一口气说出的话逗乐了，教室里的气氛也一下子轻松了。

“那我先问问你们，是否听说过有关红玫瑰的传说？”只见学生们纷纷摇头，我接着说：“其实，看过《希腊的神话与传说》的同学应该记得：在古希腊，一位爱与美的女神阿芙罗狄蒂[①]爱上了美少年阿多尼斯。有一天，阿多尼斯外出打猎被野猪咬伤，阿芙罗狄蒂闻讯后，急忙赶来，当她奔向奄奄一息的阿多尼斯时，却在匆忙中不小心一脚踩在白玫瑰上，白玫瑰的刺把

① 【阿芙罗狄蒂】希腊神话中爱与美的女神，罗马神话中称维纳斯。

女神的脚刺伤了，殷红[①]的鲜血滴落在泥土上。后来，在女神鲜血滴落的地方，长出了一丛丛鲜红欲滴的美丽的红玫瑰。源于这个古老的神话传说，后来的西方人便开始用红色的玫瑰来象征爱情。当然，那是西方的神话演绎的关于红玫瑰的故事。在我们中国的传统中，不是以玫瑰象征爱情，而是以红梅、凤仙、红莲、红牡丹等象征爱情。用红色的玫瑰来表达爱情，在中国是近代的事，这也是西方文化影响的结果。”

我停了一下，看到同学们听得全神贯注，何不将有关的文化传递给他们呢？“大家都知道，今天是西方人的情人节，但你们知道这个节日的来历吗？相传这个节日源于英国。公元 270 年，一个名叫瓦伦泰因的年青基督教徒，因为反抗罗马统治者的专制而遭到逮捕。狱中，他和监狱长的女儿发生了恋情。随着刑期的临近，和自己心爱的姑娘诀别的日子也迫近了。就在他 2 月 14 日临刑之前，他给自己的心上人写了一封情书，述说了自己的情怀，之后便昂首走上了刑场。从此，基督教徒们为纪念这位为了自由而献出生命的年轻人，就把 2 月 14 日这一天定为情人节。还有，你们知道我们中国的情人节是哪一天？我们中国是将传统的农历七月七日作为情人节。我想，我们在接受西方文化的时候也不应该忘记自己民族的传统文化，你们说对吗？”在孩子们的眼神里，我看到了他们的心悦诚服。我顺手把手中的那支玫瑰放回课桌，并意味深长地说了句：“玫瑰花很美，不过，玫瑰的枝条上有刺，拿的时候要小心喔！”话音刚落，学生们都会意地笑了。

“好，这堂语文课我们改成口头作文课，以玫瑰为话题，文体不限，怎么样？”

我又还给学生们一份意外的“礼物”。

下午的自习课，我像往常一样去教室巡视，发现讲台桌上有一束红色的

---

① 【殷（yān）红】鲜红色还带着黑。

玫瑰，下面压着一张纸条，展开纸条，见上面写着：

曾老师：

您是一位不同寻常的老师。我们原以为的暴风雨没有出现。

如果说以前我们还远远地观察着您，提防着您，那么今天我们却主动向您走来，您富有诗意的短短几句话，您讲述的关于玫瑰的神话传说，还有您蕴含深意的友善的告诫，让我们感受到了您的宽厚，您的智慧，您的胸怀。

这束玫瑰花送给您，祝您永远年轻美丽。

您的学生

我将这束红色的玫瑰轻轻地捧起，幸福随着淡淡的花香渗入我的心间，快乐伴着花朵灿烂的笑容萦绕着我。在幸福和快乐簇拥下，我的心向孩子们的心贴近着。孩子们的祝福是美好的，为什么，为什么我们不能以美好的心态来对待孩子们呢？

练习与思考

一、下列加点字读音有误的一项是（　　）

A. 笑靥（yè）　惊诧（chà）　蕴涵（yùn）

B. 殷红（yīn）　骚动（sāo）　掠过（luè）

C. 绽开（zhàn）　气氛（fēn）　巡视（xún）

D. 慎重（shèn）　萦绕（yíng）　簇拥（cù）

二、阅读课文，思考并回答下面的问题。

1.“玫瑰花很美，不过，玫瑰的枝条上有刺，拿的时候要小心喔！”这句话的言外之意是什么？你怎么理解这句话？

2. 本文的标题改成“一堂成功的‘爱情教育’课”好不好，为什么？

三、分别在文中找出有关学生与老师的神态、动作、表情等描写的语句，说一说这些描写起了什么样的作用。

四、读读记记。

1. 人的爱情应当不仅是美好、诚实、坚贞的，同时也应该是理智和慎重、机警和严肃的，只有那样的爱情才能带来欢乐和幸福。

——【苏联】苏霍姆林斯基

2. 爱情越热烈、越真诚，就越要含蓄。 ——【法国】巴尔扎克

应用写作：计划与总结

【模块目标】

1. 了解计划和总结的基本格式和写法。

2. 学写格式规范、内容切合实际的计划和总结。

【项目任务】

1. 项目一 计划

2. 项目二 总结

【行动过程】

1. 了解计划和总结的基本格式和写作要求。

2. 掌握计划和总结的写法。

计划是人们对今后一段时间的学习、工作、活动作出预想和安排的一种事务性文书。“凡事预则立，不预则废。”尤其是政府机关、企事业单位，制订计划是顺利开展工作的一个必要环节。它有利于明确工作的目标职责，有条不紊地开展工作，提高工作效率，避免工作的盲目性。

总结是个人、单位或部门对之前某个阶段的学习、工作进行回顾和分析，并从中找出经验和教训，得出规律性认识，以指导今后学习、工作的一种应用文体。及时地总结经验，吸取教训，有利于个人、单位或部门更好地向前迈进。

一般来说，总结应与计划相结合，总结的内容常常要对照计划的内容，并由计划的完成情况来评价任务的成效。

项目一 计划

任务导入

寒假快到了，电子商务 1801 班的周子睿同学想利用假期好好补习一下英语，制订了一份寒假英语学习计划。

计划

计划是十分重要的，有了切实可行的计划，就可以减少盲目性，增强自觉性，使我们顺利地完成预定的学习目标，特制订寒假英语学习计划。

1. 我掌握的单词量不够，在寒假中我要将第一册英语教材中的单词背熟。

2. 在语法方面，我要重点突破英语中动词的几种时态。

3. 要强化英语会说的能力。

4. 去 ×× 教育培训机构办的寒假中学英语强化班学习。

5. 阅读两本有英汉对照的英语小说简读本。

周子睿

同学们，你们知道周子睿同学的这份学习计划存在哪些问题吗？你能帮他写一份符合要求的学习计划吗？

任务一 计划的写作

一、认识计划

例文

育才学校春草文学社 ×× 学年度第一学期活动计划

为了响应学校大力开展课外兴趣小组活动的号召，我社制订 ×× 学年度第一学期活动计划如下：

（一）任务和要求

1. 通过各项活动，进一步激发同学们学习语文的兴趣，提高阅读能力和写作能力。

2. 把读书活动、社会实践、练笔三者紧密结合起来。本学期举办文学作品欣赏活动两次，写作技法讲座两次，采访活动一次，×× 故居参观一次，读书札记交流一次；每周练笔不少于两篇。

3. 继续办好社刊《春草》，本学期在刊印基础上增加网络版，在学校局域网上发表，每小组负责编辑一期，共 4 期。

4. 派代表参加市、省、全国的作文竞赛、读书比赛、演讲比赛，力争取得好成绩。

5. 向省、市报刊推荐我社成员的优秀习作，力争本学期发表习作不少于 5 篇。

（二）措施

1. 开学第一周，改选文学社社委会，社委会由 3 人组成增加至 5 人组成。

2. 拟聘请著名作家 ××、××× 担任我社辅导员。

3. 加强与兄弟学校文学社的联系，10 月份，组织我社部分成员到 ×× 学校文学社取经。

4. 本学期结束前，开展评选优秀社员活动，对不能履行文学社章程、没能完成规定任务的社员，劝其退社，同时吸收有较强读写能力的同学入社。

春草文学社

× 年 × 月 × 日

点评：这是一份工作计划。标题写清楚了制订计划的单位名称（育才学校春草文学社）、计划的适用时限（×× 学年度第一学期）、计划内容概要（活动计划），简明、规范。正文用（一）（二）两项内容，说明了制订计划的依据，计划要达到的目标、指标和要求，以及怎样完成计划。条理清楚，内容具体。落款也符合格式和内容要求。

二、必备知识

在工作学习和社会生活中，计划的名称很多。如长远、宏大的为“规划”，切近、具体的为“安排”，具体、全面的为“方案”，简明、概括的为“要点”，粗略、雏形的为“设想”，它们都属于计划的范畴。

按照不同的分类标准，计划可分为多种类型。如按活动领域，分为工作计划、学习计划、生产计划、教学计划、销售计划、采购计划、分配计划、财务计划等。按适用范围的大小不同，分为国家计划、地区计划、单位计划、班组计划、个人计划等。按其适用时间的长短，分为长期计划、中期计划、短期计划三类，具体还可以称为十年计划、五年计划、年度计划、季度计划、月份计划等。按计划的详细程度分，有计划要点、简要计划和详细计划。

计划一般由标题、正文和落款三部分组成。

1. 标题。由单位名称、适用时期、主要内容和文种构成，如《××集团2018年度员工培训计划》。有些内容，若不言而喻，可在标题中省略。

2. 正文。由前言、主体和结尾构成。

（1）前言，要说明制订计划的目的或依据，提出工作的总任务或总目标。前言的文字要写得简明扼要，力戒空话、套话。常用“为此，特制订计划如下”或“为此，要抓好以下几个方面的工作”等作结束语，以过渡到主体部分。

（2）主体，要写清楚要完成任务应该采取的具体方法、措施和步骤。这部分一般要分条列项来写。

（3）结尾，或突出重点难点，或强调有关事项，或发出简短号召，也可不写。

3. 落款。写在右下角，分上下两行分别写上制订计划的单位或个人的名称，以及制订计划的时间。

此外，与计划有关的一些材料，如在正文里表述不方便，可以附表附图。

制订计划，一般事先要做充分的调查研究工作。如了解本单位的大政方针、实际情况、发展状况以及方方面面的情况。撰写计划要注意：计划的名称要恰当，计划的目标要合理，计划的项目、措施、步骤要具体可行。

三、任务实施

1. 请按照“任务导入”中的要求完成规定任务。

2. 结合你所学的专业，确定你的发展目标，然后制订一份职校成长规划。

项目二 总结

任务导入

即将放暑假了，文秘1801班的李敏丽同学想对过去一学年的学习情况进行回顾和分析，撰写了一份总结。你帮她看看，她的总结写得如何？存在哪些问题？

2018学年我的个人总结

烈日当空，天上没有一丝云彩，火辣辣的太阳简直叫人不敢出门，空中没有一点风，只有知了在树上不停地叫着，好像在说：“放假啦，放假啦。”又一学年过去了，我应该利用暑假对这一学年的学习情况作一些总结，以迎接新学年的到来。

在这一学年里，我学习了成本会计、管理会计、审计原理、经济法、计算机应用、外贸会计、商务英语、应用文写作、体育、职业道德、概率论等课。其中成本会计82分，管理会计86分，审计原理77分，经济法89分，计算机应用90分，外贸会计90分，商务英语72分，应用文写作68分，体育是中，职业道德是优，概率论是中。总的来说，成绩还是可以的，在班上属中等水平。其中计算机应用和外贸会计成绩好些,而商务英语、概率论和应用文写作差些。下一学期，我要继续努力，争取取得更好的成绩，最好都在80分以上，这样就可以获得奖学金，减轻家里的经济负担，更可以在择业时增加自己的实力。

文秘1801班 李敏丽

请你结合自己过去一学年的学习情况撰写一份总结。

任务二 总结的写作

一、认识总结

例文

××师范学校第九届艺术节总结

××市××师范学校第九届艺术节于×年×月×日至×日举办，历时12天。本届艺术节在全校师生的共同努力下取得了圆满成功。主要表现在以下几个方面：

一、思想统一，组织有力。为成功搞好本届艺术节，我校在3月12日即专门成立了以校长为组长、各部门负责人和各班班长为组员的筹备小组。经过广泛深入的宣传，本届艺术节“高品位、高质量、高效益”的目标成了全校师生的共同追求，保证了各项工作都能及时落实到位。

二、内容丰富，推陈出新。本届艺术节共设有六项内容，包括开幕式暨音舞组教师专场演出，迎“五一”演讲比赛，童话剧专场演出，学生“弹、唱、跳、画”四项技能综合比赛，师生书画作品展，闭幕式暨学生文艺汇演。这些内容涉及音乐、舞蹈、书法、美术、演讲、表演、创编等很多方面。筹备小组成员发扬“创新”的校风，注重内容的推陈出新，本届艺术节的内容有一半是新创作的。譬如，音舞组教师专场演出，童话剧专场演出，学生“弹、唱、跳、画”四项技能综合比赛等三项活动在我校历届艺术节中均属首次举办。

三、参与面广，质量高。经初步统计，全校师生不仅人人参与，而且直接参与本届艺术节的六项重大活动的就达两千人次，平均每人要参与三项活动。参与本届艺术节的人数和人次在历届艺术节中是最多的。节目质量高、精彩纷呈是本届艺术节的又一重要特点。例如，同学们自编自演的十个童话剧经录音剪辑后在市人民广播电台“×××”节目中逐一播出。童话剧《森林编辑部》还被市电视台选中参加了市庆“六一”文艺晚会。这些固然与师生们思想重视、准备充分有关，同时也说明了我校艺术教育的质量上了一个新台阶。

四、宣传力度大，社会影响好。为了做好本届艺术节的对外宣传工作，筹备小组组织了艺术节宣传报道班子。市电视台、市人民广播电台、《××晚报》等新闻媒体也对艺术节给予了极大的关注和支持，进行了跟踪报道，使本届艺术节产生了前所未有的社会影响，得到了社会各界的一致赞誉，学校知名度也因此有了较大提高。

在本届艺术节取得圆满成功的同时，我们也清醒地看到了两个方面的不足。一是学生软笔书法艺术还不尽如人意，书法教学有待进一步加强；二是设置的活动项目过多，师生承担的任务过重，对这期间的课堂教学略有影响。这些应在以后的艺术节中注意克服。

我们深信，本届艺术节的成功经验一定能成为把我校艺术节越办越好的重要基础，勇于创新的××师范人一定会在艺术中收获硕果，收获希望！

×年×月×日

点评：这是一份专题总结。开头部分概述艺术节活动的过程，以“圆满成功”作为评价，并领起下文。第二部分采用经验和成绩结合的写法，分四个层次，每一层次的第一句提纲挈领，下面都有具体翔实的材料予以佐证。第三部分指出工作上有不完善之处，表现出实事求是的态度。最后把本次艺术节的经验落实到对未来工作的促进与展望上去。条理清楚、简明扼要是本文的一个显著特点。

二、必备知识

总结的种类很多，从时间分，有月度总结、季度总结、年度总结等；从范围分，有个人总结、部门总结、单位总结等；从内容分，有工作总结、学习总结、活动总结等；从性质分，有专题总结、综合总结等。

总结一般由标题、正文和落款三部分组成。

1. 标题。总结的标题大体上有两类构成形式：一类是公文式标题，一类是非公文式标题。公文式标题由单位名称（或总结人姓名）、时间、主要内容、文种组成，如《××高等职业学院创建市文明单位工作总结》。非公文式标题则比较灵活：有时用问题式写法，如《他是怎样由一个个体户成为企业家的？》；有时点明总结的主题，如《加强作风建设是提高职工队伍素质的需要》；有时用正副标题结合式写法，如《十年磨一剑——××职高成立十周年总结》等。

2. 正文。一般由前言、主体和结尾三部分组成。

（1）前言，简要概括总结事项的基本情况，概括全文，引领下文。

（2）主体，是总结的核心部分，其内容包括具体做法、主要成绩、问题和不足、经验和教训等。这一部分要在全面回顾工作情况的基础上，分析取得成绩的原因、条件以及存在问题的根源，揭示出一些带有规律性的内容。

（3）结尾，应在前言和主体的基础上，简要提出今后的方向、任务和措施，或者表明决心、展望前景。

3. 落款。包括署名和日期。

写总结要注意以下几个方面：要有实事求是的态度，既要肯定取得的成绩，也要反思存在的问题；要有翔实的材料，并根据总结的目的对材料进行整理、分析、归类，总结出带有规律性的东西，上升到理论的高度；要注意语言的准确、平实、简明，不要过多地描写，以叙述为主，不用模糊性文字和含糊的语言。

三、任务实施

请按照“任务导入”中的要求完成规定任务。

第三单元

热爱生活

单元导语

“生活虐我千百遍，我待生活如初恋”。这虽是一句打油诗，却道出了一种乐观向上的生活态度。每个人的生活都不会是一帆风顺的，总会有崎岖、坎坷与意料之外的打击。顺境时，我们讴歌生活，遇到逆境，我们同样应该保持对生活的热爱与希望。

本单元围绕“热爱生活”这一主题选取了五篇文章。这五篇文章的主人公或在百转千回中砥砺前行，或在艰辛困苦中感受真情、传递友爱……无不传达了一种豁达乐观、热爱生活的精神。作家毕淑敏在《提醒幸福》中借助诸多日常生活现象告诉我们什么是幸福，如何从每一件平凡的小事中去感受幸福。小说《命若琴弦》用两代瞎子走过的艰难生活之路讲述了一个发人深省的故事，凝聚了作者史铁生在遭遇残疾后对命运的深思与感悟。日本作家栗良平的小说《一碗清汤荞麦面》享有极高的知名度与影响力，它表现了遭受沉重经济和精神打击的母子三人团结、奋斗的精神以及人与人之间的温暖与善意。美国作家海伦·凯勒的《假如给我三天光明》从作者自身的经历出发，用优美且富有诗意的文字写出了一个盲人对大自然与光明的渴望与憧憬，启迪身体健全者学会珍惜自己所拥有但习以为常的一切。《雅舍》以幽默诙谐的语言描述了作者梁实秋身居陋室的“雅趣”，表现出面对困苦生活的豁达态度。

本单元的口语交际训练安排了“倾听与诉说（下）”，使学生通过学习，提高倾听与诉说的技巧，为更好地迎接职场生活做好准备。

11 提醒幸福[1]

毕淑敏

·课文导读·

幸福是什么？幸福在哪里？人们渴望幸福，却未必懂幸福的真正含义，往往“身在福中不知福”。本文作者从一个独特的角度，借助日常生活中的诸多现象设喻发问，提醒我们什么是幸福，告诉我们如何享受幸福。

作为一篇哲理性的散文，本文思路明确，脉络清晰，阅读时要细细揣摩；全篇熔比喻、排比、拟人等修辞方法于一炉，语言清丽典雅，耐人寻味，阅读时可认真体会。

我们从小就习惯了在提醒中过日子。天气刚有一丝风吹草动，妈妈就说，别忘了多穿衣服。才相识了一个朋友，爸爸就说，小心他是个骗子。你取得了一点成功，还没容得乐出声来，所有关心着你的人一起说，别骄傲！你沉浸在欢快中的时候，自己不停地对自己说：“千万不可太高兴，苦难也许马上就要降临……”

我们已经习惯了提醒，提醒的后缀词总是灾祸。灾祸似乎成了提醒的专利，把提醒也染得充满了淡淡的贬意。

我们已经习惯了在提醒中过日子。看得见的恐惧和看不见的恐惧始终像

① 选自《中国当代名家随笔集萃》（安徽教育出版社2014年版，林文力主编）。毕淑敏（1952— ），国家一级作家，注册心理咨询师。曾获庄重文文学奖、当代文学奖、昆仑文学奖等各种文学奖30余次。代表作有《红处方》《血玲珑》《昆仑殇》等。

乌鸦盘旋在头顶。

在皓月当空的良宵，提醒会走出来对你说：注意风暴。于是我们忽略了皎洁的月光，急急忙忙做好风暴来临的一切准备。当我们大睁着眼睛枕戈待旦[①]之时，风暴却像迟归的羊群，不知在哪里徘徊。当我们实在忍受不了等待灾难的煎熬时，我们甚至会恶意地祈盼风暴早些到来。

在许多夜晚，风暴始终没有降临。我们辜负了冰冷如银的月光。

风暴终于姗姗地来了。我们怅然[②]发现，所做的准备多半是没有用的。事先能够抵御的风险毕竟有限，世上无法预计的灾难却是无限的。战胜灾难靠的更多的是临门一脚，先前的惴惴不安帮不上忙。

当风暴的尾巴终于远去，我们守住零乱的家园。气还没有喘匀，新的提醒又智慧地响起来，我们又开始对未来充满恐惧的期待。

人生总是有灾难。其实大多数人早已练就了对灾难的从容，我们只是还没有学会灾难间隙的快活。我们太多注重了自己警觉苦难，我们太忽视提醒幸福。

请从此注意幸福！

幸福也需要提醒吗？

提醒小心跌倒……提醒注意路滑……提醒不要受骗……提醒荣辱不惊……先哲们提醒了我们一万零一次，却不提醒我们幸福。

也许他们认为幸福不提醒也是跑不了的。也许他们以为好的东西你自会珍惜，犯不上谆谆告诫。也许他们太崇尚血与火，觉得幸福无足挂齿[③]。他们总是站在危崖上，指点我们逃离未来的苦难。

但避去苦难之后的时间是什么？

---

① 【枕戈待旦】枕着兵器等待天亮。形容时刻警惕敌人，准备作战。

② 【怅（chàng）然】不如意的样子。

③ 【无足挂齿】不值得一提。

那就是幸福啊！

享受幸福是需要学习的，当幸福即将来临的时刻需要提醒。人可以自然而然地学会感官的享乐，人却无法天生地掌握幸福的韵律。灵魂的快意同器官的舒适像一对孪生兄弟，时而相傍相依，时而南辕北辙[1]。

幸福是一种心灵的震颤，它像会倾听音乐的耳朵一样，需要不断地训练。

简言之，幸福就是没有痛苦的时刻。它出现的频率并不像我们想象的那样少。人们常常只是在幸福的金马车已经驶过去很远，捡起地上的金鬃毛说，原来我见过她。

人们喜爱回味幸福的标本，却忽略幸福披着露水散发清香的时刻。那时候我们往往步履匆匆，瞻前顾后，不知在忙着什么。

世上有预报台风的，有预报蝗虫的，有预报瘟疫的，有预报地震的，没有人预报幸福。

其实幸福和世界万物一样，有它的征兆。

幸福常常是朦胧的，很有节制地向我们喷洒甘霖。你不要总希冀[2]轰轰烈烈的幸福，它多半只是悄悄地扑面而来。你也不要企图把水龙头拧得更大，使幸福很快地流失。而需静静地以平和之心，体验幸福的真谛。

幸福绝大多数是朴素的，它不会像信号弹似的，在很高的天际闪烁红色的光芒。它披着本色外衣，亲切温暖地包裹起我们。

幸福不喜欢喧嚣浮华，常常在暗淡中降临。贫困中相濡以沫[3]的一块糕饼，患难中心心相印的一个眼神，父亲一次粗糙的抚摸，女友一个温馨的字条……这都是千金难买的幸福啊。像一粒粒缀在旧绸子上的红宝石，在凄凉中愈发熠熠夺目。

---

① 【南辕北辙】心里想往南去，却驾车往北走。这里比喻心理感受同现实状况是相反的。

② 【希冀（jì）】希望。

③ 【相濡（rú）以沫】泉水干涸时，鱼靠在一起以唾沫互相湿润身体。后用以比喻同处困境，互相救助。

幸福有时会同我们开一个玩笑，乔装打扮而来。机遇、友情、成功、团圆……它们都酷似幸福，但它们并不等同于幸福。幸福有时会很短暂，不像苦难似的笼罩天空。如果把人生的苦难和幸福分置天平两端，苦难体积庞大，幸福可能只是一块小小的矿石。但指针一定要向幸福这一侧倾斜，因为它有生命的黄金。

幸福有梯形的切面，它可以扩大也可以缩小，就看你是否珍惜。

我们要提高对于幸福的警惕，当它到来的时刻，激情地享受每一分钟。据科学家研究，有意注意的结果比无意注意要好得多。

当春天来临的时候，我们要对自己说，这是春天啦！心里就会泛起茸茸的绿意。

幸福的时候，我们要对自己说，请记住这一刻！幸福就会长久地伴随我们。

那我们岂不是拥有了更多的幸福！

所以，丰收的季节，先不要去想可能的灾年，我们还有漫长的冬季来得及考虑这件事。我们要和朋友们跳舞唱歌，渲染喜悦。既然种子已经回报了汗水，我们就有权沉浸幸福。不要管以后的风霜雨雪，让我们先把麦子磨成面粉，烘一个香喷喷的面包。

所以，当我们从天涯海角相聚在一起的时候，请不要踌躇片刻后的别离。在今后漫长的岁月里，有无数孤寂的夜晚可以独自品尝愁绪。现在的每一分钟，都让它像纯净的酒精，燃烧成幸福的淡蓝色火焰，不留一丝渣滓。让我们一起举杯，说：我们幸福。所以，当我们守候在年迈的父母膝下时，哪怕他们鬓发苍苍，哪怕他们垂垂老矣，你都要有勇气对自己说：我很幸福。因为天地无常，总有一天你会失去他们，会无限追悔此刻的时光。

幸福并不与财富、地位、声望、婚姻同步，它只是你心灵的感觉。

所以，当我们一无所有的时候，我们也能够说：我很幸福。因为我们还有健康的身体。当我们不再享有健康的时候，那些最勇敢的人可以依然微笑着说：我很幸福。因为我还有一颗健康的心。甚至当我们连心都不再存在的时候，那些人类最优秀的分子仍旧可以对宇宙大声说：我很幸福。因为我曾经生活过。

常常提醒自己注意幸福，就像在寒冷的日子里经常看看太阳，心就不知不觉暖洋洋亮光光。

练习与思考

一、解释下列词语并给加点的字注音。

无足挂齿：

谆谆告诫（　　）（　　）：

南辕北辙（　　）：

枕戈待旦：

怅然（　　）：

惴惴不安（　　）（　　）：

瞻前顾后（　　）：

熠熠夺目（　　）（　　）：

相濡以沫（　　）：

希冀（　　）：

二、文章题为“提醒幸福”，为什么在开头部分写了相当篇幅的“提醒苦难”？这一部分能不能去掉？为什么？

三、从全文看，“幸福”到底是什么？它有哪些“征兆”？在日常生活中，你有没有发现过这些“征兆”？

四、联系上下文，说说下列句子的含义。

1. 灵魂的快意同器官的舒适像一对孪生兄弟，时而相傍相依，时而南辕北辙。

2. 人们喜爱回味幸福的标本，却忽略幸福披着露水散发清香的时刻。

3. 如果把人生的苦难和幸福分置天平两端，苦难体积庞大，幸福可能只是一块小小的矿石。

4. 幸福有梯形的切面，它可以扩大也可以缩小，就看你是否珍惜。

五、读读记记。

1. 幸福存在于生活之中，而生活存在于劳动之中。

——【俄国】列夫·托尔斯泰

2. 真正的幸福只有当你真实地认识到人生的价值时，才能体会到。

——【科威特】穆尼尔·纳素夫

12 命若琴弦[1]

史铁生

·课文导读·

这是一篇富有哲理的小说。它是史铁生从自己坎坷的人生经历中锤炼出来的深度思索，它讲述了一老一小的两位瞎子师徒行走在“莽莽苍苍的群山之中”，追寻着各自的追寻，憧憬着各自的憧憬……当他们所追寻的已经破灭，又将何去何从？小说正是围绕着这一“生命中不可承受之轻”的命题讲述了这个凄美而又饱含深意的故事。

阅读小说时，要注意品味史铁生精练含蓄的语言，并通过人物的对话掌握师徒两人的性格特征，思考小说结尾与开头保持一致有何深意，你又是怎样理解小说标题“命若琴弦”的。

莽莽苍苍的群山之中走着两个瞎子，一老一少，一前一后，两顶发了黑的草帽起伏蹿[2]动，匆匆忙忙，像是随着一条不安静的河水在漂流。无所谓从哪儿来，也无所谓到哪儿去，每人带一把三弦琴，说书为生。

方圆几百上千里的这片大山中，峰峦叠嶂，沟壑纵横，人烟稀疏，走一天才能见一片开阔地，有几个村落。荒草丛中随时会飞起一对山鸡，跳出一

① 选自《命若琴弦》（江苏文艺出版社2003年版），有改动。史铁生（1951—2010），当代作家。1969年去延安一带插队，因双腿瘫痪于1972年回到北京。后又患肾病发展到尿毒症，靠透析维持生命。2010年因突发脑溢血逝世。代表作品有《我与地坛》《病隙碎笔》《务虚笔记》等。曾获鲁迅文学奖、老舍散文奖等。

② 【蹿（zuān）】向上或向前冲。

只野兔、狐狸，或者其他小野兽。山谷中常有鹞[1]鹰盘旋。

寂静的群山没有一点阴影，太阳正热得凶。

“把三弦子抓在手里。”老瞎子喊，在山间震起回声。

“抓在手里呢。”小瞎子回答。

“操心身上的汗把三弦子弄湿了。弄湿了晚上弹你的肋条！”

“抓在手里呢。”

老少二人都赤着上身，各自拎了一条木棍探路。缠在腰间的粗布小褂已经被汗水洇[2]湿了一大片。蹚[3]起来的黄土干得呛人。这正是说书的旺季。天长，村子里的人吃罢晚饭都不待在家里，有的人晚饭也不在家里吃，捧上碗到路边去，或者到场院里。老瞎子想赶着多说书，整个热季领着小瞎子一个村子一个村子紧走，一晚上一晚上紧说。老瞎子一天比一天紧张，激动，心里算定：弹断一千根琴弦的日子就在这个夏天了，说不定就在前面的野羊坳。

暴躁了一整天的太阳这会儿正平静下来，光线开始变得深沉。

远远近近的蝉鸣也舒缓了许多。

“小子！你不能走快点吗？”老瞎子在前面喊，不回头也不放慢脚步。

小瞎子紧跑几步，吊在屁股上的一只大挎包叮啷哐啷地响，离老瞎子仍有几丈远。

“野鸽子都往窝里飞啦。”

“什么？”小瞎子又紧走几步。

“我说野鸽子都回窝了，你还不快走！”

“噢。”

“你又鼓捣我那电匣子呢。”

---

① 【鹞（yào）】一种凶猛的鸟，样子像鹰，比鹰小，通常称“鹞鹰”或“鹞子”。

② 【洇（yīn）】液体在纸、布及土壤中向四外散开或渗透；亦指水流。

③ 【蹚（tāng）】此处指踩、踏。

“噫——！鬼动来。”

“那耳机子快让你鼓捣坏了。”

“鬼动来！”

老瞎子暗笑：你小子才活了几天？“蚂蚁打架我也听得着。”老瞎子说。

小瞎子不争辩了，悄悄把耳机子塞到挎包里去，跟在师父身后闷闷地走路。无尽无休的无聊的路。

走了一阵子，小瞎子听见有只獾[①]在地里啃庄稼，就使劲学狗叫，那只獾连滚带爬地逃走了，他觉得有点开心，轻声哼了几句小调儿，哥哥呀妹妹的。师父不让他养狗，怕受村子里的狗欺负，也怕欺负了别人家的狗，误了生意。又走了一会儿，小瞎子又听见不远处有条蛇在游动，弯腰摸了块石头砍过去，“哗啦啦”一阵高粱叶子响。老瞎子有点可怜他了，停下来等他。

“除了獾就是蛇。”小瞎子赶忙说，担心师父骂他。

“有了庄稼地了，不远了。”老瞎子把一个水壶递给徒弟。

“干咱们这营生的，一辈子就是走。”老瞎子又说。“累不？”

小瞎子不回答，知道师父最讨厌他说累。

“我师父才冤呢。就是你师爷，才冤呢，东奔西走一辈子，到了没弹够一千根琴弦。”

小瞎子听出师父这会儿心绪好，就问：“什么是绿色的长乙（椅）？”

“什么？噢，八成是一把椅子吧。”

“曲折的油狼（游廊）呢？”

“油狼？什么油狼？”

“曲折的油狼。”

“不知道。”

---

① 【獾（huān）】分布于欧洲和亚洲大部分地区的一种哺乳动物。

“匣子里说的。”

“你就爱瞎听那些玩意儿。听那些玩意儿有什么用？天底下的好东西多啦，跟咱们有什么关系？”

“我就没听您说过，什么跟咱们有关系。”小瞎子把“有”字说得重。

“琴！三弦子！你爹让你跟了我来，是为让你弹好三弦子，学会说书。”

小瞎子故意把水喝得咕噜噜响。

再上路时小瞎子走在前头。

大山的阴影在沟谷里铺开来。地势也渐渐的平缓，开阔。

接近村子的时候，老瞎子喊住小瞎子，在背阴的山脚下找到一个小泉眼。细细的泉水从石缝里往外冒，淌下来，积成脸盆大的小洼，周围的野草长得茂盛，水流出去几十米便被干渴的土地吸干了。

“过来洗洗吧，洗洗你那身臭汗味。”

小瞎子拨开野草在水洼边蹲下，心里还在猜想着“曲折的油狼”。

“把浑身都洗洗。你那样儿准像个小叫花子。”

“那您不就是个老叫花子了？”小瞎子把手按在水里，嘻嘻地笑。

老瞎子也笑，双手掬起水往脸上泼。“可咱们不是叫花子，咱们有手艺。”

“这地方咱们好像来过。”小瞎子侧耳听着四周的动静。

“可你的心思总不在学艺上。你这小子心太野。老人的话你从来不着耳朵听。”

“咱们准是来过这儿。”

“别打岔！你那三弦子弹得还差着远呢。咱这命就在这几根琴弦上，我师父当年就这么跟我说。”

泉水清凉凉的。小瞎子又哥哥呀妹妹的哼起来。

老瞎子挺来气，“我说什么你听见了吗？”

“咱这命就在这几根琴弦上，您师父我师爷说的。我都听过八百遍了。

您师父还给您留下一张药方，您得弹断一千根琴弦才能去抓那副药，吃了药您就能看见东西了。我听您说过一千遍了。”

“你不信？”

小瞎子不正面回答，说：“干吗非得弹断一千根琴弦才能去抓那副药呢？”

“那是药引子。机灵鬼儿，吃药得有药引子！”

“一千根断了的琴弦还不好弄？”小瞎子忍不住“哧哧”地笑。

“笑什么笑！你以为你懂得多少事？得真正是一根一根断了的才成。”

小瞎子不敢吱声了，听出师父又要动气。每回都是这样，师父容不得对这件事有怀疑。

老瞎子也没再作声，显得有些激动，双手搭在膝盖上，两颗骨头一样的眼珠对着苍天，像是一根一根地回忆着那些弹断的琴弦。盼了多少年了呀，老瞎子想，盼了五十年了！五十年中翻了多少架山，走了多少里路哇，挨了多少回晒，挨了多少回冻，心里受了多少委屈呀。一晚上一晚上地弹，心里总记着，得真正是一根一根尽心尽力地弹断的才成。现在快盼到了，绝出不了这个夏天了。老瞎子知道自己又没什么能要命的病，活过这个夏天一点不成问题。“我比我师父可运气多了，”他说，“我师父到了[①]没能睁开眼睛看一回。”

“咳！我知道这地方是哪儿了！”小瞎子忽然喊起来。

老瞎子这才动了动，抓起自己的琴来摇了摇，叠好的纸片碰在蛇皮上发出细微的响声，那张药方就在琴槽里。

“师父，这儿不是野羊岭吗？”小瞎子问。

老瞎子没搭理他，听出这小子又不安稳了。

“前头就是野羊坳[②]，是不是，师父？”

---

① 【了（liǎo）】完毕，结束。

② 【坳（ào）】意为低凹的地方。

“小子，过来给我擦擦背。”老瞎子说，把弓一样的脊背弯给他。

“是不是野羊坳，师父？”

“是！干什么？你别又闹猫似的。”

小瞎子的心扑通扑通跳，老老实实地给师父擦背。老瞎子觉出他擦得很有劲。

“野羊坳怎么了？你别又叫驴似的会闻味儿。”

小瞎子心虚，不吭声，不让自己显出兴奋。

“又想什么呢？别当我不知道你那点心思。”

“又怎么了，我？”

“怎么了你？上回你在这儿疯得不够？那妮子是什么好货！”老瞎子心想，也许不该再带他到野羊坳来。可是野羊坳是个大村子，年年在这儿生意都好，能说上半个多月。老瞎子恨不能立刻弹断最后几根琴弦。

小瞎子嘴上嘟嘟囔囔的，心却飘飘的，想着野羊坳里那个尖声细气的小妮子。

“听我一句话，不害你，”老瞎子说，“那号事靠不住。”

“什么事？”

“少跟我贫嘴。你明白我说的什么事。”

“我就没听您说过，什么事靠得住。”小瞎子又偷偷地笑。

老瞎子没理他，骨头一样的眼珠又对着苍天。那儿，太阳正变成一汪血。

两面脊背和山是一样的黄褐色。一座已经老了，嶙峋瘦骨像是山根下裸露的基石。另一座正年轻。老瞎子七十岁，小瞎子才十七。

小瞎子十四岁上父亲把他送到老瞎子这儿来，为的是让他学说书，这辈子好有个本事，将来可以独自在世上活下去。

老瞎子说书已经说了五十多年。这一片偏僻荒凉的大山里的人们都知道他：头发一天天变白，背一天天变驼，年年月月背一把三弦琴满世界走，逢上有愿意出钱的地方就拨动琴弦唱一晚上，给寂寞的山村带来欢乐。开头常是这么几句：“自从盘古分天地，三皇五帝到如今，有道君王安天下，无道君王害黎民。轻轻弹响三弦琴，慢慢稍停把歌论，歌有三千七百本，不知哪本动人心。”于是听书的众人喊起来，老的要听董永卖身葬父，小的要听武二郎夜走蜈蚣岭，女人们想听秦香莲。这是老瞎子最知足的一刻，身上的疲劳和心里的孤寂全忘却，不慌不忙地喝几口水，待众人的吵嚷声鼎沸，便把琴弦一阵紧拨，唱道：“今日不把别人唱，单表公子小罗成。”或者：“茶也喝来烟也吸，唱一回哭倒长城的孟姜女。”满场立刻鸦雀无声，老瞎子也全心沉到自己所说的书中去。

他会的老书数不尽。他还有一个电匣子，据说是花了大价钱从一个山外人手里买来，为的是学些新词儿，编些新曲儿。其实山里人倒不太在乎他说什么唱什么。人人都称赞他那三弦子弹得讲究，轻轻漫漫的，飘飘洒洒的，疯癫狂放的，那里头有天上的日月，有地上的生灵。老瞎子的嗓子能学出世上所有的声音，男人、女人、刮风下雨、兽啼禽鸣。不知道他脑子里能呈现出什么景象，他一落生就瞎了眼睛，从没见过这个世界。

小瞎子可以算见过世界，但只有三年，那时还不懂事。他对说书和弹琴并无多少兴趣，父亲把他送来的时候费尽了唇舌，好说歹说连哄带骗，最后不如说是那个电匣子把他留住。他抱着电匣子听得入神，甚至没发觉父亲什么时候离去。

这只神奇的匣子永远令他着迷，遥远的地方和稀奇古怪的事物使他幻想不绝，凭着三年朦胧的记忆，补充着万物的色彩和形象。譬如海，匣子里说蓝天就像大海，他记得蓝天，于是想象出海；匣子里说海是无边无际的水，他记得锅里的水，于是想象出满天排开的水锅。再譬如漂亮的姑娘，匣子里说就像盛开的花朵，他实在不相信会是那样，母亲的灵柩被抬到远山上去的时候，路上正遍开着野花，他永远记得却永远不愿意去想。但他愿意想姑娘，越来越愿意想，尤其是野羊坳的那个尖声细气的小妮子，总让他心里荡起波澜。直到有一回匣子里唱道，“姑娘的眼睛就像太阳”，这下他才找到了一个贴切的形象，想起母亲在红透的夕阳中向他走来的样子，其实人人都是根据自己的所知猜测着无穷的未知，以自己的感情勾画出世界。每个人的世界就都不同。

也总有一些东西小瞎子无从想象，譬如“曲折的油狼”。

这天晚上，小瞎子跟着师父在野羊坳说书，又听见那小妮子站在离他不远处尖声细气地说笑。书正说到紧要处——“罗成回马再交战，大胆苏烈又兴兵。苏烈大刀如流水，罗成长枪似腾云，好似海中龙吊宝，犹如深山虎争林。又战七日并七夜，罗成清茶无点唇……”老瞎子把琴弹得如雨骤风疾，字字句句唱得铿锵。小瞎子却心猿意马，手底下早乱了套数……

野羊岭上有一座小庙，离野羊坳村二里地，师徒二人就在这里住下。石头砌的院墙已经残断不全，几间小殿堂也歪斜欲倾百孔千疮，唯正中一间尚可遮蔽风雨，大约是因为这一间中毕竟还供奉着神灵。三尊泥像早脱尽了尘世的彩饰，还一身黄土本色返璞归真了，认不出是佛是道。院里院外、房顶墙头都长满荒藤野草，蓊蓊郁郁[①]倒有生气。老瞎子每回到野羊坳说书都住这儿，不出房钱又不惹是非。小瞎子是第二次住在这儿。

散了书已经不早，老瞎子在正殿里安顿行李，小瞎子在侧殿的檐下生火烧水。去年砌下的灶稍加修整就可以用。小瞎子蹶着屁股吹火，柴草不干，呛得他满院里转着圈儿咳嗽。

老瞎子在正殿里数叨他：“我看你能干好什么。”

“柴湿嘛。”

“我没说这事。我说的是你的琴，今儿晚上的琴你弹成了什么。”

① 【蓊蓊（wěng）郁郁】多形容草木蓬勃茂盛的样子。

小瞎子不敢接这话茬，吸足了几口气又跪到灶火前去，鼓着腮帮子一通猛吹。“你要是不想干这行，就趁早给你爹捎信把你领回去。老这么闹猫闹狗的可不行，要闹回家闹去。”

小瞎子咳嗽着从灶火边跳开，几步蹿到院子另一头，“呼哧呼哧”大喘气，嘴里一边骂。

“说什么呢？”

“我骂这火。”

“有你那么吹火的？”

“那怎么吹？”

“怎么吹？哼，”老瞎子顿了顿，又说，“你就当这灶火是那妮子的脸！”

小瞎子又不敢搭腔了，跪到灶火前去再吹，心想：真的，不知道兰秀儿的脸什么样。那个尖声细气的小妮子叫兰秀儿。

“那要是妮子的脸，我看你不用教也会吹。”老瞎子说。

小瞎子笑起来，越笑越咳嗽。

“笑什么笑！”

“您吹过妮子脸？”

老瞎子一时语塞。小瞎子笑得坐在地上。“日他妈，”老瞎子骂道，笑笑，然后变了脸色，再不言语。

灶膛里“腾”的一声，火旺起来。小瞎子再去添柴，一心想着兰秀儿。才散了书的那会儿，兰秀儿挤到他跟前来小声说：“哎，上回你答应我什么来？”师父就在旁边，他没敢吭声。人群挤来挤去，一会儿又把兰秀儿挤到他身边。“噫，上回吃了人家的煮鸡蛋倒白吃了？”兰秀儿说，声音比上回大。这时候师父正忙着跟几个老汉拉话，他赶紧说：“嘘——，我记着呢。”兰秀儿又把声音压低：“你答应给我听电匣子你还没给我听。”“嘘——，我记着呢。”幸亏那会儿人声嘈杂。

正殿里好半天没有动静。之后，琴声响了，老瞎子又上好了一根新弦。他本来应该高兴的，来野羊坳头一晚上就又弹断了一根琴弦。可是那琴声却低沉、零乱。

小瞎子渐渐听出琴声不对，在院里喊："水开了，师父。"

没有回答。琴声一阵紧似一阵了。

小瞎子端了一盆热水进来，放在师父跟前，故意嘻嘻笑着说："您今儿晚还想弹断一根是怎么着？"

老瞎子没听见，这会儿他自己的往事都在心中，琴声烦躁不安，像是年年旷野里的风雨，像是日夜山谷中的流溪，像是奔奔忙忙不知所归的脚步声。小瞎子有点害怕了：师父很久不这样了，师父一这样就要犯病，头疼、心口疼、浑身疼，会几个月爬不起炕来。

"师父，您先洗脚吧。"

琴声不停。

"师父，您该洗脚了。"小瞎子的声音发抖。

琴声不停。

"师父！"

琴声戛然而止，老瞎子叹了口气。小瞎子松了口气。

老瞎子洗脚，小瞎子乖乖地坐在他身边。

"睡去吧，"老瞎子说，"今儿个够累的了。"

"您呢？"

"你先睡，我得好好泡泡脚。人上了岁数毛病多。"老瞎子故意说得轻松。

"我等您一块儿睡。"

山深夜静。有了一点风，墙头的草叶子就会响。夜猫子在远处哀哀地叫。听得见野羊坳里偶尔有几声狗吠，又引得孩子哭。月亮升起来，白光透过残损的窗棂进了殿堂，照见两个瞎子和三尊神像。

“等我干吗？时候不早了。”

“你甭担心我，我怎么也不怎么。”老瞎子又说，“听见没有，小子？”

小瞎子到底年轻，已经睡着。老瞎子推推他让他躺好，他嘴里咕囔了几句倒头睡去。老瞎子给他盖被时，从那身日渐发育的筋肉上觉出，这孩子到了要想那些事的年龄，非得有一段苦日子过不可了。唉，这事谁也替不了谁。

老瞎子再把琴抱在怀里，摩挲着根根绷紧的琴弦，心里使劲念叨：又断了一根了，又断了一根了。再摇摇琴槽，有轻微的纸和蛇皮的磨擦声。唯独这事能为他排忧解烦。一辈子的愿望。

小瞎子做了一个好梦，醒来吓了一跳，鸡已经叫了。他一骨碌爬起来听听，师父正睡得香，心说还好。他摸到那个大挎包，悄悄地掏出电匣子，蹑手蹑脚出了门。

往野羊坳方向走了一会儿，他才觉出不对头，鸡叫声渐渐停歇，野羊坳里还是静静的没有人声。他愣了一会儿，鸡才叫头遍吗？灵机一动扭开电匣子。电匣子里也是静悄悄。现在是半夜。他半夜里听过匣子，什么都没有。这匣子对他来说还是个表，只要扭开一听，便知道是几点钟，什么时候有什么节目都是一定的。

小瞎子回到庙里，老瞎子正翻身。

“干吗哪？”

“撒尿去了。”小瞎子说。

一上午，师父逼着他练琴。直到晌午饭后，小瞎子才瞅机会溜出庙来，溜进野羊坳。鸡也在树荫下打盹儿，猪也在墙根下说着梦话，太阳又热得凶，村子里很安静。

小瞎子踩着磨盘，扒着兰秀儿家的墙头轻声喊：“兰秀儿——兰秀儿——”

屋里传出雷似的鼾声。

他犹豫了片刻，把声音稍稍抬高：“兰秀儿——！兰秀儿——！”

狗叫起来。屋里的鼾声停了，一个闷声闷气的声音问：“谁呀？”

小瞎子不敢回答，把脑袋从墙头上缩下来。

屋里吧唧了一阵嘴，又响起鼾声。

他叹口气，从磨盘上下来，怏怏地往回走。忽听见身后“嘎吱”一声院门响，随即一阵细碎的脚步声向他跑来。

“猜是谁？”尖声细气。小瞎子的眼睛被一双柔软的小手捂上了。这才多余呢。兰秀儿不到十五岁，认真说还是个孩子。

“兰秀儿！”

“电匣子拿来没？”

小瞎子掀开衣襟，匣子挂在腰上。“嘘——，别在这儿，找个没人的地方听去。”

“咋啦？”

“回头招好些人。”

“咋啦？”

“那么多人听，费电。”

两个人东拐西弯，来到山背后那眼小泉边。小瞎子忽然想起件事，问兰秀儿：“你见过曲折的油狼吗？”

“啥？”

“曲折的油狼。”

“曲折的油狼？”

“知道吗？”

“你知道？”

“当然。还有绿色的长椅。就是一把椅子。”

“椅子谁不知道。”

“那曲折的油狼呢？”

兰秀儿摇摇头，有点崇拜小瞎子了。小瞎子这才郑重其事地扭开电匣子，一支欢快的乐曲在山沟里飘荡。

这地方又凉快又没有人来打扰。

“这是‘步步高’。”小瞎子说，跟着哼。

一会儿又换了支曲子，叫“旱天雷”，小瞎子还能跟着哼。兰秀儿觉得很惭愧。

“这曲子也叫‘和尚思妻’。”

兰秀儿笑起来：“瞎骗人！”

“你不信？”

“不信。”

“爱信不信。这匣子里说的古怪事多啦。”小瞎子玩着凉凉的泉水，想了一会儿。“你知道什么叫接吻吗？”

“你说什么叫？”

这回轮到小瞎子笑，光笑不答。兰秀儿明白准不是好话，红着脸不再问。

音乐播完了，一个女人说：“现在是讲卫生节目。”

“啥？”兰秀儿没听清。

“讲卫生。”

“是什么？”

“嗯——，你头发上有虱子吗？”

“去——，别动！”

小瞎子赶忙缩回手来，赶忙解释：“要有就是不讲卫生。”

“我才没有。”兰秀儿抓抓头，觉得有些刺痒。“噫——，瞧你自个儿吧！”兰秀儿一把扳过小瞎子的头。“看我捉几个大的。”

这时候听见老瞎子在半山上喊：“小子，还不给我回来！该做饭了，吃罢饭还得去说书！”他已经站在那儿听了好一会儿了。

野羊坳里已经昏暗，羊叫、驴叫、狗叫、孩子们叫，处处起了炊烟。野羊岭上还有一线残阳，小庙正在那淡薄的光中，没有声响。

小瞎子又撅着屁股烧火。老瞎子坐在一旁淘米，凭着听觉他能把米中的砂子捡出来。

“今天的柴挺干。”小瞎子说。

“嗯。”

“还是焖饭？”

“嗯。”

小瞎子这会儿精神百倍，很想找些话说，但是知道师父的气还没消，心说还是少找骂。

两个人默默地干着自己的事，又默默地一块儿把饭做熟。岭上也没了阳光。

小瞎子盛了一碗小米饭，先给师父：“您吃吧。”声音怯怯的，无比驯顺。

老瞎子终于开了腔：“小子，你听我一句行不？”

“嗯。”小瞎子往嘴里扒拉饭，回答得含糊。

“你要是不愿意听，我就不说。”

“谁说不愿意听了？我说‘嗯’！”

“我是过来人，总比你知道的多。”

小瞎子闷头扒拉饭。

“我经过那号事。”

“什么事？”

“又跟我贫嘴！”老瞎子把筷子往灶台上一摔。

“兰秀儿光是想听听电匣子。我们光是一块儿听电匣子来。”

“还有呢？”

“没有了。”

“没有了？”

“我还问她见没见过曲折的油狼。”

“我没问你这个！”

“后来，后来，”小瞎子不那么气壮了，“不知怎么一下就说起了虱子……”

“还有呢？”

“没了。真没了！”

两个人又默默地吃饭。老瞎子带了这徒弟好几年，知道这孩子不会撒谎，这孩子最让人放心的地方就是诚实，厚道。

“听我一句话，保准对你没坏处。以后离那妮子远点儿。”

“兰秀儿人不坏。”

“我知道她不坏，可你离她远点儿好。早年你师爷这么跟我说，我也不信……”

“师爷？说兰秀儿？”

“什么兰秀儿，那会儿还没她呢。那会儿还没有你们呢……”老瞎子阴郁的脸又转向暮色浓重的天际，骨头一样白色的眼珠不住地转动，不知道在那儿他能“看”见什么。

许久，小瞎子说：“今儿晚上您多半又能弹断一根琴弦。”想让师父高兴些。

这天晚上师徒俩又在野羊坳说书。“上回唱到罗成死，三魂七魄赴幽冥，听歌君子莫嘈嚷，列位听我道下文。罗成阴魂出地府，一阵旋风就起身，旋风一阵来得快，长安不远面前存……”老瞎子的琴声也乱，小瞎子的琴声也乱。小瞎子回忆着那双柔软的小手捂在自己脸上的感觉，还有自己的头被兰秀儿扳过去时的滋味。老瞎子想起的事情更多……

夜里老瞎子翻来覆去睡不安稳，多少往事在他耳边喧嚣，在他心头动荡，身体里仿佛有什么东西要爆炸。坏了，要犯病，他想。头昏，胸口憋闷，浑身紧巴巴的难受。他坐起来，对自己叨咕：“可别犯病，一犯病今年就甭想弹够那些琴弦了。”他又摸到琴。要能叮叮当当随心所欲地疯弹一阵，心头的忧伤或许就能平息，耳边的往事或许就会消散。可是小瞎子正睡得香甜。

他只好再全力去想那张药方和琴弦：还剩下几根，还只剩最后几根了。那时就可以去抓药了，然后就能看见这个世界——他无数次爬过的山，无数次走过的路，无数次感到过它的温暖和炽热的太阳，无数次梦想着的蓝天、月亮和星星……还有呢？突然间心里一阵空，空得深重。就只为了这些？还有什么？他朦胧中所盼望的东西似乎比这要多得多……

夜风在山里游荡。

猫头鹰又在凄哀地叫。

不过现在他老了，无论如何没几年活头了，失去的已经永远失去了，他像是刚刚意识到这一点。七十年中所受的全部辛苦就为了最后能看一眼世界，这值得吗？他问自己。

小瞎子在梦里笑，在梦里说：“那是一把椅子，兰秀儿……”

老瞎子静静地坐着。静静地坐着的还有那三尊分不清是佛是道的泥像。

鸡叫头遍的时候老瞎子决定，天一亮就带这孩子离开野羊坳。否则这孩子受不了，他自己也受不了。兰秀儿人不坏，可这事会怎么结局，老瞎子比谁都“看”得清楚。鸡叫二遍，老瞎子开始收拾行李。

可是一早起来小瞎子病了，肚子疼，随即又发烧。老瞎子只好把行期推迟。

一连好几天，老瞎子无论是烧火、淘米、捡柴，还是给小瞎子挖药、煎药，心里总在说：“值得，当然值得。”要是不这么反反复复对自己说，身上的力气似乎就全要垮掉。“我非要最后看一眼不可。”“要不怎么着？就这么死了去？”“再说就只剩下最后几根了。”后面三句都是理由。老瞎子又冷静下来，天天晚上还到野羊坳去说书。

这一下小瞎子倒来了福气。每天晚上师父到岭下去了，兰秀儿就猫似的轻轻跳进庙里来听匣子。兰秀儿还带来熟的鸡蛋，条件是得让她亲手去扭那匣子的开关。“往哪边扭？”“往右。”“扭不动。”“往右，笨货，不知道哪边是右哇？”“咔哒”一下，无论是什么便响起来，无论是什么俩人都爱听。

又过了几天，老瞎子又弹断了三根琴弦。

这一晚，老瞎子在野羊坳里自弹自唱：“不表罗成投胎事，又唱秦王李世民。秦王一听双泪流，可怜爱卿丧残身，你死一身不打紧，缺少扶朝上将军……”

野羊岭上的小庙里这时更热闹。电匣子的音量开得挺大，又是孩子哭，又是大人喊，“轰隆隆”地又响炮，“滴滴答答”地又吹号。月光照进正殿，小瞎子躺着啃鸡蛋，兰秀儿坐在他旁边。两个人都听得兴奋，时而大笑，时而稀里糊涂莫名其妙。

“这匣子你师父哪儿买来？”

“从一个山外头的人手里。”

“你们到山外头去过？”兰秀儿问。

“没。我早晚要去一回就是，坐坐火车。”

“火车？”

“火车你也不知道？笨货。”

“噢，知道知道，冒烟哩是不是？”

过了一会儿兰秀儿又说：“保不准我就得到山外头去。”语调有些恓惶。

“是吗？”小瞎子一挺坐起来，“那你到底瞧瞧曲折的油狼是什么。”

“你说是不是山外头的人都有电匣子？”

“谁知道。我说你听清楚没有？曲、折、的、油、狼，这东西就在山外头。”

“那我得跟他们要一个电匣子。”兰秀儿自言自语地想心事。

“要一个？”小瞎子笑了两声，然后屏住气，然后大笑：“你干吗不要俩？你可真本事大。你知道这匣子几千块钱一个？把你卖了吧，怕也换不来。”

兰秀儿心里正委屈，一把揪住小瞎子的耳朵使劲拧，骂道：“好你个死瞎子。”

两个人在殿堂里扭打起来。三尊泥像袖手旁观帮不上忙。两个年轻的正在发育的身体碰撞在一起，纠缠在一起，一个把一个压在身下，一会儿又颠倒过来，骂声变成笑声。匣子在一边唱。

打了好一阵子，两个人都累得住了手，心怦怦跳，面对面躺着喘气，不言声儿，谁却也不愿意再拉开距离。

兰秀儿呼出的气吹在小瞎子脸上，小瞎子感到了诱惑，并且想起那天吹火时师父说的话，就往兰秀儿脸上吹气。兰秀儿并不躲。

“嘿，”小瞎子小声说，“你知道接吻是什么了吗？”

“是什么？”兰秀儿的声音也小。

小瞎子对着兰秀儿的耳朵告诉她。兰秀儿不说话。老瞎子回来之前，他们试着亲了嘴儿，滋味真不坏……

就是这天晚上，老瞎子弹断了最后两根琴弦。两根弦一齐断了。

他没料到。他几乎是连跑带爬地上了野羊岭，回到小庙里。

小瞎子吓了一跳：“怎么了，师父？”

老瞎子气喘吁吁地坐在那儿，说不出话。小瞎子有些犯嘀咕：莫非是他和兰秀儿干的事让师父知道了？

老瞎子这才相信：一切都是值得的。一辈子的辛苦都是值得的。能看一回，好好看一回，怎么都是值得的。

“小子，明天我就去抓药。”

“明天？”

“明天。”

“又断了一根了？”

“两根。两根都断了。”

老瞎子把那两根弦卸下来，放在手里揉搓了一会儿，然后把它们并到另外的九百九十八根中去，绑成一捆。

“明天就走？”

“天一亮就动身。”

小瞎子心里一阵发凉。老瞎子开始剥琴槽上的蛇皮。

“可我的病还没好利索。”小瞎子小声叨咕。

“噢，我想过了，你就先留在这儿，我用不了十天就回来。”

小瞎子喜出望外。

“你一个人行不？”

“行！”小瞎子紧忙说。

老瞎子早忘了兰秀儿的事。“吃的、喝的、烧的全有。你要是病好利索了，也该学着自个儿去说回书。行吗？”

“行。”小瞎子觉得有点对不住师父。

蛇皮剥开了，老瞎子从琴槽中取出一张叠得方方正正的纸条。他想起这药方放进琴槽时，自己才二十岁，便觉得浑身上下都好像冷。

小瞎子也把那药方放在手里摸了一会儿，也有了几分肃穆。

“你师爷一辈子才冤呢。”

“他弹断了多少根？”

“他本来能弹够一千根，可他记成了八百。要不然他能弹断一千根。”

天不亮老瞎子就上路了。他说最多十天就回来，谁也没想到他竟去了那么久。

老瞎子回到野羊坳时已经是冬天。

漫天大雪，灰暗的天空连接着白色的群山。没有声息，处处也没有生气，空旷而沉寂。所以老瞎子那顶发了黑的草帽就尤其蹿动得显著。他蹒蹒跚跚地爬上野羊岭。庙院中衰草瑟瑟，蹿出一只狐狸，仓皇逃远。

村里人告诉他，小瞎子已经走了些日子。

“我告诉他我回来。”

“不知道他干吗就走了。”

“他没说去哪儿？留下什么话没？”

“他说让您甭找他。”

“什么时候走的？”

人们想了好久，都说是在兰秀儿嫁到山外去的那天。

老瞎子心里便一切全都明白了。

众人劝老瞎子留下来，这么冰天雪地的上哪儿去？不如在野羊坳说一冬书。老瞎子指指他的琴，人们见琴柄上空荡荡已经没了琴弦。老瞎子面容也憔悴，呼吸也孱弱，嗓音也沙哑了，完全变了个人。他说得去找他的徒弟。

若不是还想着他的徒弟，老瞎子就回不到野羊坳。那张他保存了五十年的药方原来是一张无字的白纸。他不信，请了多少个识字而又诚实的人帮他看，人人都说那果真就是一张无字的白纸。老瞎子在药铺前的台阶上坐了一会儿，他以为是一会儿，其实已经几天几夜，骨头一样的眼珠在询问苍天，脸色也变成骨头一样的苍白。有人以为他是疯了，安慰他，劝他。老瞎子苦笑：七十岁了再疯还有什么意思？他只是再不想动弹，吸引着他活下去、走下去、唱下去的东西骤然间消失干净。就像一根不能拉紧的琴弦，再难弹出赏心悦耳的曲子。老瞎子的心弦断了。准确地说，是有一端空无所系了。一根琴弦需要两个点才能拉紧。心弦也要两个点——一头是追求，一头是目的——你才能在中间这紧绷绷的过程上弹响心曲。现在发现那目的原来是空的。老瞎子在一个小客店里住了很久，觉得身体里的一切都在熄灭。他整天躺在炕上，不弹也不唱，一天天迅速地衰老。直到花光了身上所有的钱，直到忽然想起了他的徒弟，他知道自己的死期将至，可那孩子在等他回去。

茫茫雪野，皑皑群山，天地之间蹦动着一个黑点。走近时，老瞎子的身影弯得如一座桥。他去找他的徒弟。他知道那孩子目前的心情、处境。

他想自己先得振作起来，但是不行，前面明明没有了目标。

他一路走，便怀恋起过去的日子，才知道以往那些奔奔忙忙兴致勃勃的翻山、赶路、弹琴，乃至心焦、忧虑都是多么欢乐！那时有个东西把心弦扯紧，虽然那东西原是虚设。老瞎子想起他师父临终时的情景。他师父把那张自己没用上的药方封进他的琴槽。“您别死，再活几年，您就能睁眼看一回了。”说这话时他还是个孩子。他师父久久不言语，最后说：“记住，人的命就像这琴弦，拉紧了才能弹好，弹好了就够了。”……不错，那意思就是说：目的本来没有。不错，他的一辈子都被那虚设的目的拉紧，于是生活中叮叮当当才有了生气。重要的是那绷紧的过程中得到欢乐。老瞎子知道怎么对自己的徒弟说了。可是他又想：能把一切都告诉小瞎子吗？老瞎子又试着振作起来，可还是不行，总摆脱不掉那张无字的白纸……

在深山里，老瞎子找到了小瞎子。

小瞎子正跌倒在雪地里，一动不动，想那么等死。老瞎子懂得那绝不是装出来的悲哀。老瞎子把他拖进一个山洞，他已无力反抗。

老瞎子捡了些柴，打起一堆火。

小瞎子渐渐有了哭声。老瞎子放了心，任他尽情尽意地哭。只要还能哭就还有救，只要还能哭就有哭够的时候。

小瞎子哭了几天几夜，老瞎子就那么一声不吭地守候着。火头和哭声惊动了野兔子、山鸡、野羊、狐狸和鹞鹰……

终于小瞎子说话了：“干吗咱们是瞎子！”

“就因为咱们是瞎子。”老瞎子回答。

终于小瞎子又说：“我想睁开眼看看，师父，我想睁开眼看看！哪怕就看一回。”

“你真那么想吗？”

“真想，真想——”

老瞎子把篝火拨得更旺些。

雪停了。铅灰色的天空中，太阳像一面闪光的小镜子。鹞鹰在平稳地滑翔。

“那就弹你的琴弦，”老瞎子说，“一根一根尽力地弹吧。”

“师父，您的药抓来了？”小瞎子如梦方醒。

“记住，得真正是弹断的才成。”

“您已经看见了吗？师父，您现在看得见了？”

小瞎子挣扎着起来，伸手去摸师父的眼窝。老瞎子把他的手抓住。

“记住，得弹断一千二百根。”

“一千二？”

“把你的琴给我，我把这药方给你封在琴槽里。”老瞎子现在才弄懂了他师父当年对他说的话——咱的命就在这琴弦上。

目的虽是虚设的，可非得有不行，不然琴弦怎么拉紧；拉不紧就弹不响。

“怎么是一千二，师父？”

“是一千二，我没弹够，我记成了一千。”老瞎子想：这孩子再怎么弹吧，还能弹断一千二百根？永远扯紧欢跳的琴弦，不必去看那张无字的白纸……

这地方偏僻荒凉，群山不断。荒草丛中随时会飞起一对山鸡，跳出一只野兔、狐狸，或者其他小野兽。山谷中鹞鹰在盘旋。

现在让我们回到开始：

莽莽苍苍的群山之中走着两个瞎子，一老一少，一前一后，两顶发了黑的草帽起伏躜动，匆匆忙忙，像是随着一条不安静的河水在漂流。无所谓从哪儿来、到哪儿去，也无所谓谁是谁……

一九八五年四月

练习与思考

一、给下列加点字词注音。

蹿动（ ） 鹞鹰（ ） 皑皑（ ） 蹒跚（ ）

篝火（ ） 炽热（ ） 洇湿（ ） 摩挲（ ）

二、用自己的话简要概括小说的情节内容。

三、阅读课文，思考并回答下面的问题。

1. 如果你是老瞎子，你会将师父的谎言告诉小瞎子吗？说说你的理由。

2. 你是怎样理解“人的命就像这琴弦，拉紧了才能弹好，弹好了就够了”这句话的？

3. 结合小说的主旨与情节等方面，联系现实，谈谈你对题目“命若琴弦”意蕴的理解。

四、读读记记。

1. 死是一件无须乎着急去做的事，是一件无论怎样耽搁也不会错过了的事，一个必然会降临的节日。

——【中国】史铁生

2. 不幸的人挣扎着活着是生与死的较量证明着生。生命之美不在于一副完好的身躯。也不在乎生与死。

——【中国】史铁生

13 一碗清汤荞麦面[1]

【日本】栗良平

·课文导读·

日本人在大年夜要吃荞麦面，寓意幸福常在，这道平凡的食物寄托着人们美好的愿景。有一年大年夜，母子三人来到了北海亭面馆，故事就从这里开始……

这个故事传达出了人与人之间暖暖的温情与善意，令人感动，同时也通过母子三人在困境中努力奋斗的故事情节激励人心。阅读本文，要细细体味小说朴素平淡的语言之美，同时体会小说中环境描写的作用。

对于面馆来说，最忙的时候，要算是大年夜了。北海亭面馆的这一天，也是从早就忙得不亦乐乎。

平时直到深夜十二点还很热闹的大街，大年夜晚上一过十点，就很宁静了。北海亭面馆的顾客，此时也像是突然都失踪了似的。

就在最后一位顾客出了门，店主要说关门打烊[2]的时候，店门被咯吱咯吱地拉开了。一个女人带着两个孩子走了进来。六岁和十岁左右的两个男孩子，一身崭新的运动服。女人却穿着不合时令的斜格子短大衣。

“欢迎光临！”老板娘上前去招呼。

① 选自《一碗清汤荞麦面》（山西人民出版社 2014 年版，文明译）。栗良平（1943— ），日本作家，原名伊藤贡，主要从事童话创作和演讲活动。

② 【打烊（yàng）】商店晚上关门停止营业。

“……啊……清汤荞麦面……一碗……可以吗？”女人怯生生地问。那两个小男孩躲在妈妈的身后，也怯生生地望着老板娘。

“行啊，请，请这边坐。”老板娘说着，领他们母子三人坐到靠近暖气的二号桌，一边向柜台里面喊着，“清汤荞麦面一碗！”

听到喊声的老板，抬头瞥了他们三人一眼，应声回答道：“好咧！清汤荞麦面一碗——”

案板上早就准备好了面条，一堆堆像小山，一堆是一人份。老板抓起一堆面，继而又加了半堆，一起放进锅里。老板娘立刻领悟到，这是丈夫特意多给这母子三人的。

热腾腾香喷喷的清汤荞麦面一上桌，母子三人立即围着这碗面，头碰头地吃了起来。

清汤乌冬面

“真好吃啊！”哥哥说。

“妈妈也吃呀！”弟弟夹了一筷子面，送到妈妈口中。

不一会，面吃完了，付了150元钱。

“承蒙款待。”母子三人一齐点头谢过，出了店门。

“谢谢，祝你们过个好年！”老板和老板娘应声答道。

过了新年的北海亭面馆，每天照样忙忙碌碌。一年很快过去了，转眼又是大年夜。

和以前的大年夜一样，忙得不亦乐乎的这一天就要结束了。过了晚上十点，正想打烊，店门又被拉开了，一个女人带着两个男孩走了进来。

老板娘看那女人身上那件不合时令的斜格子短大衣，就想起去年大年夜最后那三位顾客。

“……这个……清汤荞麦面一碗……可以吗？”

“请，请到里边坐，”老板娘又将他们带到去年的那张二号桌，“清汤荞麦面一碗——”

“好咧，清汤荞麦面一碗——”老板应声回答着，并将已经熄灭的炉火重新点燃起来。

“喂，孩子他爹，给他们下三碗，好吗？”

老板娘在老板耳边轻声说道。

“不行，如果这样的话，他们也许会尴尬的。”

老板说着，抓了一份半的面下了锅。

桌上放着一碗清汤荞麦面，母子三人边吃边谈着，柜台里的老板和老板娘也能听到他们的声音。

“真好吃……”

“今年又能吃到北海亭的清汤荞麦面了。”

“明年还能来吃就好了……”

吃完后，付了150元钱。老板娘对着他们的背影说道：“谢谢，祝你们过个好年！”

这一天，被这句说过几十遍乃至几百遍的祝福送走了。

生意日渐兴隆的北海亭面馆，又迎来了第三个大年夜。

从九点半开始，老板和老板娘虽然谁都没说什么，但都显得有点心神不定。十点刚过，雇工们下班走了，老板和老板娘立刻把墙上挂着的各种面的价格牌一一翻了过来，赶紧写好“清汤荞麦面150元”。其实，从当年夏天起，随着物价的上涨，清汤荞麦面的价格已经是200元一碗了。

二号桌上，在30分钟以前，老板娘就已经摆好了“预约”的牌子。

到十点半，店里已经没有客人了，但老板和老板娘还在等候着那母子三人的到来。他们来了。哥哥穿着中学生的制服，弟弟穿着去年哥哥穿的那件略有些大的旧衣服，兄弟二人都长大了，有点认不出来了。母亲还是穿着那件不合时令的有些褪色的短大衣。

“欢迎光临。”老板娘笑着迎上前去。

“……啊……清汤荞麦面两碗……可以吗？”女人怯生生地问。

“行，请，请里边坐。”

老板娘把他们领到二号桌，顺手将桌上那块预约牌藏了起来，对柜台喊道：

“清汤荞麦面两碗！”

“好咧，清汤荞麦面两碗——”

老板应声答道，把三碗面的分量放进锅里。

母子三人吃着两碗清汤荞麦面，说着，笑着。

“大儿，淳儿，今天，妈妈我想要向你们道谢。”

“道谢？向我们？……为什么？”

“你们也知道，你们的父亲死于交通事故，生前欠下了八个人的钱。我把抚恤金全部还了债，还不够的部分，就每月五万元分期偿还。”

“是呀，这些我们都知道。”

老板和老板娘在柜台里，一动不动地凝神听着。

“剩下的债，本来约定到明年三月还清，可实际上，今天就可以全部还清了。”

“啊，这是真的吗，妈妈？”

“是真的。大儿每天送报支持我，淳儿每天买菜烧饭帮我忙，所以我能够安心工作。因为我努力工作，得到了公司的特别津贴，所以现在能够全部还清债款。”

“好啊！妈妈，哥哥，从现在起，每天烧饭的事还是包给我了。”

“我也继续送报。弟弟，我们一起努力吧！”

“谢谢，真是谢……谢……”

“我和弟弟也有一件事瞒着妈妈，今天可以说了。那是在十一月的一个星期天，我到弟弟学校去参加家长会。那时，弟弟已经藏了一封老师给妈妈的信……弟弟写的作文如果被选为北海道的代表，就能参加全国的作文比赛。正因为这样，家长会的那天，老师要弟弟自己朗读这篇作文。老师的信如果给妈妈看了，妈妈一定会向公司请假，去听弟弟朗读作文，于是，弟弟就没有把这封信交给妈妈。这事，我还是从弟弟的朋友那里听来的。所以，家长会那天，是我去了。”

“哦，原来是这样……那后来呢？”

“老师出的作文题目是，‘你将来想成为怎样的人’。全体学生都写了，弟弟的题目是《一碗清汤荞麦面》，一听这题目，我就知道写的是北海亭面馆的事。当时我就想，弟弟这家伙，怎么把这种难为情的事都写出来了。

“作文写的是，父亲死于交通事故，留下一大笔债。母亲每天从早到晚拼命工作，我去送早报和晚报……弟弟全写了出来。接着又写，十二月三十一日的晚上，母子三人吃一碗清汤荞麦面，非常好吃……三个人只买一碗清汤荞麦面，面馆的叔叔阿姨还是很热情地接待我们，谢谢我们，还祝福我们过个好年。在弟弟听来，那祝福的声音分明是在对他说：不要低头！加油啊！要好好活着！因此，弟弟长大成人后，想开一家日本第一的面馆，也要对顾客说，‘加油啊！’‘祝你幸福！’‘谢谢！’弟弟大声地朗读着作文……”

此刻，柜台里竖着耳朵，全神贯注听母子三人说话的老板和老板娘不见了。在柜台后面，只见他们两人面对面地蹲着，一条毛巾，各执一端，正在擦着夺眶而出的眼泪。

“作文朗读完后，老师说：‘今天淳君的哥哥代替他母亲来参加我们的家长会，现在我们请他来说几句话……’”

“这时哥哥都说了些什么？”

“因为突然被叫上去发言，一开始，我什么也说不出……‘大家一直和我弟弟很要好，在此，我谢谢大家。弟弟每天要做晚饭，只能放弃兴趣小组的活动，中途回家，我做哥哥的，感到很难为情。刚才，弟弟刚开始朗读《一碗清汤荞麦面》的时候，我感到很丢脸，但是，当我看到弟弟激动地大声朗读的样子，我心里更感到羞愧。这时我想，决不能忘记妈妈买一碗清汤荞麦面的勇气。我们兄弟二人一定要齐心协力，照顾好我们的妈妈！希望大家以后也能够和我弟弟做好朋友。’我就说了这些……”

母子三人，静静地，互相握着手，良久。继而又欢快地笑了起来。和去年相比，像是完全变了个模样。

作为年夜饭的清汤荞麦面吃完了，付了 300 元。

“承蒙款待。”母子三人深深地低头道谢，走出了店门。

“谢谢，祝你们过个好年！”

老板和老板娘大声向他们祝福，目送他们远去……

又是一年的大年夜降临了。北海亭面馆里，晚上九点一过，二号桌上又摆上了“预约”的牌子，等待着母子三人的到来。可是，这一天始终没有看到他们三人的身影。

一年，又是一年，二号桌始终默默地等待着，可母子三人还是没有出现。

北海亭面馆因为生意越来越兴隆，店内重新进行了装修。桌子、椅子都换了新的，可二号桌却依然如故，老板夫妇不但没感到不协调，反而把二号桌安放在店堂的中央。

“为什么把这张旧桌子放在店堂中央？”有的顾客感到奇怪。

于是，老板夫妇就把“一碗清汤荞麦面”的故事告诉他们。并说，这张桌子是一种对自己的激励。而且，说不定哪天那母子三人还会来，这个时候，还想用这张桌子来迎接他们。

就这样，二号桌被顾客们称作“幸福的桌子”，二号桌的故事也在到处传颂着。有人特意从老远的地方赶来，有女学生，也有年轻的情侣，都要到二号桌吃一碗清汤荞麦面。二号桌也因此名声大振。

时光流逝，年复一年。这一年的大年夜又来到了。

这时，北海亭面馆已经是这条街商会的主要成员，大年夜这天，亲如家人的朋友、近邻、同行，结束了一天的工作后，都来到北海亭，在北海亭吃了过年面，听着除夕夜的钟声，然后亲朋好友聚集起来，一起到附近的神社去烧香磕头，以求神明保佑。这种情形，已经有五六年了。

今年的大年夜当然也不例外。九点半一过，以鱼店老板夫妇捧着装满生鱼片的大盘子进来为信号，平时的街坊好友三十多人，也都带着酒菜，陆陆续续地会集到北海亭。店里的气氛一下子热闹起来。

知道二号桌由来的朋友们，嘴里没说什么，可心里都在想着，今年二号桌也许又要空等了吧。那块“预约”的牌子，早已悄悄地放在了二号桌上。

狭窄的坐席之间，客人们一点一点地移动着身子坐下，有人还招呼着迟到的朋友。吃着面，喝着酒，互相夹着菜。有人到柜台里去帮忙，有人随意打开冰箱拿东西。十点半时，北海亭里的热闹气氛达到了高潮。什么打折信息啦，海水浴场的艳遇啦，添了孙子之类的，店里已是人声鼎沸。就在这时，店门被咯吱咯吱地拉开了。人们都向门口望去，屋子里突然静了下来。

两位西装笔挺、手臂上搭着大衣的青年走了进来。这时，大伙才都松了口气，随着轻轻的叹息声，店里又恢复了刚才的热闹。

“真不凑巧，店里已经坐满了。”老板娘面带歉意说。

就在拒绝两位青年的时候，一位身穿和服的女人，深深埋着头走了进来，站在两位青年的中间。店里的人们，一下子都屏住了呼吸，耳朵也竖起来了。

“啊……三碗清汤荞麦面，可以吗？”穿和服的女人平静地说。

听到这话，老板娘的脸色一下子变了。十几年前留在脑海中的母子三人的印象，和眼前这三人的形象重叠起来。

老板娘指着三位来客，目光和正在柜台里忙碌的丈夫的目光撞到一处。

“啊，啊……孩子他爹……”

面对着不知所措的老板娘，青年中的一位开口了。

“我们就是十四年前的大年夜，母子三人共吃一碗清汤荞麦面的顾客。那时，就是这一碗清汤荞麦面的鼓励，使我们三人同心合力，度过了艰难的岁月。这以后，我们搬到母亲的老家滋贺县去了。

“我今年通过了国家医生资格考试，现在在京都的大学医院当实习医生。明年四月，我将到札幌的综合医院工作。还没有开面馆的弟弟，现在在京都的银行里工作。我和弟弟经过商量，计划了这生平第一次奢侈行动。就这样，今天我们母子三人，特意赶到札幌的北海亭，想要麻烦你们煮三碗清汤荞麦面。”

边听边点头的老板夫妇，泪珠一串串地掉下来。

坐在门边的蔬菜店老板，嘴里含着一口面听了半天，直到这时才把面咽下去，站起身来。

“喂喂！老板娘，你呆站在那里干什么？这十年的每一个大年夜，你不是都准备好了迎接他们的到来吗？快，快请他们入座，快！”

被蔬菜店老板用肩头一撞，老板娘才清醒过来。

“欢……欢迎，请，请坐……孩子他爹，二号桌清汤荞麦面三碗——”

“好咧——清汤荞麦面三碗——”泪流满面的丈夫差点应不出声来。

店里，突然爆发出一阵不约而同的欢呼声和鼓掌声。

店外，刚才还在纷纷扬扬飘着的雪花，此刻也停了。皑皑白雪映着明净的窗子，那写着“北海亭”的布帘子，在正月的清风中，摇曳着，飘着……

练习与思考

一、文章共写了几次母子三人吃面的场景？请比较这几个场景的异同。

二、小说结尾母子三人的奋斗成功，除自身因素外，还有哪些原因？

三、请说出小说标题“一碗清汤荞麦面”的好处在哪。

四、读读记记。

1.勿以恶小而为之，勿以善小而不为。——【中国】汉·刘备

2.赠人玫瑰，手有余香。——【印度古谚】

14 假如给我三天光明[①]（节选）

【美国】海伦·凯勒

·课文导读·

《假如给我三天光明》是海伦·凯勒的代表作。本课是节选部分。海伦·凯勒在十九个月大的时候，因患急性胃充血、脑充血而被夺去视力和听力，在经历了最初的痛苦后，她逐渐坚强起来，并进入了哈佛大学学习。

在这篇散文中，她用真挚动人的感情，饱含诗意的笔触，与普通人特别是健全人分享了一种珍惜拥有的生活态度。"像明天就会死去那样去生活"吧！从现在开始，享受你的视觉带给你一切的美的享受，在黑暗到来之前，牢牢地记住那些你所珍惜的一切！

我们大家都读过这样一些扣人心弦的故事，里面的主人公只有一点有限的时间可以活了，有时长达一年，有时短到只有24小时。然而，我们总是能很感动地发现，这些注定要灭亡的人是如何想办法度过他最后的几天或最后的几小时。当然，我说的是有所选择的自由人，而不是活动范围受到限制的被判刑的罪犯。

这类故事使人们思索，很想知道我们在同样的境况下将会怎么办。我们作为必死的生物，处在这最后几小时内，会充满一些什么样的遭遇、什么样

① 选自《假如给我三天光明——海伦·凯勒自传》（华文出版社2002年版，李汉昭译）。海伦·凯勒（1880—1968），美国著名作家、教育家、慈善家、社会活动家。代表作有《假如给我三天光明》《走出黑暗》《我的人生故事》等。

的感受、什么样的联想呢？我们回顾往事，会找到哪些幸福、哪些遗憾呢？

有时我认为，如果我们像明天就会死去那样去生活，才是最好的规则。这样一种态度可以尖锐地强调生命的价值。我们每天都应该怀着友善、朝气和渴望去生活，但是，当时间在我们前面日复一日，月复一月，年复一年地不断延伸开去，这些品质常常就会丧失。当然，也有那些愿意把“吃吧，喝吧，及时行乐吧”作为座右铭的人，然而大多数人却为死神的来临所折磨。

在许多故事中，命运已定的主人公通常在最后一分钟，由于遭遇好运而得到拯救，然而他的价值观念几乎总是改变了。他更加领悟了生命及其永恒的精神价值的意义。常常可以看到，那些活在或者曾经活在死亡阴影中的人们，对他们所做的每件事情都赋予了一种醇美香甜之感。

然而，我们大多数人都把人生视为当然。我们知道有天我们必得死去，但我们总是把那一天想得极其遥远。我们处于精神活泼、身体轻快的健康状态，死亡简直是不可想象的，我们难得想到它。日子伸延到无穷无尽的远景之中，所以，我们总是做些无价值的工作，几乎意识不到我们对生活的懒洋洋的态度。

我担心，我们全部的天赋和感官都有同样的懒惰的特征。只有聋人才珍惜听觉，只有盲人才体会重见天日的种种幸福。这种看法特别适用于那些成年后失去视觉和听觉的人。但是，那些在视觉或听觉上没有蒙受损害的人，却很少能够充分地利用这些可贵的感官。他们的眼睛和耳朵模模糊糊地吸收了一切景色和声音，他们并不专心也很少珍惜它们。我们并不感激我们的所有，直到我们丧失了它；我们意识不到我们的健康，直到我们生了病——自古以来，莫不如此。

我常想，如果每个人在他的初识阶段患过几天盲聋症，这将是一种幸福。黑暗会使他更珍惜视觉；哑默会教导他更喜慕声音。我时常测验我那些有视觉的朋友，看他们究竟看见了什么。

前几天，一位很要好的朋友来探望我，她刚从树林里远足而来，于是我就问她，她观察到一些什么。“没有什么特别的。”她回答说。要不是我惯于听到这样的回答(因为我很久就已确信有视觉的人看得很少)，我简直会不相信我的耳朵。

树林

在树林中穿行一个小时，却没有看到什么值得注意的东西，这怎么可能呢？我自问着。我这个不能用眼睛看的人，仅仅凭借触觉，就能发现好几百种使我感兴趣的东西。我用双手亲切地抚摸一株桦树[①]光滑的外皮，或者一株松树粗糙不平的树皮。在春天，我摸着树枝，满怀希望地寻找蓓蕾[②]，寻找大自然冬眠之后苏醒过来的第一个征兆。有时，我感觉到一朵花的可爱而柔润的肌理，发现它那不平常的卷曲。偶然，如果我非常走运，将手轻柔地放在小树上，我可以感觉到小鸟在音律丰满的歌声中快乐地跳跃。我非常喜欢让小溪凉爽的流水从我张开的手指缝隙间急促地淌过。我觉得，松针或者海绵似的柔草铺就的茂盛葱郁的地毯，比豪华奢侈[③]的波斯小地毯更受欢迎。对我来说，四季的盛景是一场极其动人而且演不完的戏剧，它的情节从我指尖一幕幕滑过。

有时，我的心在哭泣，渴望看到所有这些东西。如果我仅仅凭借触觉就

---

① 【桦(huà)树】落叶乔木或灌木，树皮白色、灰色、黄色或黑色，有的是片状或纸状分层剥落，叶子互红。

② 【蓓蕾(bèilěi)】花蕾，含苞未放的花。

③ 【奢侈(chǐ)】挥霍浪费钱财、过分追求享受。

能得到那么多的快乐，那么凭借视觉将会有多少美展现出来啊！可是，那些有眼睛的人显然看得很少。对于世界上充盈的五颜六色、千姿百态万花筒般的景象，他们认为是理所当然的。也许人类就是这样，极少去珍惜我们所拥有的东西，而渴望那些我们所没有的东西。在光明的世界中，视觉这一天赋才能，竟只被作为一种便利，而不是一种丰富生活的手段，这是多么可惜啊！

假如我是个大学校长，我要开设一门必修课程，就是“怎样使用你的眼睛”。教授们将向他的学生讲授，怎样通过真正观看那些从他们面前过去而未被注意的事物，使他们的生活增添乐趣，这将唤醒他们沉睡而迟缓的天赋。

也许我能凭借想象来说明，假如给我哪怕三天的光明，我最喜欢看到一些什么。在我想的时候，也请你想一下吧，请想想这个问题，假定你也只有三天光明，那么你会怎样使用你自己的眼睛，你最想让你的目光停留在什么上面呢？自然，我将尽可能看看在我黑暗的岁月里令我珍惜的东西，你也想让你的目光停留在令你珍惜的东西上，以便在那即将到来的夜晚，将它们记住。

如果，由于某种奇迹，我可以睁眼看三天，紧跟着回到黑暗中去，我将会把这段时间分成三部分。

练习与思考

一、品读下列句子的含义。

1. 四季的盛景是一场极其动人而且演不完的戏剧，它的情节从我指尖一幕幕滑过。

2. 有时我认为，如果我们像明天就会死去那样去生活，才是最好的规则。

3. 在光明的世界中，视觉这一天赋才能，竟只被作为一种便利，而不是一种丰富生活的手段，这是多么可惜啊！

二、通过互联网查询海伦·凯勒更多的人生故事，从她的故事中你有何启示？

三、去图书馆借阅《假如给我三天光明》这本书，看看海伦是怎样度过这三天的，和你的想象有何不同。

四、读读记记。

1. 人生最大的灾难，不在于过去的创伤，而在于把未来放弃。

——【美国】海伦·凯勒

2. 无论处于什么环境，都要不断努力。——【美国】海伦·凯勒

15 雅舍[1]

梁实秋

· 课文导读 ·

“雅舍”是梁实秋先生抗战时期在重庆北碚乡间与友人合资购置的一栋位于山坡上的平房，名为“雅舍”，实则简陋不堪。正是在这间“雅舍”里，梁实秋先生创作了蜚声中外的小品集《雅舍小品》。本文即是《雅舍小品》的第一篇。文章记述了作者居住“雅舍”的感受，抒发了苦中作乐的情趣，表现了作者乐观豁达的精神和不为外物所屈的品格。

阅读本文时要理清文章的思路，感悟作者超脱、豁达、安时处顺的人生态度，品读语言的清雅通脱，幽默风趣。

到四川来，觉得此地人建造房屋最是经济。火烧过的砖，常常用来做柱子，孤零零的砌起四根砖柱，上面盖上一个木头架子，看上去瘦骨嶙嶙，单薄得可怜；但是顶上铺了瓦，四面编了竹篦墙，墙上敷了泥灰，远远的看过去，没有人能说不像是座房子。我现在住的“雅舍”正是这样一座典型的房子。不消说，这房子有砖柱，有竹篦墙，一切特点都应有尽有。讲到住房，我的经验不算少，什么“上支下摘”“前廊后厦”“一楼一底”“三上三下”“亭子间”“茅草棚”“琼楼玉宇”和“摩天大厦”各式各样，我都尝试过。我

---

① 选自《雅舍小品》（天津人民出版社 2011 年版）。梁实秋（1903—1987），原名梁治华，字实秋，北京人，原籍浙江杭县，现代文学史上著名的理论批评家、作家、英国文学史家、文学家、翻译家。主要作品有散文集《雅舍小品》，文学评论集《浪漫的与古典的》等，并翻译《莎士比亚全集》等。

不论住在哪里，只要住得稍久，对那房子便发生感情，非不得已我还舍不得搬。这“雅舍”，我初来时仅求其能蔽风雨，并不敢存奢望，现在住了两个多月，我的好感油然而生。虽然我已渐渐感觉它是并不能蔽风雨，因为有窗而无玻璃，风来则洞若凉亭，有瓦而空隙不少，雨来则渗如滴漏[①]。纵然不能蔽风雨，“雅舍”还是自有它的个性。有个性就可爱。

“雅舍”的位置在半山腰，下距马路约有七八十层的土阶。前面是阡陌螺旋的稻田。再远望过去是几抹葱翠的远山，旁边有高粱地，有竹林，有水池，有粪坑，后面是荒僻的榛莽[②]未除的土山坡。若说地点荒凉，则月明之夕，或风雨之日，亦常有客到，大抵好友不嫌路远，路远乃见情谊。客来则先爬几十级的土阶，进得屋来仍须上坡，因为屋内地板乃依山势而铺，一面高，一面低，坡度甚大，客来无不惊叹。我则久而安之，每日由书房走到饭厅是上坡，饭后鼓腹而出是下坡，亦不觉有大不便处。

磁器口

“雅舍”共是六间，我居其二。篦墙不固，门窗不严，故我与邻人彼此均可互通声息。邻人轰饮作乐，咿唔[③]诗章，喁喁细语[④]，以及鼾声，喷嚏声，吮汤声，撕纸声，脱皮鞋声，均随时由门窗户壁的隙处荡漾而来，破我岑寂。

① 【漏】古代计时的漏壶，以水从壶中滴出计时。

② 【榛(zhēn)莽】荆棘丛生。

③ 【咿(yī)唔(wú)】象声词，读书声。

④ 【喁(yú)喁细语】低声说悄悄话。

入夜则鼠子瞰灯，才一合眼，鼠子便自由行动，或搬核桃在地板上顺坡而下，或吸灯油而推翻烛台，或攀援而上帐顶，或在门框棹脚上磨牙，使得人不得安枕。但是对于鼠子，我很惭愧的承认，我“没有法子”。“没有法子”一语是被外国人常常引用着的，以为这话最足代表中国人的懒惰隐忍的态度。其实我的对付鼠子并不懒惰。窗上糊纸，纸一戳就破；门户关紧，而相鼠有牙[①]，一阵咬便是一个洞洞。试问还有什么法子？洋鬼子住到“雅舍”里，不也是“没有法子”？比鼠子更骚扰的是蚊子。“雅舍”的蚊风之盛，是我前所未见的。“聚蚊成雷”[②]真有其事！每当黄昏时候，满屋里磕头碰脑的全是蚊子，又黑又大，骨骼都像是硬的。在别处蚊子早已肃清的时候，在“雅舍”则格外猖獗，来客偶不留心，则两腿伤处累累隆起如玉蜀黍，但是我仍安之。冬天一到，蚊子自然绝迹，明年夏天——谁知道我还是住在“雅舍”！

“雅舍”最宜月夜——地势较高，得月较先。看山头吐月，红盘乍涌，一霎间，清光四射，天空皎洁，四野无声，微闻犬吠，坐客无不悄然！舍前有两株梨树，等到月升中天，清光从树间筛洒而下，地上阴影斑斓，此时尤为幽绝。直到兴阑人散，归房就寝，月光仍然逼进窗来，助我凄凉。细雨蒙蒙之际，“雅舍”亦复有趣。推窗展望，俨然米氏章法[③]，若云若雾，一片弥漫。但若大雨滂沱，我就又惶悚不安了，屋顶湿印到处都有，起初如碗大，俄而扩大如盆，继则滴水乃不绝，终乃屋顶灰泥突然崩裂，如奇葩初绽，砉然[④]一声而泥水下注，此刻满室狼藉，抢救无及。此种经验，已数见不鲜。

“雅舍”之陈设，只当得简朴二字，但洒扫拂拭，不使有纤尘。我非显

---

① 【相鼠有牙】见《诗经·鄘风·相鼠》：“相鼠有齿，人而无止。”相，看。

② 【聚蚊成雷】许多蚊子聚在一起，嗡嗡声像打雷一样响。见《汉书·中山靖王传》：“夫众煦漂山，聚蚊成雷。”

③ 【米氏章法】指北宋画家米芾父子不求工细、随意点染的写意水墨画风格。

④ 【砉（huā）然】象声词。常用以形容破裂声、折断声、开启声、高呼声等。

要，故名公巨卿之照片不得入我室；我非牙医，故无博士文凭张挂壁间；我不业理发，故丝织西湖十景以及电影明星之照片亦均不能张我四壁。我有一几一椅一榻，酣睡写读，均已有着，我亦不复他求。但是陈设虽简，我却喜欢翻新布置。西人常常讥笑妇人喜欢变更桌椅位置，以为这是妇人天性喜变之一征。诬否[①]且不论，我是喜欢改变的。中国旧式家庭，陈设千篇一律，正厅上是一条案，前面一张八仙桌，一旁一把靠椅，两旁是两把靠椅夹一只茶几。我以为陈设宜求疏落参差之致，最忌排偶[②]。"雅舍"所有，毫无新奇，但一物一事之安排布置俱不从俗。人入我室，即知此是我室。

笠翁《闲情偶寄》[③]之所论，正合我意。

"雅舍"非我所有，我仅是房客之一。但思"天地者万物之逆旅"[④]，人生本来如寄，我住"雅舍"一日，"雅舍"即一日为我所有。即使此一日亦不能算是我有，至少此一日"雅舍"所能给予之苦辣酸甜我实躬受亲尝。刘克庄词："客里似家家似寄。"[⑤]我此时此刻卜居"雅舍"，"雅舍"即似我家。其实似家似寄，我亦分辨不清。

长日无俚[⑥]，写作自遣，随想随写，不拘篇章，冠以"雅舍小品"四字，以示写作所在，且志因缘。

---

① 【诬否】真实与否。

② 【排偶】原指古诗文中大量排比对偶的句子，这里意指家具摆设的单调。

③ 【笠翁《闲情偶寄》】笠翁，清代作家、戏剧理论家李渔（1611—1679）的号，《闲情偶寄》是他的一部以戏剧理论为主要内容的杂著。

④ 【天地者万物之逆旅】见唐代李白《春夜宴桃李园序》。逆旅，指迎接宾客的房舍。

⑤ 【客里似家家似寄】见宋代词人刘克庄词《玉楼春·戏呈林节推乡兄》，也有版本为"客舍似家家似寄"。寄，寄居。

⑥ 【长日无俚】意思是一天到晚没有什么可消遣的事情或因由。

练习与思考

一、给下列加点字注音。

奢望（　　）　奇葩（　　）　蜀黍（　　）

纤尘（　　）　吮汤（　　）　滂沱（　　）

砉然（　　）　岑寂（　　）　咿唔（　　）

榛莽（　　）　瞰灯（　　）　斑斓（　　）

无俚（　　）　俨然（　　）　猖獗（　　）

二、解释下列词语。

1. 躬受亲尝：

2. 喁喁细语：

3. 惶悚不安：

4. 数见不鲜：

5. 疏落参差：

6. 长日无俚：

三、根据文章内容，我们得知，“雅舍”虽以“雅”为名，实乃一栋典型的“陋室”，“陋”是实情，“雅”是情趣。那么它“陋”在哪里，“雅”在哪里？

四、对于如此恶劣的环境，作者却称其“有个性”“可爱”，这表现出他怎样的人生态度？

五、读读记记。

1. 山不在高，有仙则名；水不在深，有龙则灵。

——【中国】唐·刘禹锡《陋室铭》

2. 可使食无肉，不可使居无竹。无肉令人瘦，无竹令人俗。人瘦尚可肥，士俗不可医。

——【中国】宋·苏轼《於潜僧绿筠轩》

口语交际训练：倾听与诉说（下）

倾听与诉说不仅仅只是听话和说话，它们对“听”与“说”提出了更高的要求，积极的倾听可以促进沟通取得良好的效果，真诚的诉说可以拉近人与人之间的距离。因此，我们不仅要掌握它们的基本要求，还应提高在日常口语交际中倾听与诉说的技巧，播种并收获更多真、善、美的种子。

【案例】

一

有一次美国知名主持人林克莱特访问一名小朋友，问他说：“你长大后想要当什么呀？”小朋友天真地回答：“嗯，我要当飞机驾驶员！”林克莱特接着问：“如果有一天，你的飞机飞到太平洋上空，所有引擎都熄火了，你会怎么办？”小朋友想了想：“我会先告诉坐在飞机上的人绑好安全带，然后我挂上我的降落伞先跳出去。”

当现场的观众笑得东倒西歪时，林克莱特继续注视着这孩子，想看他是不是自作聪明的家伙。

没想到，接着孩子的两行热泪夺眶而出，这才使得林克莱特发觉这孩子的悲悯之情远非笔墨所能形容。于是林克莱特问他：“为什么要这么做？”小孩的回答透露出一个孩子真挚的想法：“我要去拿燃料，我还要回来！我还要回来！！”

评析：

沟通是双向的，我们是不是经常中途打断别人的诉说？我们是不是自以为已经了解了对方的表达意图而粗率地终结了谈话？倾听是一门艺术，只有真正懂得了倾听的人，才能走进别人的内心。

二

周总理设宴招待外宾。上来一道汤菜，冬笋片是按照民族图案刻的，但在汤里一翻身恰巧变成了法西斯的标志。外宾见此，不禁大惊失色。周总理对此也感到突然，但他随即泰然自若地解释道："这不是法西斯的标志！这是我们中国传统中的一种图案，念'万'，象征'福寿绵长'的意思，是对客人的良好祝愿！"接着他又风趣地说："就算是法西斯标志也没有关系嘛！我们大家一起来消灭法西斯，把它吃掉！"话音未落，宾主哈哈大笑，气氛更加热烈，这道汤也被客人们喝得精光。

评析：

在外交场合出现法西斯的标志很容易引起外交纠纷，尤其是曾经遭受法西斯蹂躏的国家。周总理的解释及时消除了他们的误会，更令人叫绝的是周总理借题发挥，号召大家一起来消灭法西斯，把那个菜吃掉。一个意外的场面经周总理的反意正解，反倒起了活跃宴会气氛的作用，周总理的外交口才可见一斑。

【相关知识】

一、倾听的技巧

倾听是了解别人的重要途径，也是自我修养的一种外部表现，学会认真的倾听，对我们的人际交往大有帮助。

那么，如何才能提高我们倾听的能力呢？

1. 要善于捕捉说话者话语中的关键信息

抓住了说话者话语中的关键词、句，就能抓住说话者话语的主要内容。并且从说话者的语气等方面全面地了解对方真正的表达意图，从而给予适当的回馈。

2. 要善于关注说话者的肢体语言

肢体语言在说话时往往起到辅助表达的作用，倾听过程中留意说话者的肢体动作，可以更好地了解对方的真实心理，从而掌握对方真正的表达意图。

3. 不可随意打断说话者

倾听是一种修养，是一种品德，在听话过程中，切忌随意打断说话者，要充满爱心与耐心，等待说话者的表达告一段落后，再进行适时的反馈。

二、诉说的技巧

诉说，不同于讲述， 它带有一定的情感性，我们在口语表达中，不仅要敢说、会说，还要说得好听、说得艺术。那就需要掌握一定的诉说技巧，需要注意以下几个问题：

1. 要表现出诚意

真诚是良性沟通的前提，诉说时，可以通过面部表情、肢体动作等展现出说话者的诚意，学会赞美他人，往往能取得良好的效果。

2. 做好诉说前的准备工作

在口语表达前，组织好自己的话语内容，使之具有一定的逻辑性和生动色彩，可以帮助说话者在诉说时更加流畅、简洁。

3. 注意诉说的场合和对象

俗话说“到什么山唱什么歌”“见什么人说什么话”，在不同的场合，面对不同的对象，诉说者的话语内容、音量乃至肢体语言都有区别。一般来说，场合有庄重与一般、喜庆与悲伤、正式与非正式、熟悉人与陌生人（内与外）之分，对象有性别、年龄、文化、职业、心境等差异，我们在日常口语表达中，要根据不同的场合、对象来组织好自己的话语内容，展现自己的诚意与善意，才能取得良好的诉说效果。

练一练

一、根据以下的既定情境，分配角色模拟对话，将情节填补完整。

1. 一位衣着普通的中年妇女来到一家服装店，要求店员拿下墙壁上的一件展示服装试穿，店员不耐烦地说："又买不起！看什么看？"中年妇女的脸色马上"晴转多云"，这时，店长走了出来……

2. 班主任来到男生宿舍检查卫生，这时，他在你的床上发现一个烟盒，你忙说："这是室友小刚的！不是我的！"小刚马上跳了起来……

二、在班级里选取一位同学，至少说出他或她的三个优点，并当面进行赞美。

第四单元

壮哉中年

单元导语

中年是人生的分水岭，褪去青涩，走向成熟。如果说青年生活于将来，老年生活于过去，中年则生活于现在。步入中年，更加明白光阴的可贵，外界的纷扰已不像年轻时那样容易扰乱心志，经过了青春的迷惘与奋斗，心态更加从容笃定，能力才干渐至峰境，中年正是集中精力、大展宏图的黄金时期。

本单元围绕“壮哉中年”这一主题选取了五篇文章，或表现人到中年仍渴求建功立业、杀敌报国的雄心壮志，或表现韬光养晦、胸怀天下的英雄豪情……无论哪一篇都给予我们人到中年心未老，历经风霜志更坚的激励。《宋词两首》分别选择了北宋词人苏轼和南宋武将岳飞的两首代表作。《念奴娇·赤壁怀古》由雄奇壮丽的长江之景联想赤壁之战的宏伟场面，缅怀建功立业、名垂青史的千古风流人物——周瑜，表现出词人虽遭贬谪，仍不失追求功业的豪迈之情。《满江红·写怀》一声“仰天长啸”道出了岳飞的满腔豪情，千百年来传诵不衰。《哭小弟》是一篇感人肺腑、催人泪下的悼念性文章，刻画了以小弟为代表的青春被“文革”耽误，浩劫之后事业上双肩挑的知识分子的形象，呼吁人们爱护知识分子，改善他们的境遇。《把栏杆拍遍》是一篇带有人物评传性质的文章，塑造了一位叱咤风云而又命运多舛的词人——辛弃疾的形象，揭示了辛弃疾从一个志士成为词人的过程及原因。《左忠毅公逸事》记叙了明代忠臣左光斗的逸事，精练而生动地表现了左光斗求贤若渴的高尚情怀和坚贞不屈的爱国气节。《青梅煮酒论英雄》描写了曹操和刘备之间的一场精彩对话。曹操，兵精粮足，雄视天下，说话强势傲慢；刘备，兵微将寡，暂时依附曹操，言语谨慎。双龙际会，谈古论今，两位盖世英雄的形象跃然纸上。

本单元的基础写作安排了说明文，通过对说明文写作知识的讲解、例文的评析及写作训练，提高学生写作说明文的能力。

16 宋词两首

·课文导读·

《念奴娇·赤壁怀古》是苏轼在宋神宗元丰五年（1082年）贬谪黄州，游赤壁时所作。上阕写景，描绘了万里长江极其壮美的景象；下阕怀古，追忆了功业非凡的英雄豪杰，抒发了热爱祖国山河、羡慕古代英杰、感慨自己未能建功立业的思想感情。全词借古抒怀，雄浑苍凉，大气磅礴，笔力遒劲，境界宏阔，将写景、咏史、抒情融为一体，给人以撼魂荡魄的艺术力量，是豪放词的代表。

《满江红·写怀》是南宋抗金名将岳飞的一首词，表现了作者抗击金兵、收复故土、统一祖国的强烈的爱国精神。词的上片体现了岳飞以收复中原为己任的广阔胸怀，一声“仰天长啸”道出了为国建功的急切心情，下片写其忠于朝廷、忠于祖国的赤诚之心，是一位忠臣义士的真情流露，是一首充满爱国豪情的铿锵战歌。

念奴娇·赤壁怀古[①]

【北宋】苏轼

大江[②]东去，浪淘[③]尽、千古风流人物。故垒[④]西边，人道是、三国周郎赤壁[⑤]。乱石崩云[⑥]，惊涛裂岸，卷起千堆雪[⑦]。江山如画，一时多少豪杰！

遥想公瑾当年，小乔[⑧]初嫁了，雄姿英发[⑨]。羽扇纶巾[⑩]，谈笑间、强虏[⑪]灰飞烟灭。故国[⑫]神游，多情应笑我，早生华发[⑬]。人生如梦，一樽[⑭]还酹[⑮]江月。

---

① 选自《东坡乐府》(上海古籍出版社1979年版)。念奴娇，词牌名。“赤壁怀古”为词题目。苏轼(1037—1101)，北宋著名文学家、书法家、画家。唐宋八大家之一，豪放派主要代表。字子瞻，号东坡居士，四川眉州眉山人。著有《东坡全集》115卷、《东坡乐府》3卷。此词是苏轼贬官为黄州（今湖北黄冈）团练副使时游赤壁（赤鼻矶）所作。

② 【大江】长江。

③ 【淘】冲洗。

④ 【故垒】过去遗留下来的营垒。黄州古老的城堡，作者推测，可能是古战场的陈迹。

⑤ 【人道是、三国周郎赤壁】人们说（那）是三国时周瑜（作战时的）赤壁。周郎，周瑜，字公瑾，开始为吴将时仅24岁，吴中称他为“周郎”。

⑥ 【乱石穿空】陡峭不平的石壁高插云霄。

⑦ 【雪】比喻浪花。

⑧ 【小乔】乔玄的小女儿，嫁给周瑜为妻。

⑨ 【英发】英俊奋发。形容周瑜气概俊伟。

⑩ 【羽扇纶(guān)巾】（手握）羽扇，（头戴）纶巾。这是古代儒将的装束，词中形容周瑜从容闲雅。纶巾，青丝帛的头巾。

⑪ 【强虏】这里指曹操的水军。

⑫ 【故国】旧国，这里指旧地，当年的赤壁战场。

⑬ 【多情应笑我，早生华发】应笑自己多情善感，头发早早地都变白了。华发，花白的头发。

⑭ 【樽】酒杯。

⑮ 【酹(lèi)】把酒洒在地上表示祭奠、敬奉，这里指洒酒酬月，寄托自己的感情。

满江红·写怀[①]

【南宋】岳飞

怒发冲冠[②]，凭阑[③]处、潇潇[④]雨歇。抬望眼、仰天长啸[⑤]，壮怀激烈。三十功名尘与土[⑥]，八千里路云和月[⑦]。莫等闲[⑧]、白了少年头，空悲切。

靖康耻[⑨]，犹未雪。臣子憾，何时灭。驾长车踏破，贺兰山[⑩]缺。壮志饥餐胡虏肉，笑谈渴饮匈奴血。待从头、收拾旧山河，朝天阙[⑪]。

岳飞雕塑

① 选自《宋词三百首》（上海古籍出版社2016年版）。岳飞（1103—1142），字鹏举，相州汤阴县（今河南安阳汤阴县）人，南宋初期的抗金名将，位列南宋中兴四将之一。因其力主抗战，反对议和，被主张投降的宋高宗和秦桧以“莫须有”的罪名杀害。岳飞所写的诗词充满了爱国精神，《满江红》是他留下来的仅有三首词中的一首，堪称“以血书者”，至今传诵不衰。

② 【怒发冲冠】气得头发竖起，以至于将帽子顶起。形容愤怒至极。

③ 【凭阑】靠着栏杆。阑，通“栏”。

④ 【潇潇】形容雨势急骤。

⑤ 【长啸】感情激动时撮口发出清而长的声音，为古人的一种抒情举动。

⑥ 【三十功名尘与土】年已三十，建立了一些功名，不过很微不足道。

⑦ 【八千里路云和月】形容南征北战、路途遥远、披星戴月。

⑧ 【等闲】轻易，随便。

⑨ 【靖康耻】宋钦宗靖康二年（1127），金兵攻陷汴京，掳走徽、钦二帝。

⑩ 【贺兰山】位于宁夏回族自治区与内蒙古自治区交界处。

⑪ 【朝天阙】朝见皇帝。天阙，本指宫殿前的楼观，此指皇帝生活的地方。

练习与思考

一、判断正误，对的画“√”，错的画“×”

A. 词有词牌，如“念奴娇”“满江红”之类便是。（　　）

B. 词又称为诗余、长短句、填词、乐章，原全称“曲子词”，即歌曲中的歌词。起源于民间，兴于隋唐，盛于宋，每首词都有一个调名称为词调或词牌。（　　）

C. 词根据风格可以划分为豪放派和婉约派，根据字数的多少可以划分为小令、中调、长调。（　　）

D. 词，是歌词，是一种按照乐谱的曲调和节拍来填写、歌唱的文学作品，它和音乐有密切的关系。所以，词的种种特点，大都是由它的性质所规定的。（　　）

二、下列对《念奴娇·赤壁怀古》的理解欠妥的一项是（　　）

A.“大江东去，浪淘尽，千古风流人物。”开头几句，写得气势磅礴。作者从眼前滚滚东去的长江写起，联想到历史就如一条流淌千古的长河，有多少风流人物，都被历史长河的波涛所淘尽。

B.“乱石崩云，惊涛裂岸，卷起千堆雪。”这三句正面描写赤壁的景色，历来为人所称道。“崩”“裂”“卷”三个动词，非常富有表现力，形象地描述了赤壁两岸悬崖绝壁直插云霄的形态，惊涛搏击江岸所发出巨大的涛声，以及像千堆雪一样汹涌的波涛的情状。寥寥 13 字，绘声、绘形、绘色，写出了赤壁壮丽的景色。

C.“江山如画，一时多少豪杰！”这两句中，“江山如画”是对前面写景的总结，“一时多少豪杰”既是对前面“千古风流人物”的照应，也为下阕写周瑜张本。

D. 词的下阕通过对周瑜的回想，表达了作者渴望建功立业的感情。但在词的最后，作者得出人生如梦的感慨，不如及时行乐，因而觉得前面的感想是多余的，是自寻烦恼。

三、《念奴娇·赤壁怀古》这首词，是怎样结合写景和怀古来抒发感情的？我们应当怎样认识作者对历史和人生的看法？这首词里的写景，用词洗炼生动，着墨不多，却能表现出气势雄伟的“江山如画”的景象，你觉得哪些词句写得好？好在哪里？

四、岳飞一生都坚持“精忠报国”，《满江红·写怀》这首词哪些地方表现出他的“精忠”？哪些地方表现出他的“报国”？词中哪几句表现了作者的最高理想？

五、读读记记。

1. 一身报国有万死，双鬓向人无再青。

——【中国】宋·陆游《夜泊水村》

2. 经年尘土满征衣，特特寻芳上翠微。好水好山看不足，马蹄催趁月明归。

——【中国】宋·岳飞《池州翠微亭》

17 哭小弟[1]

宗 璞

·课文导读·

20 世纪 80 年代初，一批 50 岁左右的知识分子过早夭亡的消息时有所闻，“人到中年”“关心中年知识分子”的话题开始引起人们的注意。著名哲学家冯友兰的女儿宗璞在小弟去世后，强忍悲痛，写下了这篇浸透泪水的悼念性散文。

文章通过对小弟生前逝后大量感人肺腑的事迹的回忆，满怀激情地赞美了小弟无私奉献的精神，表达出对小弟英年早逝的无限悲恸之情和对中国知识分子命运的由衷关注。

全文自始至终紧扣“哭”字，将抒情、叙事、写人三者融为一体，围绕着小弟的病逝，把现实与回忆、家庭与社会、情与理交互组接，不是单线性顺叙，而是把众多的材料分成块状，交错展现。内容层出层新，结构错落有致，笔触缠绵哀婉，感情真挚动人。

阅读时应着重考虑以下问题：本文是哭小弟的，为什么也哭蒋筑英和罗健夫？文章是如何运用细节描写与侧面烘托来刻画人物的？

① 选自《新中国散文典藏·第 5 卷》（山东友谊出版社 2015 年版，王景科主编）。原文刊登在 1982 年 12 月 27 日《人民日报》上。宗璞（1928— ），原名冯钟璞，生于北京，擅写散文、小说的女作家。主要作品有中篇小说《三生石》《风庐童话》，散文集《丁香结》，长篇小说《野葫芦引》第一卷《南渡记》等。文笔优美，以抒情见长。

飞机强度研究所
技术所长
冯钟越

我面前摆着一张名片，是小弟前年出国考察时用的。名片依旧，小弟却再也不能用它了。

小弟去了。小弟去的地方是千古哲人揣摩不透的地方，是各种宗教企图描绘的地方，也是每个人都会去，而且不能回来的地方。但是现在怎么轮得到小弟！他刚五十岁，正是精力充沛，积累了丰富的学识经验、大有作为的时候，有多少事等他去做啊！医院发现他的肿瘤已相当大，需要立即做手术，他还想去参加一个技术讨论会，问能不能开完会再来。他在手术后休养期间，仍在看研究所里的科研论文，还做些小翻译。直到卧床不起，他手边还留着几份国际航空材料，总是“想再看看”。他也并不全想的是工作。已是滴水不进时，他忽然说想吃虾，要对虾。他想活，他想活下去呵！

可是他去了，过早地去了。这一年多，从他生病到逝世，真像是个梦，是个永远不能令人相信的梦。我总觉得他还会回来，从我们那冬夏一律显得十分荒凉的后院走到我窗下，叫一声“小姊——”。

可是他去了，过早地永远地去了。

我长小弟三岁。从我有比较完整的记忆起，生活里便有我的弟弟，一个胖胖的、可爱的小弟弟，跟在我身后。他虽然小，可是在玩耍时，他常常当老师，照顾着小朋友，让大家坐好，他站着上课，那神色真是庄严。他虽然小，在昆明的冬天里，孩子们都生冻疮，都怕用冷水洗脸，他却一点不怕。他站在山泉边，捧着一个大盆的样子，至今还十分清晰地在我眼前。

“小姊，你看，我先洗！”他高兴地叫道。

在泉水缓缓地流淌中，我们从小学、中学而大学，大部时间都在一个学校。毕业后就各奔前程了。不知不觉间，听到人家称小弟为强度专家；不知不觉间，他担任了总工程师的职务。在那动荡不安的年月里，很难想象一个人的将来。这几年，父亲[①]和我倒是常谈到，只要环境许可，小弟是会为国家做出点实际的事的。却不料，本是最年幼的他，竟先我们而离去了。

去年夏天，得知他患病后，因为无法得到更好的治疗，我于八月二十日到西安。记得有一辆坐满了人的车来接我。我当时奇怪何以如此兴师动众，原来他们都是去看小弟的。到医院后，有人进病房握手，有人只在房门口默默地站一站，他们怕打扰病人，但他们一定得来看一眼。

手术时，有航空科学研究院、623所、631所的代表，弟妹、侄女和我在手术室外；还有一辆轿车在医院门口。车里有许多人等着，他们一定要等着，准备随时献血。小弟如果需要把全身的血都换过，他的同志们也会给他。但是一切都没有用。肿瘤取出来了，有一个半成人的拳头大，一面已经坏死。我忽然觉得一阵胸闷，几乎透不过气来——这是在穷乡僻壤为祖国贡献着才华、血汗和生命的人啊，怎么能让这致命的东西在他身体里长到这样大！

我知道在这黄土高原上生活的艰苦，也知道住在这黄土高原上的人工作之劳累，还可以想象每一点工作的进展都要经过十分恼人的迂回曲折。但我没有想到，小弟不但生活在这里，战斗在这里，而且把性命交付在这里了。他手术后回京在家休养，不到半年，就复发了。

那一段焦急的悲痛的日子，我不忍写，也不能写。每一念及，便泪下如绠[②]，纸上一片模糊。记得每次看病，候诊室里都像公共汽车上一样拥挤，等啊等啊，盼啊盼啊，我们知道病情不可逆转，只希望能延长时间，也许会

---

① 【父亲】冯友兰（1895—1990），字芝生，河南唐河人，现当代著名的科学家、哲学史家、教育家。著有《中国哲学史》《中国哲学简史》《中国哲学史新编》等。

② 【泪下如绠（gěng）】泪水下流，多而不断。绠，原指汲水桶上的绳索。

有新的办法。航空界从莫文祥[①]同志起，还有空军领导同志都极关心他，各个方面包括医务界的朋友们也曾热情相助，我还往海外求医。然而错过了治疗时机，药石再难奏效。曾有个别的医生不耐烦地当面对小弟说，治不好了，要他“回陕西去”。小弟说起这话时仍然面带笑容，毫不介意。他始终没有失去信心，他始终没有丧失生的愿望，他还没有累够。

小弟生于北京，一九五二年从清华大学航空系毕业。他填志愿到西南，后来分配在东北，以后又调到成都、调到陕西。虽然他的血没有流在祖国的土地上，但他的汗水洒遍全国，他的精力的一点一滴都献给祖国的航空事业了。个人的功绩总是有限的，也许燃尽了自己，也不能给人一点光亮，可总是为以后的绚烂的光辉做了一点积累吧。我不大明白各种工业的复杂性，但我明白，任何事业也不是只坐在北京就能够建树的。

我曾经非常希望小弟调回北京，分我侍奉老父的重担。他是儿子，三十年在外奔波，他不该尽些家庭的责任么？多年来，家里有什么事，大家都会这样说：“等小弟回来”，“问小弟”。有时只要想到有他可问，也就安心了。现在还怎能得到这样的心安？风烛残年的父亲想儿子，尤其这几年母亲去世后，他的思念是深的，苦的，我知道，虽然他不说，现在他永远失去他的最宝贝的小儿子了。我还曾希望在我自己走到人生的尽头，跨过那一道痛苦的门槛时，身旁的亲人中能有我的弟弟，他素来的可倚可靠会给我安慰。哪里知道，却是他先迈过了那道门槛啊！

一九八二年十月二十八日上午七时，他去了。

这一天本在意料之中，可是我怎能相信这是事实呢！他躺在那里，但他已经不是他了，已经不是我那正当盛年的弟弟，他再不会回答我们的呼唤，

① 【莫文祥】曾任航空工业部部长。

再不会劝阻我们的哭泣。你到哪里去了，小弟！自一九七四年沅君[1]姑母逝世起，我家屡遭丧事，而这一次小弟的远去最是违反常规，令人难以接受！我还不得不把这消息告诉当时也在住院的老父，因为我无法回答他每天的第一句问话："今天小弟怎么样？"我必须告诉他，这是我的责任。再没有弟弟可以依靠了，再不能指望他来分担我的责任了。

父亲为他写了挽联："是好党员，是好干部，壮志未酬，洒泪岂只为家痛；能娴[2]科技，能娴艺文，全才罕遇，招魂也难再归来！"我那唯一的弟弟，永远地离去了。

他是积劳成疾，也是积郁成疾，他一天三段紧张地工作，参加各式各样的会议。每有大型试验，他事先检查到每一个螺丝钉，每一块胶布。他是三机部科技委员会委员，他曾有远见地提出多种型号研究。有一项他任主任工程师的课题研究获国防工办和三机部科技一等奖。同时他也是623所党委委员，需要在会议桌上坦率而又让人能接受地说出自己对各种事情的意见。我常想，能够"双肩挑"，是我们五十年代到六十年代初期出来的知识分子的特点。我们是在"又红又专"的要求下长大的。当然，有的人永远也没有能达到要求，像我。大多数人则挑起过重的担子，在崎岖的、荆棘丛生的，有时是此路不通的山路上行走。那几年的批判斗争是有远期效果的。他们不只是生活艰苦，过于劳累，还要担惊受怕，心里塞满想不通的事，谁又能经受得起呢！

小弟入医院前，正负责组织航空工业部系统的一个课题组，他任主任工程师。他的一个同志写信给我说，一九八一年夏天，西安一带出奇地热，几乎所有的人晚上都到室外乘凉，只有"我们的老冯"坚持伏案看资料，"有

① 【沅君】冯沅君（1900—1974），现代著名女作家、古典文学研究专家。著有《宋词概论》《卷葹》等。
② 【娴（xián）】熟练。

一天晚上，我去他家汇报工作，得知他经常胃痛，有时从睡眠中痛醒，工作中有时会痛得大汗淋漓，挺一会儿，又接着做了。天啊！谁又知道这是癌症！我只淡淡地说该上医院看看。回想起来，我心里很内疚，我对不起老冯，也对不起您！”

这位不相识的好同志的话使我痛哭失声！我也恨自己，恨自己没有早想到癌症对我们家族的威胁，即使没有任何症状，也该定期检查。云山阻隔，我一直以为小弟是健康的。其实他早感不适，已去过他该去的医疗单位。区一级的说是胃下垂，县一级的说是肾游走。以小弟之为人，当然不会大惊小怪，惊动大家。后来在弟妹的催促下，乘工作之便到西安检查，才做手术。如果早一年有正确的诊断和治疗，小弟还可以再为祖国工作二十年！

往者已矣。小弟一生，从没有“埋怨”过谁，也没有“埋怨”过自己，这是他的美德之一。他在病中写的诗中有两句：“回首悠悠无恨事，丹心一片向将来。”他没有恨事。他虽无可以彪炳史册[①]的丰功伟绩，却有一个普通人的认真的、勤奋的一生。历史正是由这些人写成的。

小弟白面长身，美丰仪；喜文艺，娴诗词；且工书法篆刻。父亲在挽联中说他是“全才罕遇”，实非夸张。如果他有三次生命，他的多方面的才能和精力也是用不完的；可就这一辈子，也没有得以充分地发挥和施展。他病危弥留的时间很长，他那颗丹心，那颗让祖国飞起来的丹心，顽强地跳动，不肯停息。他不甘心！

这样壮志未酬的人，不只他一个啊！

我哭小弟，哭他在剧痛中还拿着那本航空资料“想再看看”，哭他的“胃

① 【彪(biāo)炳史册】形容伟大的业绩永垂史册。彪炳，照耀。

下垂”“肾游走”；我也哭蒋筑英抱病奔波，客殇成都[1]；我也哭罗健夫[2]不肯一个人坐一辆汽车！我还要哭那些没有见诸报章的过早离去的我的同辈人。他们几经雪欺霜冻，好不容易奋斗着张开几片花瓣，尚未盛开，就骤然凋谢。我哭我们这迟开而早谢的一代人！

已经是迟开了，让这些迟开的花朵尽可能延长他们的光彩吧。

这些天，读到许多关于这方面的文章，也读到了《痛惜之余的愿望》，稍得安慰。我盼“愿望”能成为事实。我想需要“痛惜”的事应该是越来越少了。

小弟，我不哭！

1982年11月

练习与思考

一、结合课文讨论下面问题。

1. 文章是从哪几件小事来描写小弟的？这几件小事表现出小弟怎样的性格特征？

2. 本文的叙述线索是什么？作者是怎样围绕这一线索来组织材料的？

3. 举例说明文中的细节描写方法和侧面烘托手法。

① 【客殇(shāng)成都】客死在成都。1982年6月15日，光学专家蒋筑英在去成都出差时因病去世，年仅44岁。殇，原指未成年而死，这里是英年早逝之意。

② 【罗健夫】电子专家，全国劳模，被誉为“中国式的保尔”，病逝时年仅47岁。

4. 文章结尾，作者由哭小弟延展为哭蒋筑英、罗健夫，有何寓意？

二、联系上下文，解释下面句子的含义。

1. 他也并不全想的是工作。已是滴水不进时，他忽然说想吃虾，要对虾。他想活，他想活下去呵！

2. 小弟说起这话时仍然面带笑容，毫不介意。

3. 这样壮志未酬的人，不只他一个啊！

4. 已经是迟开了，让这些迟开的花朵尽可能延长他们的光彩吧。

三、这篇文章的主题是什么？在文章结尾处作者说的“小弟，我不哭”有什么深刻含义？

四、读读记记。

1. 岁不寒，无以知松柏；事不难，无以知君子。

——【中国】战国 · 荀子《荀子 · 大略》

2. 志士惜年，贤人惜日，圣人惜时。 ——【中国】清 · 魏源《默觚 · 学篇三》

18 把栏杆拍遍[1]

梁衡

·课文导读·

本文是一篇带有人物评传性质的散文，塑造了一个叱咤风云而又命运多舛的爱国词人的形象，是解读南宋词人辛弃疾的散文名篇。作者通过引申、联想，把辛弃疾一些重要篇什和相关史料结合起来加以演绎，揭示了辛弃疾从一个爱国志士成为爱国词人的过程及原因。

散文中所引用的辛弃疾的词篇，既含有深沉的政治与生活哲理，更有对历史风云的记载与感悟。阅读与欣赏这篇散文时，可在理清文章结构的基础上，根据课文注释，结合作者评述，将自己对所引用的词篇的解读、感悟的体会记录下来，以帮助自己正确理解课文内容，准确把握辛弃疾这一历史人物。

中国历史上由行伍出身，以武起事，而最终以文为业，成为大诗词作家的只有一人，这就是辛弃疾。这也注定了他的词及他这个人在文人中的唯一性和在历史上的独特地位。

在我看到的资料里，辛弃疾至少是快刀利剑地杀过几次人的。他天生孔武[2]高大，从小苦修剑法。他生于金宋乱世，不满金人的侵略蹂躏，22岁时

---

① 选自《21世纪美文排行榜》（百花洲文艺出版社2010年版，古耜主编），稍有改动。梁衡（1946— ），山西霍州人，著名学者、新闻理论家、作家，代表作有《大无大有周恩来》《觅渡》等。“把栏杆拍遍”是辛弃疾《水龙吟》中的一句。

② 【孔武】很威武。孔，很，甚。

他就拉起了一支数千人的义军，后又与耿京[①]为首的义军合并，并兼任书记长，掌管印信。一次义军中出了叛徒，将印信偷走，准备投金。辛弃疾手提利剑单人独马追贼两日，第三天提回一颗人头。为了光复大业，他又说服耿京南归，南下临安亲自联络。不想就这几天之内又变生肘腋[②]，当他完成任务返回时，部将叛变，耿京被杀。辛大怒，跃马横刀，只率数骑突入敌营生擒叛将，又奔突千里，将其押解至临安正法，并率万人南下归宋。说来，他干这场壮举时还只是一个二十几岁的英雄少年，正血气方刚，欲为朝廷痛杀贼寇，收复失地。

彩塑泥人张辛弃疾

但世上的事并不能心想事成。南归之后，他手里立即失去了钢刀利剑，就只剩下一支羊毫软笔，他也再没有机会奔走沙场，血溅战袍，而只能笔走龙蛇[③]，泪洒宣纸，为历史留下一声声悲壮的呼喊、遗憾的叹息和无奈的自嘲。

应该说，辛弃疾的词不是用笔写成，而是用刀和剑刻成的。他是以一个沙场英雄和爱国将军的形象留存在历史上和自己的诗词中。时隔千年，当今天我们重读他的作品时，仍感到一种凛然杀气和磅礴之势。比如这首著名的《破阵子》：

---

① 【耿京（？—1162）】南宋抗金义军首领。

② 【变生肘(zhǒu)腋(yè)】事变发生在切近之处。肘腋，比喻很近的部位。

③ 【笔走龙蛇】形容书法笔势雄健活泼。

醉里挑灯看剑，梦回吹角连营[①]，八百里分麾下炙[②]，五十弦翻塞外声[③]。沙场秋点兵[④]。马作的卢[⑤]飞快，弓如霹雳[⑥]弦惊。了却君王天下事[⑦]，赢得生前身后名。可怜白发生。

我敢大胆说一句，这首词除了武圣岳飞的《满江红》可与之媲美，在中国上下五千年的文人堆里，再难找出第二首这样有金戈之声的力作。虽然杜甫也写过“射人先射马，擒贼先擒王”，军旅诗人卢纶也写过“欲将轻骑逐，大雪满弓刀”，但这些都是旁观式的想象、抒发和描述，哪一个诗人曾有他这样亲身在刀刃剑尖上滚过来的经历？“列舰层楼”“投鞭飞渡”“剑指三秦”“西风塞马”，他的诗词简直是一部军事辞典。他本来是以身许国，准备血洒大漠、马革裹尸的。但是南渡后他被迫脱离战场，再无用武之地。像屈原那样仰问苍天，像共工[⑧]那样怒撞不周，他临江水，望长安，登危楼[⑨]，拍栏杆，只能热泪横流。

楚天千里清秋，水随天去秋无际。遥岑远目，献愁供恨，玉簪螺髻[⑩]。落

---

① 【梦回吹角连营】从醉梦中醒来，回忆起梦里听见军营里接连不断的号角声。

② 【八百里分麾（huī）下炙（zhì）】战士们分到犒赏给他们的牛肉。八百里，指牛。晋王恺有牛名八百里驳（bó）。见《世说新语·汰侈》。麾下，部下。炙，烤肉。

③ 【五十弦翻塞外声】五十弦，古瑟，这里泛指军中各种乐器。翻，演奏。塞外声，边地悲壮的战歌。

④ 【点兵】检阅军队。

⑤ 【马作的卢】作，若。的卢，一种烈性的快马。相传刘备在樊城遇险，其乘的卢马一跃三丈跃过檀溪，得以脱离险境。见《三国志·蜀书·先主传》注引《世语》。

⑥ 【霹雳】这里喻猛烈的弓弦声。

⑦ 【天下事】指收复中原，统一天下这件大事。

⑧ 【共工】传说中的古代部族首领。与颛(zhuān)顼(xū)争夺帝位，怒触不周山。见《淮南子·天文训》。

⑨ 【危楼】高楼。

⑩ 【遥岑(cén)远目，献愁供恨，玉簪(zān)螺髻(jì)】遥望远山，山形起伏，像是美人头上的簪子和发髻，仿佛也含愁带恨。遥岑，远山。目，眺望。

日楼头，断鸿声里，江南游子[1]。把吴钩[2]看了，栏杆拍遍，无人会、登临意。

（《水龙吟》上阕）

谁能懂得他这个游子，实际上是亡国浪子的悲愤之心呢？这是他登临建康[3]城赏心亭时所作。此亭遥对古秦淮河，是历代文人墨客赏心雅兴之所，但辛弃疾在这里发出的却是一声声悲怆的呼喊。他痛拍栏杆时一定想起过当年的拍刀催马，驰骋沙场，但今天空有一身力，一腔志，又能向何处使呢？我曾专门到南京寻找过这个辛公拍栏杆处，但人去楼毁，早已了无痕迹，唯有江水悠悠，似词人的长叹，东流不息。

辛词比其他文人更深一层的不同，是他的词不是用墨来写，而是蘸着血和泪涂抹而成的。我们今天读其词，总是清清楚楚地听到一个爱国臣子，一遍一遍地哭诉，一次一次地表白。总忘不了他那在夕阳中扶栏远眺、望眼欲穿的形象。

辛弃疾南归后为什么这样不为朝廷喜欢呢？他在一首《戒酒》的戏作中说："怨无大小，生于所爱；物无美恶，过则成灾。"这首小品正好刻画出他的政治苦闷。他因爱国而生怨，因尽职而招灾。他太爱国家、爱百姓、爱朝廷了。但是朝廷怕他，烦他，忌用他。他作为南宋臣民共生活了 40 年，倒有近 20 年的时间被闲置一旁，而在断断续续被使用的 20 多年间又有 37 次频繁调动。但是，每当他得到一次效力的机会，就特别认真、特别执着地去工作。本来他有碗饭吃便不该再多事，可是那颗炽热的爱国心烧得他浑身发热。40 年间无论在何地何时任何职，甚至赋闲期间，他都不停地上书，不停地唠

① 【江南游子】辛弃疾因是山东济南人，而作词时在建康（今南京），所以自称客居江南的游子。

② 【吴钩】刀名。传说是吴王阖 (hé) 闾 (lǘ) 时的一对金钩（宝刀）。见《吴越春秋·阖闾内传》。这里泛指普通的佩刀。

③ 【建康】现在南京。晋建兴元年（313）因避愍 (mǐn) 帝司马邺讳，改建邺为建康。

叨，一有机会还要真抓实干，练兵、筹款，整饬[1]政务，时刻摆出一副要冲上前线的样子。你想这能不让主和苟安的朝廷心烦？他任湖南安抚使，这本是一个地方行政长官，他却在任上创办了一支2500人的“飞虎军”，铁甲烈马，威风凛凛，雄镇江南。建军之初，造营房，恰逢连日阴雨，无法烧制屋瓦。他就令长沙市民，每户送瓦20片，立付现银，两日内便全部筹足。其施政的干练作风可见一斑。后来他到福建任地方官，又在那里招兵买马。闽南与漠北相隔何其远，但还是隔不断他的忧民情、复国志。他这个书生，这个工作狂，实在太过了，“过则成灾”，终于惹来了许多的诽谤，甚至说他独裁、犯上。皇帝对他也就时用时弃。国有危难时招来用几天；朝有谤言，又弃而闲几年，这就是他的基本生活节奏，也是他一生最大的悲剧。别看他饱读诗书，在词中到处用典，甚至被后人讥为“掉书袋”[2]。但他至死也没有弄懂，南宋小朝廷为什么只图苟安而不愿去收复失地。

辛弃疾名弃疾，但他那从小使枪舞剑、壮如铁塔的五尺身躯，何尝有什么疾病？他只有一块心病：金瓯缺，月未圆，山河碎，心不安。

郁孤台下清江水[3]，中间多少行人[4]泪。西北望长安，可怜无数山[5]。青山遮不住，毕竟东流去。江晚正愁予[6]，山深闻鹧鸪[7]。

（《菩萨蛮》）

---

① 【整饬（chì）】这里是整顿的意思。

② 【掉书袋】讥讽人喜引用古书，卖弄渊博。

③ 【郁孤台下清江水】郁孤台，在江西赣州市，赣江经此向北流去。清江，这里指赣江。

④ 【行人】指金兵侵扰时流离失所的人民。

⑤ 【西北望长安，可怜无数山】在台上遥望，由于群山遮蔽而看不见汴京。长安，借指汴京。

⑥ 【愁予】使我愁苦。

⑦ 【山深闻鹧鸪】深山里传来一阵阵鹧鸪的叫声。鹧鸪叫声类似“行不得也哥哥”，借指恢复中原之事行不得。

这是我们在中学课本里就读过的那首著名的《菩萨蛮》。他得的是心郁之病啊。他甚至自嘲自己的姓氏：

烈日秋霜，忠肝义胆，千载家谱[①]。得姓何年，细参[②]辛字，一笑君听取。艰辛作就，悲辛滋味，总是辛酸辛苦[③]。更十分，向人辛辣，椒桂捣残堪吐[④]。世间应有，芳甘浓美[⑤]，不到吾家门户……

（《永遇乐》）

你看“艰辛”“酸辛”“悲辛”“辛辣”，真是五内俱焚[⑥]。世上许多甜美之事，顺达之志，怎么总轮不到他呢？他要不就是被闲置，要不就是走马灯似的被调动。1179年，他从湖北调湖南，同僚为他送行时他心情难平，终于以极委婉的口气叹出了自己政治的失意。这便是那首著名的《摸鱼儿》：

更能消[⑦]几番风雨，匆匆春又归去。惜春长，怕花开早，何况落红[⑧]无数。春且住。见说道、天涯芳草无归路。怨春不语。算只有画檐蛛网，尽日惹飞絮[⑨]。长门事，准拟佳期又误。蛾眉曾有人妒。千金纵买相如赋，脉脉此情

① 【烈日秋霜，忠肝义胆，千载家谱】我们辛氏世世代代刚毅耿直，赤胆忠心。烈日秋霜，比喻人的性格刚毅耿直如同夏天的烈日、秋天的寒霜。家谱，旧时记载一姓世系和重要人物事迹的谱籍。

② 【参】这里有“辨析”的意思。

③ 【艰辛作就，悲辛滋味，总是辛酸辛苦】历尽千难万苦，尝到的却是悲酸的滋味，这是因为我们姓的“辛”字就包含着辛酸与辛苦。

④ 【椒桂捣残堪吐】辛辣的脾气，像捣碎了的椒桂吃了会恶心呕吐（难合人家的口味）。

⑤ 【芳甘浓美】这里比喻荣华富贵。

⑥ 【五内俱焚】形容内心极为焦虑。五内，指心、肝、脾、肺、肾五脏，这里指内心。

⑦ 【更能消】（怎么）还能经受得起。消，经得起。

⑧ 【落红】落花。

⑨ 【算只有画檐蛛网，尽日惹飞絮】只有画檐下的蛛网，还整天殷勤地沾惹着纷飞的柳絮，想把春天留住。

谁诉[①]？君莫舞。君不见、玉环飞燕[②]皆尘土。闲愁最苦。休去依危楼，斜阳正在、烟柳断肠处。

据说宋孝宗看到这首词后很不高兴。梁启超评曰：“回肠荡气，至于此极，前无古人，后无来者。”“长门事”，是指汉武帝的陈皇后遭忌被打入长门宫里。辛以此典相比，一片忠心、痴情和着那许多辛酸、辛苦、辛辣，真是打翻了五味坛子。今天我们读时，每一个字都让人一惊，直让你觉得就是一滴血，或者是一行泪。确实，古来文人的惜春之作，多得可以堆成一座纸山。但有哪一首，能这样委婉而又悲愤地将春色化入政治、诠释政治呢？美人相思也是旧文人写滥了的题材，有哪一首能这样深刻贴切地寓意国事、评论正邪、抒发忧愤呢？

但是南宋朝廷毕竟是将他闲置了20年。20年的时间让他脱离政界，只许旁观，不得插手，也不得插嘴。辛在他的词中自我解嘲道：“君恩重，且教种芙蓉！”这有点像宋仁宗说柳永：“且去浅斟低唱，何要浮名？”[③]柳永倒是真的去浅斟低唱了，结果唱出一个纯粹的词人艺术家。辛与柳不同，你想，他是一个大碗喝酒，大块吃肉，痛拍栏杆，大声议政的人。报国无门，他便到赣南修了一座带湖别墅，咀嚼自己的寂寞。

---

① 【长门事，准拟佳期又误。蛾眉曾有人妒。千金纵买相如赋，脉脉此情谁诉】这几句引用的典故是：汉武帝时，陈皇后因受到其他妃子的嫉妒而失宠，幽居在长门宫。她听说司马相如很有文才，就以黄金百斤为赠，请司马相如为她写了一篇《长门赋》，希望能以此感动武帝。见《昭明文选·长门赋序》。蛾眉，细长而弯弯的眉，这里用作美貌女子的代称。相如，司马相如，汉代文学家，擅长辞赋。

② 【玉环飞燕】指杨玉环（唐玄宗妃）和赵飞燕（汉成帝后）。

③ 【且去浅斟低唱，何要浮名】柳永词《鹤冲天》末句是“忍把浮名，换了浅斟低唱”。传说他考进士时，宋仁宗特予黜退，说：“且去浅斟低唱，何要浮名？”于是柳永就自称“奉旨填词柳三变”。见吴曾《能改斋漫录》。

带湖[①]吾甚爱，千丈翠奁[②]开。先生杖屦[③]无事，一日走千回。凡我同盟鸥鹭[④]，今日既盟之后，来往莫相猜。白鹤在何处，尝试与偕来。破青萍，排翠藻，立苍苔。窥鱼笑汝痴计，不解举吾杯[⑤]。废沼荒丘畴昔[⑥]，明月清风此夜，人世几欢哀。东岸绿荫少，杨柳更须栽。

（《水调歌头》）

这回可真的应了他的号："稼轩"，要回乡种地了。一个正当壮年又阅历丰富、胸怀大志的政治家，却每天在山坡和水边踱步，与百姓聊一聊农桑收成之类的闲话，再对着飞鸟游鱼自言自语一番，真是"闲愁最苦"，"脉脉此情谁诉"。

说到辛弃疾的笔力多深，是刀刻也罢，血写也罢，其实他的追求从来不是要做一个词人。郭沫若说陈毅"将军本色是诗人"，辛弃疾这个人，词人本色是武人，武人本色是政人。他的词是在政治的大磨盘间磨出来的豆浆汁液。他由武而文，又由文而政，始终在出世与入世间矛盾，在被用或被弃中受煎熬。作为封建知识分子，对待政治，他不像陶渊明那样浅尝辄止，便再不染政；也不像白居易那样长期在任，亦政亦文。对国家民族他有一颗放不下、关不住、比天大、比火热的心；他有一身早炼就、憋不住、使不完的劲。他不计较"五斗米折腰"，也不怕谗言倾盆。所以随时局起伏，他就大忙大闲，大起大落，大进大退。稍有政绩，便招谤而被弃；国有危难，便又被招而任用。他亲自

---

① 【带湖】带形的湖，在江西上饶北灵山下。

② 【奁（lián）】梳妆的镜匣。形容带湖像打开的镜匣那样美丽。

③ 【先生杖屦（jù）】先生，作者自指。杖，拐杖。屦，古时用麻、葛等制成的鞋。

④ 【同盟鸥鹭】据说古代有人与鸥鸟订立互不猜忌的盟约，称为"鸥盟"。鸥、鹭，都是水鸟名。

⑤ 【破青萍，排翠藻，立苍苔。窥鱼笑汝痴计，不解举吾杯】我站在长满青苔的水边，轻轻推开翠绿的浮萍水藻，水中的鱼儿好像在嘲笑我的痴呆，它哪里知道我举杯痛饮时的满腹牢骚。痴计，痴呆的样子。

⑥ 【畴昔】往昔。

组练过军队，上书过《美芹十论》[1]这样著名的治国方略。他是贾谊、诸葛亮、范仲淹一类的时刻忧心如焚的政治家。他像一块铁，时而被烧红锤打，时而又被扔到冷水中淬火。有人说他是豪放派，继承了苏东坡，但苏的豪放仅止于“大江东去”，山水之阔。苏正当北宋太平盛世，还没有民族仇、复国志来炼其词魂，也没有胡尘飞、金戈鸣来壮其词威。真正的诗人只有被政治大事（包括社会、民族、军事等矛盾）所挤压、扭曲、拧绞、烧炼、锤打时才可能得到合乎历史潮流的感悟，才可能成为正义的化身。诗歌，也只有在政治之风的鼓荡下，才能飞翔，才能燃烧，才能炸响，才能振聋发聩。学诗功夫在诗外，诗歌之效在诗外。我们承认艺术本身的魅力，更承认艺术加上思想的爆发力。有人说辛词其实也是婉约派，多情细腻处不亚柳永、李清照。

近来愁似天来大，谁解相怜[2]？谁解相怜？又把愁来做个天。都将今古无穷事，放在愁边。放在愁边，却自移家向酒泉[3]。

（《丑奴儿》

少年不识愁滋味，爱上层楼。爱上层楼，为赋新词强说愁。而今识尽愁滋味，欲说还休。欲说还休，却道天凉好个秋。

（《丑奴儿》）

柳李的多情多愁仅止于“执手相看泪眼”“梧桐更兼细雨”，而辛词中的婉约言愁之笔，于淡淡的艺术美感中，却含有深沉的政治与生活哲理。真正的诗人，最善以常人之心言大情大理，能于无声处炸响惊雷。

我常想，要是为辛弃疾造像，最贴切的题目就是“把栏杆拍遍”。他一生大都是在被抛弃的感叹与无奈中度过的。当权者不使为官，却为他准备了

---

① 【《美芹十论》】又名《御戎十论》，辛弃疾给宋孝宗的一篇奏文。全文共十论，作者在文中力主备战抗金，对投降主义的种种谬论予以批驳，并详细论述了自强之策和恢复中原的进军部署。

② 【谁解相怜】谁会来同情我呢？怜，同情。

③ 【酒泉】《汉书·地理志》记载：“酒泉郡，武帝太初元年开。”有注如下：“城下有金泉，味如酒。”

锤炼思想和艺术的反面环境。他被九蒸九晒，水煮油炸，千锤百炼。历史的风云，民族的仇恨，正与邪的搏击，爱与恨的纠缠，知识的积累，感情的浇铸，艺术的升华，文字的锤打，这一切都在他的胸中、他的脑海，翻腾、激荡，如地壳内岩浆的滚动鼓涨，冲击积聚。既然这股能量一不能化作刀枪之力，二不能化作施政之策，便只有一股脑地注入诗词，化作诗词。他并不想当词人，但武途政路不通，历史歪打正着地把他逼向了词人之道。终于他被修炼得连叹一口气，也是一首好词了。说到底，才能和思想是一个人的立身之本。像石缝里的一棵小树，虽然被扭曲、挤压，成不了旗杆，却也可成一条遒劲的龙头拐杖，别是一种价值。但这前提，你必须是一棵树，而不是一棵草。从“沙场秋点兵”到“天凉好个秋”；从决心为国弃疾去病，到最后掰开嚼碎，识得辛字含义，再到自号“稼轩”，“同盟鸥鹭”，辛弃疾走过了一个爱国志士、爱国诗人的成熟过程。诗，是随便什么人就可以写的吗？诗人，能在历史上留下名的诗人，是随便什么人都可以当的吗？“一将成名万骨枯”，一员武将的故事，还要多少持刀舞剑者的鲜血才能写成？那么，有思想光芒而又有艺术魅力的诗人呢？他的成名，要有时代的运动，像地球大板块的冲撞那样，他时而被夹其间感受折磨，时而又被甩在一旁被迫冷静思考。所以积三百年北宋南宋之动荡，才产生了一个辛弃疾。

练习与思考

一、下列各组词语中加点字的注音有误的一项是（　　）

A. 踱(duó)步　蹂躏(lìn)　凛(lǐn)然　贼寇(kòu)

B. 押解(jiě)　磅礴(bò)　媲(pì)美　悲怆(chuàng)

C. 倾(qīng)盆　驰骋(chěng)　炽(chì)热　整饬(chì)

D. 别墅(shù)　金瓯(ōu)　诠(quán)释　咀嚼(jué)

二、下列各组词语中有错别字的一项是（　　）

A. 霹雳　　震聋发聩　　变生肘腋　　了无痕迹

B. 赋闲　　马革裹尸　　五内俱焚　　望眼欲穿

C. 诽谤　　笔走龙蛇　　忧心如焚　　浅尝辄止

D. 婉约　　可见一斑　　回肠荡气　　千锤百炼

三、引用课文中的原有语句回答：辛弃疾南归后为什么“只能笔走龙蛇，泪洒宣纸，为历史留下一声声悲壮的呼喊、遗憾的叹息和无奈的自嘲”？

四、从文章所引用的词中，看出辛弃疾得的是什么心病？

五、认真阅读课文，与同学讨论，是哪些因素促使辛弃疾成为一代爱国词人。

六、读读记记。

1. 老骥伏枥，志在千里；烈士暮年，壮心不已。

——【中国】三国·曹操《龟虽寿》

2. 眼前多少难甘事，自古男儿当自强。　　——【中国】唐·李咸用《送人》

19 左忠毅公逸事[①]

方 苞

·课文导读·

本文是方苞最有代表性的一篇记人的文章。逸事是指散失没有经正史流传的事迹。这类文章不像正史作传那样全面叙述人物的生平事迹，而是从一生行事中选取一小部分甚至是一鳞半爪来表现人物。

本文所记逸事，直接写左光斗的只有两件：“微行选贤”和“狱中训徒”，表现了左光斗不辞劳苦为国选才的精神，刻画出他为锄奸救国而坚强不屈、大义凛然的形象。另两件是写史可法的事迹，从侧面显示左光斗的知人之明及其言传身教的效果。最后补说逸事的由来，以明其确凿可信。

本文篇幅虽短小，但人物刻画得很有光彩，正笔、侧笔交互衬托，细节描写精致传神，阅读时应着重体会。

先君子[②]尝言：乡先辈左忠毅公视学京畿[③]，一日，风雪严寒，从数骑出[④]，

① 选自《元明清诗文》（上海人民出版社2017年版）。方苞（1668—1749），字灵皋，号望溪，安徽桐城人，清代著名散文家，桐城派的创始人。左忠毅公（1575—1625），名光斗，字遗直，安徽桐城人，著名水利专家，明末东林党的重要成员，累官至左佥都御史，万历“六君子”之一。因弹劾宦官魏忠贤，受酷刑死在狱中。南明弘光帝时追谥“忠毅”。逸事，也作“轶事”或“佚事”。

② 【先君子】对已故父亲的尊称，此指方苞的父亲方仲舒。

③ 【视学京畿（jī）】任京城地区的学政。

④ 【从数骑（jì）出】几个骑马的侍从跟随着。

微行[1]入古寺，庑下[2]一生伏案卧，文方成草。公阅毕，即解貂[3]覆生，为掩户。叩之寺僧，则史公可法也。及试，吏呼名至史公，公瞿然[4]注视；呈卷，即面署第一[5]。召入，使拜夫人，曰："吾诸儿碌碌，他日继吾志者，惟此生耳。"

及左公下厂狱[6]，史朝夕狱门外。逆阉[7]防伺甚严，虽家仆不得近。久之，闻左公被炮烙[8]，旦夕且死，持五十金，涕泣谋于禁卒，卒感焉。一日，使史更敝衣，草屦[9]，背筐，手长镵[10]，为除不洁者[11]。引入，微指左公处，则席地倚墙而坐，面额焦烂，不可辨，左膝以下，筋骨尽脱矣。史前跪。抱公膝而呜咽。公辨其声，而目不可开，乃奋臂以指拨眦[12]，目光如炬，怒曰："庸奴！此何地也？而汝来前。国家之事，糜烂至此，老夫已矣！汝复轻身而昧大义，天下事谁可支拄者？不速去，无俟奸人构陷[13]，吾今即扑杀汝！"因摸地上刑械，作投击势。史噤[14]不敢发声，趋[15]而出。后常流涕述其事，以语人曰："吾师肺肝，皆铁石所铸造也。"

---

① 【微行】改装出行。

② 【庑（wǔ）下】厢房里。

③ 【解貂】脱下貂皮大衣。

④ 【瞿（jù）然】吃惊的样子。

⑤ 【面署第一】当面签署，定为第一名。

⑥ 【厂狱】明代特务机关东厂所设的监狱。

⑦ 【逆阉】大逆不道的太监，指魏忠贤及其爪牙。

⑧ 【炮(páo)烙(luò)】一种烧烫的酷刑。

⑨ 【草屦(jù)】草鞋。

⑩ 【手长镵(chán)】拿着长铲子。手，动词。镵，铲子。

⑪ 【为除不洁者】装作打扫垃圾的人。

⑫ 【眦(zì)】眼眶。

⑬ 【无俟(sì)奸人构陷】无俟，不用等到。构陷，罗织罪名进行陷害。

⑭ 【噤(jìn)】闭口。

⑮ 【趋】小步紧走。

崇祯末，流贼[1]张献忠[2]出没蕲、黄、潜、桐[3]间，史公以凤庐道[4]奉檄[5]守御。每有警，辄数月不就寝，使将士更休，而自坐幄幕[6]外；择健卒十人，令二人蹲踞而背倚之，漏鼓移则番代[7]。每寒夜起立，振衣裳，甲上冰霜迸落，铿然[8]有声。或劝以少休，公曰："吾上恐负朝廷，下恐愧吾师也。"

史公治兵，往来桐城，必躬造左公第[9]，候太公、太母起居，拜夫人于堂上。

余宗老涂山[10]，左公甥也，与先君子善，谓狱中语乃亲得之于史公云。

练习与思考

一、解释下列句中加点的词语。

1. 叩之寺僧，则史公可法也
2. 瞿然注视
3. 汝复轻身而昧大义
4. 天下事谁可支拄者
5. 必躬造左公第

---

① 【流贼】旧时代士大夫对起义军的污蔑称呼。

② 【张献忠】明末农民起义领袖，起兵于陕西，攻占四川，建大西国，称大西王，后为清兵所杀。

③ 【蕲(qí)、黄、潜、桐】指今湖北蕲春、黄冈和安徽潜山、桐城。

④ 【凤庐道】管理凤阳府、庐州府的官。凤阳府，今安徽凤阳一带。庐州府，今安徽省合肥市一带。

⑤ 【奉檄(xí)】奉上级的命令。檄，古代官府用以征召、晓谕或声讨的公文。

⑥ 【幄(wò)幕】（军用的）帐幕。

⑦ 【漏鼓移则番代】过了一更鼓的时间就轮流替换。漏，古代滴水计时器。鼓，打更的鼓。番代，轮番替代。

⑧ 【铿(kēng)然】清脆响亮的声音。

⑨ 【躬造左公第】亲自到左光斗家里。躬，亲身。造，前往，到。

⑩ 【宗老涂山】同族的老长辈号涂山的。涂山，名文，方苞的同族祖父。

二、下列句中加点字与“即面署第一”中的“面”字用法相同的一项是（　　）

A. 从数骑出　　B. 则席地倚墙而坐

C. 令二人蹲踞而背倚之　　D. 手长镵

三、翻译下列句子

1. 吾诸儿碌碌，他日继吾志者，惟此生耳。

2. 持五十金，涕泣谋于禁卒，卒感焉。

3. 老夫已矣！汝复轻身而昧大义，天下事谁可支拄者？

四、下列对课文有关内容的概括和分析，不正确的一项是（　　）

A. 文中写到史可法拿着五十两黄金，流着泪请求狱卒帮忙让他进去。狱卒被感动了，叫史可法换上破衣，穿上草鞋，背着篓筐，手拿长柄铲子，装作打扫垃圾的人，领他进了监狱。

B. 史可法叙述时说的“吾师肺肝，皆铁石所铸造也”这句话充分赞扬左忠毅刚强大义、坚贞不屈、以国事为重的精神。

C. 文中提到史可法为讨“流贼张献忠”而刻苦治军的事例，属于侧面描写，是为了体现左光斗对史可法产生的影响。

D. 文章末段点明所叙“逸事”的来源，既增强了文章的真实性，也使全文首尾呼应。

五、读读记记。

1. 士不可以不弘毅，任重而道远。　　——《论语·泰伯》

2. 古之立大事者，不惟有超世之才，亦必有坚忍不拔之志。

——【中国】宋·苏轼《晁错论》

20 青梅煮酒论英雄[1]

罗贯中

·课文导读·

《青梅煮酒论英雄》是《三国演义》最为精彩的篇章之一，其时曹操位居汉相，权势日增，挟天子以令诸侯；刘备新败，兵微将寡，只好暂时依附曹操，为免猜疑，每日灌园浇菜，韬光养晦。本文写曹操青梅煮酒，邀刘备小酌，两人之间的一场精彩对话。席间曹操长歌当啸，豪气冲天，指点群雄；刘备寄人篱下，行事低调，一味谦恭。一个如升龙，跃于云上，统观天下；一个如隐龙，藏于波涛，暗藏汹涌。表面上，两人谈古论今，似乎漫无边际，其实细细玩味，处处不离方寸，句句暗含杀机。适值风云变幻，天边电闪雷鸣，席间话外有音，唇枪舌剑，你进我退，两位当世英雄的形象活灵活现、跃然纸上。

阅读课文，思考选文主要采用了哪些描写方法来刻画人物形象，曹操所认为的英雄具备哪些特点。

一日，关、张不在，玄德正在后园浇菜，许褚、张辽引数十人入园中曰："丞相有命，请使君便行。"玄德惊问曰："有甚紧事？"许褚曰："不知。只教我来相请。"玄德只得随二人入府见操。操笑曰："在家做得好大事！"諕

---

① 节选自《三国演义》（岳麓书社2001年版）第二十一回，原题为《曹操煮酒论英雄　关公赚城斩车胄》。罗贯中（约1330—约1400），名本，字贯中，号湖海散人。元末明初著名小说家、戏曲家，中国章回小说的鼻祖。

得玄德面如土色。操执玄德手，直至后园，曰："玄德学圃[1]不易！"玄德方才放心，答曰："无事消遣耳。"操曰："适见枝头梅子青青，忽感去年征张绣时，道上缺水，将士皆渴；吾心生一计，以鞭虚指曰：'前面有梅林。'军士闻之，口皆生唾，由是不渴。今见此梅，不可不赏。又值煮酒正熟，故邀使君小亭一会。"玄德心神方定。随至小亭，已设樽俎：盘置青梅，一樽煮酒。二人对坐，开怀畅饮。

酒至半酣，忽阴云漠漠，骤雨将至。从人遥指天外龙挂[2]，操与玄德凭栏观之。操曰："使君知龙之变化否？"玄德曰："未知其详。"操曰："龙能大能小，能升能隐：大则兴云吐雾，小则隐介藏形；升则飞腾于宇宙之间，隐则潜伏于波涛之内。方今春深，龙乘时变化，犹人得志而纵横四海。龙之为物，可比世之英雄。玄德久历四方，必知当世英雄。请试指言之。"玄德曰："备肉眼安识英雄？"操曰："休得过谦。"玄德曰："备叨恩庇，得仕于朝。天下英雄，实有未知。"操曰："既不识其面，亦闻其名。"玄德曰："淮南袁术，兵粮足备，可为英雄？"操笑曰："冢中枯骨，吾早晚必擒之！"玄德曰："河北袁绍，四世三公，门多故吏；今虎踞冀州之地，部下能事者极多，可为英雄？"操笑

煮酒论英雄雕像

① 【学圃】学习种菜。

② 【龙挂】即龙卷风。远看积雨云下呈漏斗状舒卷下垂，古人缺乏科学的了解，以为是施雨的龙在下挂吸水。

曰：“袁绍色厉胆薄[1]，好谋无断；干大事而惜身，见小利而忘命：非英雄也。”玄德曰：“有一人名称七俊，威镇九州：刘景升可为英雄？”操曰：“刘表虚名无实，非英雄也。”玄德曰：“有一人血气方刚，江东领袖——孙伯符乃英雄也？”操曰：“孙策藉父之名，非英雄也。”玄德曰：“益州刘季玉，可为英雄乎？”操曰：“刘璋虽系宗室，乃守户之犬耳，何足为英雄！”玄德曰：“如张绣、张鲁、韩遂等辈皆何如？”操鼓掌大笑曰：“此等碌碌小人[2]，何足挂齿[3]！”玄德曰：“舍此之外，备实不知。”操曰：“夫英雄者，胸怀大志，腹有良谋，有包藏宇宙之机，吞吐天地之志者也。”玄德曰：“谁能当之？”操以手指玄德，后自指，曰：“今天下英雄，惟使君与操耳！”玄德闻言，吃了一惊，手中所执匙箸，不觉落于地下。时正值天雨将至，雷声大作。玄德乃从容俯首拾箸曰：“一震之威，乃至于此。”操笑曰：“丈夫亦畏雷乎？”玄德曰：“圣人迅雷风烈必变[4]，安得不畏？”将闻言失箸缘故，轻轻掩饰过了。操遂不疑玄德。后人有诗赞曰：“勉从虎穴暂栖身，说破英雄惊杀人。巧借闻雷来掩饰，随机应变信如神。”

天雨方住，见两个人撞入后园，手提宝剑，突至亭前，左右拦挡不住。操视之，乃关、张二人也。原来二人从城外射箭方回，听得玄德被许褚、张辽请将去了，慌忙来相府打听；闻说在后园，只恐有失，故冲突而入。却见玄德与操对坐饮酒。二人按剑而立。操问二人何来。云长曰：“听知丞相和兄饮酒，特来舞剑，以助一笑。”操笑曰：“此非鸿门会[5]，安用项庄、项伯乎？”

① 【色厉胆薄】外表强硬而内心怯懦。色，神色。厉，严厉、凶猛。薄，脆弱。

② 【碌碌小人】指庸碌无能的人。碌碌，平庸的样子。

③ 【何足挂齿】哪里值得挂在嘴上，不值一提的意思。足，值得。挂齿，提及，谈及。

④ 【迅雷风烈必变】语出《论语·乡党》，说孔子遇到疾雷暴风，必定要改变容色，表示对上天的敬畏。迅雷风烈，即迅雷烈风。

⑤ 【鸿门会】指充满阴谋和杀机的宴会。秦汉之际刘邦和项羽争霸，二人曾在鸿门（今陕西临潼东）相会，宴间，范增使项庄舞剑，意欲刺杀刘邦；而项伯也起而舞剑，意在保护刘邦。后樊哙闯入，救刘邦得免于难。

玄德亦笑。操命："取酒与二樊哙压惊。"关、张拜谢。须臾席散，玄德辞操而归。云长曰："险些惊杀我两个！"玄德以落箸事说与关、张。关、张问是何意。玄德曰："吾之学圃，正欲使操知我无大志；不意操竟指我为英雄，我故失惊落箸。又恐操生疑，故借惧雷以掩饰之耳。"关、张曰："兄真高见！"

练习与思考

一、曹操认为真正的英雄具备哪些特点？曹操煮酒论当世英雄的目的是什么？这表现了曹操的什么性格特点？

二、试结合文章内容评析刘备的性格特点。

三、文章主要采用了哪些描写方法来刻画人物形象？试举例说明。

四、"适见枝头梅子青青，忽感去年征张绣时，道上缺水，将士皆渴；吾心生一计，以鞭虚指曰：'前面有梅林。'军士闻之，口皆生唾，由是不渴。"本段文字中暗含一成语，请指出来并加以解释。并列举《三国演义》中的成语，至少两个。

五、读读记记。

1. 英雄一去豪华尽，唯有青山似洛中。——【中国】唐 · 许浑《金陵怀古》

2. 男儿不展风云志，空负天生八尺躯。——【中国】明 · 冯梦龙《警世通言》

基础写作：说明文

说明文是一种以说明为主要表达方式的文体，用以对客观事物（或事理）的性状、特点、功能和用途等作出科学的说明。现实生活中，说明文是运用范围极为广泛的常用文体，它与人们的生产、工作和生活的关系相当密切。那么，如何才能写好说明文呢？

【写作指导】

一、抓住事物特征说明

根据说明的对象、目的，说明文可以分为事物说明文和事理说明文。无论是写事物说明文还是写事理说明文，首先都要抓住说明对象的特征，即该事物或现象区别于其他事物或现象的主要标志。如何去抓住事物的特征呢？

1. 全面观察。所谓全面观察，就是对说明的事物既要观察它的全貌，又要观察它的局部；既要观察它的外部，又要观察它的内部；既要观察它的静态，又要观察它的动态……要在全面观察的基础上，联系同类事物或同一事物在不同时间的发展变化，进行分析比较，找到不同之处。

2. 多角度考察。事物的特征往往呈现出多样性，即所谓“横看成岭侧成峰，远近高低各不同”。因此，对同一事物必须作多角度的考察，以便客观、准确地把握该事物，而不被该事物的表面现象所迷惑。同时，根据不同的写作目的和读者对象，写作的轻重详略是需要调整的。

3. 重点说明。说明时既可以抓住事物的一个主要特征重点说明，也可以抓住事物的几个特点重点说明。

二、按照合理的顺序说明事物

抓住说明对象的特征后，要确定恰当的说明顺序。常用的说明顺序有以下几种：

1. 空间顺序。它适用于说明事物构造的说明文，常按事物构成部分的组合顺序或人们观察事物的先后顺序来说明。如从外到内、从上到下、从远到近、从左到右、东西南北中等。常用的标记词是表示方位的名词。

2. 时间顺序。它适用于说明事物发展过程的说明文，常按事物形成的时间顺序来说明。常用的标记词是表时间的词语。

3. 逻辑顺序。它适用于说明事物相互关系及其特点的说明文，其顺序常常表现为先主后次、先总后分、先因后果、先整体后局部或从现象到本质、由性能到功用、由一般到特殊等。

4. 操作顺序。它适用于说明产品的生产流程和使用步骤为主的说明文，这种顺序是将某种产品的制作和使用过程分为若干个步骤，然后逐一加以说明。

三、恰当使用说明方法

说明文的表达方式是以说明为主，因此熟练地掌握说明方法是写好说明文的关键。我们在抓住事物、事理固有的特征和合理安排顺序的基础上，应掌握以下常见的说明方法：

1. 下定义。就是用简明扼要的语言对事物的本质和它所属的范围作出确切的说明。必须用肯定性的判断句式准确地揭示事物的本质特征。如《打开知识宝库的钥匙——书目》一文，为了说明什么是书目和目录学，运用了下定义的方法，精确而简明。

2. 作诠释。作诠释是对事物、事理的某些特点所作的解释说明，是揭示概念的部分含义的说明方法。与下定义的不同之处在于它不像下定义那样严格，形式也不拘一格。如《气质和性格》一文，对气质和性格进行了诠释，两个诠释虽然都不是对气质和性格下的定义，但都对气质与性格的特征作了揭示。

3. 举例子。通过举实例说明抽象、复杂的事物或事理，以易于读者认识和理解。运用举例说明，所举的例子应力求典型，有说服力。如《打开知识宝库的钥匙——书目》一文，在介绍书目的使用时，就是通过举例说明的方法把各类书刊的查找方法说清楚的。

4. 作比较。作比较分为两类。一类是把同类的事物作比较，在比较中突出事物的特征。另一类是通过不同类事物之间的比较，来突出事物的特征。同类事物的比较，重在求异；异类事物的比较，重在求同。在运用过程中，要注意事物的可比性，拿来比较的事物应是人们所熟知的，这样比较的效果才会好。

5. 分类别。根据事物的形状、性质、成因、功用等的异同，把事物按一定的标准分为若干类，然后逐类加以说明。运用这种方法，一是为了使说明文写得有条理；二是为了使说明更加全面，给人以完整的印象。

6. 打比方。用比喻的方法说明事物、事理，能增强文章的形象性和生动性。特别是用已知、熟知的事物来形容未知的、抽象的事物，可以使文章更加具体、形象，便于读者接受。例如《向沙漠进军》中，作者把风沙的进攻方式比喻成“游击战”“阵地战”，形象而生动，读者一读就明白。

7. 列数字。就是运用有关数字加以说明。所用数字必须来源可靠和准确无误。即使是估计的数字，也要有根据。

8. 引用。就是引用一些与被说明的对象有关的资料、故事、名言、诗词等来补充说明或作为说明的依据，可使说明的内容更充实具体。

此外，还有摹状貌、画图表等说明方法。

一篇好的说明文，单独采用一种说明方法是很少见的，它往往需要综合运用多种说明方法。当然，也不是采用的说明方法越多越好，要根据说明对象及说明内容的需要而定。

【例文】

景泰蓝的制作[①]

叶圣陶

一天下午，我们去参观北京市手工业公司实验工厂，粗略地看了景泰蓝的制作过程。景泰蓝是多数人喜爱的手工艺品，现在把它的制作过程说一说。

景泰蓝拿红铜做胎，因为红铜富于延展性，容易把它打成预先设计的形式，要接合的地方又容易接合。一个圆盘子是一张红铜片打成的，把红铜片放在铁砧上尽打尽打，盘底就洼了下去。一个比较大的花瓶的胎分作几截，大概瓶口、瓶颈的部分一截，瓶腹鼓出的部分一截，瓶腹以下又是一截。每一截原来都是一张红铜片。把红铜片圈起来，两边重叠，用铁椎尽打，两边就接合起来了。要圆筒的哪一部分扩大，就打哪一部分，直到符合设计的意图为止。于是让三截接合起来，成为整个的花瓶。瓶底可以焊上去，也可以把瓶腹以下的一截打成盘子的形状，那就有了底，不用另外焊了。瓶底下面的座子，瓶口上的宽边，全是焊上去的。至于方形或是长方形的东西，像果盒、烟卷盒之类，盒身和盖子都用一张红铜片折成，只要把该接合的转角接合一下就是，也不用细说了。

制胎的工作其实就是铜器作的工作，各处城市大都有这种铜器作，重庆还有一条街叫打铜街。不过铜器作打成一件器物就完事，在景泰蓝的作场里，这只是个开头，还有好多繁复的工作在后头呢。

第二步工作叫掐丝，就是拿扁铜丝（横断面是长方形的）粘在铜胎表面上。这是一种非常精细的工作。掐丝工人心里有谱，不用在铜胎上打稿，就能自由自在地粘成图画。譬如粘一棵柳树吧，干和枝的每条线条该多长，该怎么

① 选自《一个少年的笔记》（安徽少年儿童出版社2015年版）。

弯曲，他们能把铜丝恰如其分地剪好曲好，然后用钳子夹着，在极稠的白芨浆里蘸一下，粘到铜胎上去。柳树的每个枝子上长着好些叶子，每片叶子两笔，像一个左括号和一个右括号，那太细小了，可是他们也要细磨细琢地粘上去。他们简直是在刺绣，不过是绣在铜胎上而不是绣在缎子上，用的是铜丝而不是丝线、绒线。

他们能自由地在铜胎上粘成山水、花鸟、人物种种图画，当然也能按照美术家的设计图样工作。反正他们对于铜丝好像画家对于笔下的线条，可以随意驱遣，到处合适。美术家和掐丝工人的合作，使景泰蓝器物推陈出新，博得多方面人士的爱好。

粘在铜胎上的图画全是线条画，而且一般是繁笔，没有疏疏朗朗只用少数几笔的。这里头有道理可说。景泰蓝要涂上色料，铜丝粘在上面，涂色料就有了界限。譬如柳条上的每片叶子由两条铜丝构成，绿色料就可以填在两条铜丝中间，不至于溢出来。其次，景泰蓝内里是铜胎，表面是涂上的色料，铜胎和色料，膨胀率不相同。要是色料的面积占得宽，烧过以后冷却的时候就会裂。还有，一件器物的表面要经过几道打磨的手续，打磨的时候着力重，容易使色料剥落。现在在表面粘上繁笔的铜丝图画，实际上就是把表面分成无数小块，小块面积小，无论热胀冷缩都比较细微，又比较禁得起外力，因而就不至于破裂、剥落。通常谈文艺有一句话，叫内容决定形式。咱们在这儿套用一下，是制作方法和物理决定了景泰蓝掐丝的形式。咱们看见有些景泰蓝上面的图案画，在图案画以外，或是红的，或是蓝的，只要占的面积相当宽，那里就嵌几条曲成图案形的铜丝。为什么一色中间还要嵌铜丝呢？无非使较宽的表面分成小块罢了。

粘满了铜丝的铜胎是一件值得惊奇的东西。且不说自在画怎么生动美妙，图案画怎么工整细致，单想想那么多密密麻麻的铜丝没有一条不是专心一致粘上去的，粘上去以前还得费尽心思把它曲成最适当的笔画，那是多么大的工夫！一个二尺半高的花瓶，掐丝就要花四五十个工。咱们的手工艺品往往费大工夫——刺绣、刻丝、象牙雕刻，全都在细密上显能耐。掐丝跟这些工作比起来，可以说不相上下，半斤八两。

刚才说铜丝是蘸了白芨浆粘在铜胎上的，白芨浆虽然稠，却经不住烧，用火一烧就成了灰，铜丝就全都落下来了，所以还得焊。先在粘满了铜丝的铜胎上喷水，然后拿银粉、铜粉、硼砂三种东西拌和，均匀地筛在上边，放到火里一烧，白芨就成了灰，铜丝就牢牢地焊在铜胎上了。

随后就是放到稀硫酸里煮一下，再用清水洗。洗过以后，表面的氧化物和其他脏东西都去掉了，涂上的色料才可以紧贴着红铜，制成品才可以结实。

于是轮到涂色料的工作了，他们管这个工作叫点蓝。涂上的色料有好些种，不只是一种蓝色料，为什么单叫点蓝呢？原来这种制作方法开头的时候多用蓝色料，当时叫点蓝，就此叫开了。（我们苏州管银器上涂色料叫发蓝，大概是同样的理由。）这种制品从明朝景泰年间十五世纪中叶开始流行，因而总名叫景泰蓝。

用的色料就是制颜色玻璃的原料，跟涂在瓷器表面的釉料相类。我们在作场里看见的是一块块不整齐的硬片，从山东博山运来的。这里头基本质料是硼砂、硝石和碱，因所含的金属矿质不同，颜色也就各异。大概含铁的作褐色，含铀的作黄色，含铬的作绿色，含锌的作白色，含铜的作蓝色，含金含硒的作红色……

他们把那些硬片放在铁臼里捣碎研细，筛成细末应用。细末里头不免掺和着铁臼上磨下来的铁屑，他们利用吸铁石除掉它。要是吸得不干净，就会影响制成品的光彩。看来研磨色料的方法得讲求改良。

各种色料的细末都盛在碟子里，和着水，像画家的画桌上一样，五颜六色的碟子一大堆。点蓝工人用挖耳似的家伙舀着色料，填到铜丝界成的各种形式的小格子里。大概是熟极了的缘故，不用看什么图样，自然知道哪个格子里该填哪种色料。湿的色料填在格子里，比铜丝高一些。整个表面填满了，等它干燥以后，就拿去烧。一烧就低了下去，于是再填，原来红色的地方还是填红色料，原来绿色的地方还是填绿色料。要填到第三回，烧过以后，色料才跟铜丝差不多高低。

现在该说烧的工作了。涂色料的工作既然叫点蓝，不用说，烧的工作当然叫烧蓝。一个烧得挺旺的炉子，燃料用煤，炉膛比较深，周围不至于碰着等着烧的铜胎。烧蓝工人把涂好色料的铜胎放在铁架子上，拿着铁架子的弯柄，小心地把它送到炉膛里去。只要几分钟工夫，提起铁架子来，就看见铜胎全体通红，红得发亮，像烧得正旺的煤。可是不大工夫红亮就退了，涂上的色料渐渐显出它的本色，红是红，绿是绿的。

涂了三回烧了三回以后，就是打磨的工作了。先用金刚砂石水磨，目的在使成品的表面平整。所谓平整，一是铜丝跟涂上的色料一样高低，二是色料本身也不许有一点儿高高洼洼。磨过以后又烧一回，再用磨刀石水磨。最后用椴木炭水磨，目的在使成品的表面光润。椴木木质匀净，用它的炭来水磨，成品的表面不起丝毫纹路，越磨越显得鲜明光滑。旁的木炭都不成。

椴木炭磨过，看来晶莹灿烂，没有一点儿缺憾，成一件精制品了，可是全部工作还没完，还得镀金。金镀在全部铜丝上，方法用电镀。镀了金，铜丝就不会生锈了。

全部工作是手工，只有待打磨的成品套在转轮上，转轮由马达带动的皮带转动，算是借一点儿机械力。可是拿着蘸水的木炭、磨刀石挨着转动的成品，跟它磨擦，还得靠打磨工人的两只手。起瓜楞的花瓶就不能套在转轮上打磨，因为表面有高有低，洼下去的地方磨不着。那非纯用手工打磨不可。

【点评】：这是一篇介绍景泰蓝的制作的说明文。作者在对景泰蓝制作的全过程作了细致的观察和分析后，抓住了产品制作的手工操作繁复精细的特点，以工作程序为说明的顺序，具体地介绍了制作景泰蓝的过程。作者在介绍时，综合运用了多种说明方法，说明时主次分明，详略得当，语言准确、通俗、平实。

训练设计

请以《我喜爱的……》为题，写一篇说明文，要求：1. 写自己熟悉的事物，抓住事物的特征；2. 运用多种说明方法；3. 选择恰当的说明顺序进行说明；4. 不少于 500 字。

第五单元

责任义务

责任是分内应做的事情，就是承担应当承担的任务，完成应当完成的使命，做好应当做好的工作。义务是应尽的一种道德责任和使命，就是不求回报地倾心付出。

国学大师耕云先生说："活在责任和义务里。"主动承担责任的人，就会感到身上有一股无形的压力，有无形的压力，就会具备谋求生活的动力；主动履行义务的人，就会两肩担道义，就会有一身正气。责任不可推卸，义务不可忘却，活在责任和义务里，人就会变得高尚，收获快乐。

本单元围绕"责任义务"的主题安排了五篇文章。《记念刘和珍君》记叙了刘和珍生平事迹和遇难经过，表现了青年学子在国家危难之际体现出的民族责任感，并从历史的高度总结了"三·一八"惨案的教训和意义，激励国人怀抱同样的民族责任感"奋然前行"。《横渠四句》是当代哲学家冯友兰先生对北宋哲学家张载的四句话的解读，是人们谈到历史责任、社会责任时经常引用的哲学名言。《钱学森——中国人的骄傲》采用了大事记的方式，概括地介绍了钱学森在几个重要阶段的杰出成就。《公德》作者通过在欧美国家的一些见闻，告诉我们什么是公德，指出公德是教育中的一个重要成分。《报任安书》是司马迁任中书令时写给朋友任安的一封信。信中司马迁叙述自己蒙受的耻辱，倾吐内心的痛苦和不满，说明自己"隐忍苟活"的原因，表达坚持完成《史记》的决心。

本单元的综合实践活动安排了辩论赛，通过综合训练和活动的开展，同学们会掌握辩论的相关知识及技巧，提高思辨和口语表达能力。

21 记念刘和珍君[①]

鲁　迅

·课文导读·

本文是鲁迅为“三·一八”死难烈士刘和珍等而写的纪念文章。作者怀着悲痛愤慨的感情回忆了与刘和珍交往的一些往事，追忆了刘和珍等人怀抱强烈的民族责任感，慷慨赴难的经过，表达了对英勇献身的烈士的无限哀悼，揭露了反动军阀政府的凶残卑劣及其走狗文人的阴险无耻。

文章运用了多种表达方式，把简练的叙述、深刻的议论、强烈的抒情融为一体，不仅内容声情并茂、主旨突出，而且行文跌宕多变，动人心魄。学习时应着重体会文章怎样以叙事为基础，通过议论深化思想内容，在叙事和议论中抒发强烈的感情，从而使叙述、议论和抒情三者得到最完美的结合的。

一

中华民国十五年[②]三月二十五日，就是国立北京女子师范大学为十八日在

① 选自《鲁迅全集》第3卷（人民文学出版社1981年版）。1926年3月，奉系军阀在日本帝国主义支持下进兵关内，冯玉祥率领的国民军同奉军作战。日本帝国主义公开援助奉军，派军舰驶入大沽口，炮击国民军。国民军开炮还击。日本帝国主义便向当时北洋军阀段祺瑞政府提出抗议，又联合英、美、法、意、荷、比、西等国驻北京公使，借口维护《辛丑条约》，提出种种无理条件，并在天津附近集结各国军队，准备武力进攻。3月18日，北京人民为了反对帝国主义侵犯我国主权，在天安门前集会抗议，后到执政府前请愿，段祺瑞命令卫兵向请愿群众开枪，并用大刀铁棍追打砍杀，打死打伤200余人，造成了屠杀爱国人民的“三·一八”惨案。刘和珍等爱国青年就是在当时遇害的。刘和珍，江西省南昌市人，北京女子师范大学英文系学生，学生自治会主席，遇害时年仅22岁。鲁迅（1881—1936），本名周樟寿，后改名周树人，字豫山，后改豫才，浙江绍兴人。著名文学家、思想家、民主战士，五四新文化运动的重要参与者，中国现代文学的奠基人。主要作品有《呐喊》《彷徨》《朝花夕拾》等。

② 【中华民国十五年】即1926年。

段祺瑞执政府前遇害的刘和珍杨德群[1]两君开追悼会的那一天，我独在礼堂外徘徊，遇见程君[2]，前来问我道，“先生可曾为刘和珍写了一点什么没有？”我说“没有”。她就正告我，“先生还是写一点罢；刘和珍生前就很爱看先生的文章。”

这是我知道的，凡我所编辑的期刊，大概是因为往往有始无终之故罢，销行一向就甚为寥落，然而在这样的生活艰难中，毅然预定了《莽原》[3]全年的就有她。我也早觉得有写一点东西的必要了，这虽然于死者毫不相干，但在生者，却大抵只能如此而已。倘使我能够相信真有所谓“在天之灵”，那自然可以得到更大的安慰——但是，现在，却只能如此而已。

可是我实在无话可说。我只觉得所住的并非人间。四十多个青年的血，洋溢在我的周围，使我艰于呼吸视听，那里还能有什么言语？长歌当哭[4]，是必须在痛定之后的。而此后几个所谓学者文人的阴险的论调[5]，尤使我觉得悲哀。我已经出离愤怒[6]了。我将深味[7]这非人间的浓黑的悲凉；以我的最大哀痛显示于非人间，使它们快意于我的苦痛，就将这作为后死者的菲薄[8]的祭品，奉献于逝者的灵前。

---

① 【杨德群】现湖南省湘阴县人，北京女子师范大学理科预科学生，遇害时年仅 24 岁。

② 【程君】指程毅志，现湖北省孝感市人，北京女子师范大学教育系学生。

③ 【《莽原》】鲁迅编辑的一种文艺刊物，所登载的大都是批判旧社会和旧文化的文章。

④ 【长歌当 (dàng) 哭】以放声歌咏代替哭泣，多指用诗文抒发胸中的悲愤。长歌，引吭高歌，这里指写文章。

⑤ 【几个所谓学者文人的阴险的论调】几个所谓学者文人指陈西滢等人。陈西滢在 3 月 27 日出版的《现代评论》上发表了一篇评论“三 · 一八”惨案的《闲话》，污蔑遇害的爱国学生“莫名其妙”“没有审判力”，因而盲目地被人引入“死地”，并且把杀人责任推在“民众领袖”身上，说他们“犯了故意引人去死地的嫌疑”。鲁迅在《死地》一文中说：“但各种评论中，我觉得有一些比刀枪更可以惊心动魄者在。这就是几个论客，以为学生们本不应当自蹈死地。”

⑥ 【出离愤怒】愤怒到极点，甚至超出愤怒的程度。

⑦ 【深味】深深地体会。

⑧ 【菲薄】微薄。指数量少、质量次。

二

真的猛士，敢于直面惨淡的人生[①]，敢于正视淋漓的鲜血。这是怎样的哀痛者和幸福者？然而造化又常常为庸人设计，以时间的流驶，来洗涤旧迹，仅使留下淡红的血色和微漠[②]的悲哀。在这淡红的血色和微漠的悲哀中，又给人暂得偷生，维持着这似人非人的世界。我不知道这样的世界何时是一个尽头！

我们还在这样的世上活着；我也早觉得有写一点东西的必要了。离三月十八日也已有两星期，忘却的救主快要降临了罢，我正有写一点东西的必要了。

三

在四十余被害的青年之中，刘和珍君是我的学生。学生云者，我向来这样想，这样说，现在却觉得有些踌躇了，我应该对她奉献我的悲哀与尊敬。她不是"苟活到现在的我"的学生，是为了中国而死的中国的青年。

她的姓名第一次为我所见，是在去年夏初杨荫榆[③]女士做女子师范大学校长，开除校中六个学生自治会职员的时候。其中的一个就是她；但是我不认识。直到后来，也许已经是刘百昭率领男女武将，强拖出校[④]之后了，才有人指着一个学生告诉我，说：这就是刘和珍。其时我才能将姓名和实体联合起来，心中却暗自诧异。我平素想，能够不为势利所屈，反抗一广有羽翼[⑤]的校长的学生，无论如何，总该是有些桀骜[⑥]锋利的，但她却常常微笑着，

---

① 【直面惨淡的人生】面对着反动派统治下的凄惨悲凉的黑暗现实。"直面"和下句的"正视"都表示正面注视、绝不回避的意思。

② 【微漠】微茫、淡漠。

③ 【杨荫榆】1924年开始任北京女子师范大学校长。

④ 【刘百昭率领男女武将，强拖出校】北京女子师范大学学生反对校长杨荫榆，刘百昭（当时教育部专门教育司司长）雇用男女流氓殴打学生，并把学生强拖出校。

⑤ 【广有羽翼】到处都有帮凶。羽翼，鸟的翅膀，这里指帮凶。

⑥ 【桀(jié)骜(ào)】形容性情暴烈、倔强。

态度很温和。待到偏安于宗帽胡同，赁屋授课[①]之后，她才始来听我的讲义，于是见面的回数就较多了，也还是始终微笑着，态度很温和。待到学校恢复旧观[②]，往日的教职员以为责任已尽，准备陆续引退的时候，我才见她虑及母校前途，黯然[③]至于泣下。此后似乎就不相见。总之，在我的记忆上，那一次就是永别了。

四

我在十八日早晨，才知道上午有群众向执政府请愿的事；下午便得到噩耗，说卫队居然开枪，死伤至数百人，而刘和珍君即在遇害者之列。但我对于这些传说，竟至于颇为怀疑。我向来是不惮以最坏的恶意，来推测中国人的，然而我还不料，也不信竟会下劣凶残到这地步。况且始终微笑着的和蔼的刘和珍君，更何至于无端在府门前喋血[④]呢？

然而即日证明是事实了，作证的便是她自己的尸骸。还有一具，是杨德群君的。而且又证明着这不但是杀害，简直是虐杀，因为身体上还有棍棒的伤痕。

但段政府就有令，说她们是“暴徒”！

但接着就有流言，说她们是受人利用的。

惨象，已使我目不忍视了；流言，尤使我耳不忍闻。我还有什么话可说呢？我懂得衰亡民族之所以默无声息的缘由了。沉默呵，沉默呵！不在沉默中爆发，就在沉默中灭亡。

---

① 【偏安于宗帽胡同，赁屋授课】反对杨荫榆的北京女子师范大学学生被赶出学校后，在宗帽胡同租赁房屋作为临时校舍，于1925年9月21日开学。当时鲁迅和一些教师曾去义务教课，表示支持。偏安，这里的意思是被迫离开原来的地方，暂居宗帽胡同。赁，租借。

② 【学校恢复旧观】指北京女子师范大学复校。1925年11月，北京女子师范大学学生在广大社会力量声援之下，终于取得了胜利。杨荫榆被撤职。北京女子师范大学宣告复校，学生搬回原址上课。旧观，旧时的景象。

③ 【黯然】忧伤的样子。

④ 【喋(dié)血(xuè)】流血满地。喋，血流出来的样子。

五

但是，我还有要说的话。

我没有亲见；听说她，刘和珍君，那时是欣然前往的。自然，请愿而已，稍有人心者，谁也不会料到有这样的罗网[①]。但竟在执政府前中弹了，从背部入，斜穿心肺，已是致命的创伤，只是没有便死。同去的张静淑[②]君想扶起她，中了四弹，其一是手枪，立仆；同去的杨德群君又想去扶起她，也被击，弹从左肩入，穿胸偏右出，也立仆。但她还能坐起来，一个兵在她头部及胸部猛击两棍，于是死掉了。

始终微笑的和蔼的刘和珍君确是死掉了，这是真的，有她自己的尸骸为证；沉勇而友爱的杨德群君也死掉了，有她自己的尸骸为证；只有一样沉勇而友爱的张静淑君还在医院里呻吟。当三个女子从容地转辗于文明人所发明的枪弹的攒射[③]中的时候，这是怎样的一个惊心动魄的伟大呵！中国军人的屠戮[④]妇婴的伟绩，八国联军的惩创学生的武功，不幸全被这几缕血痕抹杀了。

但是中外的杀人者却居然昂起头来，不知道个个脸上有着血污……

六

时间永是流驶，街市依旧太平，有限的几个生命，在中国是不算什么的，至多，不过供无恶意的闲人以饭后的谈资，或者给有恶意的闲人[⑤]作"流言"的种子。至于此外的深的意义，我总觉得很寥寥，因为这实在不过是徒手的请愿。人类的血战前行的历史，正如煤的形成，当时用大量的木材，结果却

① 【这样的罗网】鲁迅在《可惨与可笑》一文中指出："三月十八日的惨杀事件，在事后看来，分明是政府布成的罗网。"在《空谈》一文中指出："四十七个男女青年的生命，完全是被骗去的，简直是诱杀。"

② 【张静淑】湖南省长沙市人，北京女子师范大学教育系学生。受伤后经医治痊愈。

③ 【攒(cuán)射】（用箭或枪炮）集中射击。

④ 【屠戮(lù)】屠杀。

⑤ 【有恶意的闲人】指陈西滢等人。

只是一小块，但请愿是不在其中的[1]，更何况是徒手。

然而既然有了血痕了，当然不觉要扩大。至少，也当浸渍[2]了亲族，师友，爱人的心，纵使时光流驶，洗成绯红，也会在微漠的悲哀中永存微笑的和蔼的旧影。陶潜[3]说过，“亲戚或余悲，他人亦已歌，死去何所道，托体同山阿。”[4]倘能如此，这也就够了。

七

我已经说过：我向来是不惮以最坏的恶意来推测中国人的。但这回却很有几点出于我的意外。一是当局者竟会这样地凶残，一是流言家竟至如此之下劣，一是中国的女性临难竟能如是之从容。

我目睹中国女子的办事，是始于去年的，虽然是少数，但看那干练坚决，百折不回的气概，曾经屡次为之感叹。至于这一回在弹雨中互相救助，虽殒身不恤[5]的事实，则更足为中国女子的勇毅，虽遭阴谋秘计，压抑至数千年，而终于没有消亡的明证了。倘要寻求这一次死伤者对于将来的意义，意义就在此罢。

苟活者在淡红的血色中，会依稀看见微茫的希望；真的猛士，将更奋然而前行。

呜呼，我说不出话，但以此记念刘和珍君！

四月一日

---

① 【但请愿是不在其中的】为了积聚革命力量，以有限的代价去换取更大的胜利，鲁迅是不主张采用向反动派请愿这种方式的。参看他在作《记念刘和珍君》后第二天写的《空谈》一文。

② 【浸渍(zì)】用液体泡，浸润、渗透。

③ 【陶潜】即陶渊明，东晋末年著名诗人。

④ 【亲戚或余悲，他人亦已歌，死去何所道，托体同山阿】这是陶渊明所作的《挽歌》中的四句。意思是，亲族们的余哀未尽，别的人又已经歌唱起来。人死了有什么可说的，不过是寄托躯体于山陵，（最后）和山陵同化而已。山阿，山陵。鲁迅在这里引用这首诗，有青山埋忠骨之意，寄托了愿死者与青山同在的深挚感情。

⑤ 【殒(yǔn)身不恤】牺牲生命也不顾惜。殒，死亡。恤，顾虑、忧虑。

练习与思考

一、下列四组词语中没有错别字的一组是（　　）

A. 谍血　绯红　噩耗　陨身不恤　　B. 寥落　屠戮　尸骸　桀骜锋利

C. 黯然　立扑　踌躇　下劣凶残　　D. 转辗　惩创　和蔼　阴谋密计

二、下面词语的解释和加点字的注音全部正确的一组是（　　）

①寥落 (liào)：稀少，冷落。②长歌当哭 (dāng)：用写文章代替哭泣。③菲薄 (fěi)：颜色很淡。④广有羽翼 (yì)：到处都有帮凶。⑤不惮 (dàn)：不忌讳。⑥喋血 (dié)：血流满地。⑦攒射 (cuán)：集中射击。⑧干练 (gān)：又有才能又有经验。⑨屠戮 (lòu)：屠杀。⑩浸渍 (zì)：浸润，渗透。

A. ①③④⑦　　B. ②⑤⑥⑩　　C. ④⑥⑦⑩　　D. ④⑤⑦⑧

三、①“这是我知道的，凡我所编辑的期刊，大概是因为往往有始无终之故罢，销行一向就甚为寥落，然而在这样的生活艰难中，毅然预定了《莽原》全年的就有她。”②“我也早觉得有写一点东西的必要了……”以上第①②句话之间表面上似乎缺少关联，但实际上有着紧密的内在联系。对这两句话之间联系的理解，最恰当的一项是（　　）

A. 刘和珍是那样敬重鲁迅、崇拜鲁迅，鲁迅感到对她的牺牲不应表示沉默。

B. 刘和珍是一位好青年，她生活艰苦却勤奋好学，鲁迅感到对她的牺牲不应表示沉默。

C. 刘和珍是个青年，又十分崇拜鲁迅，因此鲁迅感到不为她写点什么简直对不起她。

D. 像刘和珍这样坚决而热切地追求进步、追求真理的好青年竟被反动军阀残酷杀害，鲁迅先生感到有责任立即拿起笔来悼念烈士，声讨反动派。

四、阅读文段“我已经说过，我向来是不惮以最坏的恶意来推测中国人的……意义就在此罢。”“中国人”是指哪一些人？下面各句理解恰当的一项是（　　）

A. 指全体中国人，尤其是那些落后冷漠的中国人。

B. 指凶残、下劣的反动派，也包括落后冷漠的一般中国人。

C. 指凶残、下劣的反动派、“当局者”“流言家”。

D. 指与爱国青年为敌的反动派，以及那些“流言家”。

五、阅读文段“她的姓名第一次为我所见……那一次就是永别了”回答问题。

1. 划分层次正确的一项是（　　）

A. ①② / ③④⑤⑥ / ⑦⑧⑨　　B. ①② / ③④⑤ / ⑥ / ⑦⑧⑨

C. ①② / ③ / ④⑤⑥ / ⑦⑧⑨　　D. ①② / ③④⑤⑥ / ⑦⑧ / ⑨

2. 这段文字材料是按什么顺序组织的？理解恰当的一项是（　　）

A. 按时间顺序：夏初、后来……之后……的时候。

B. 按地点顺序：学校、强拖出校、赁屋授课。

C. 按交往顺序：我不认识、见面的回数多了、此后似乎就不相见、那一次就是永别了。

D. 按逻辑顺序：从虚到实、虚实结合。

3. 文段反复叙说刘和珍“始终微笑着，态度很温和”，对其在文中的作用，说明正确的一项是（　　）

A. 着意表现刘和珍的善良性格和乐观精神。

B. 着意说明刘和珍并不是流言家污蔑的那类人。

C. 着意去反衬反动派的凶残和反动文人的卑劣。

D. 着意表现刘和珍的善良，以引起普遍的共鸣。

六、读读记记。

1. 唯有民魂是值得宝贵的，唯有他发扬起来，中国才有真进步。

——【中国】鲁迅

2. 人民不仅有权爱国，而且爱国是个义务，是一种光荣。　——【中国】徐特立

22 横渠四句[1]

冯友兰

·课文导读·

一些人谈到历史责任、社会责任时，经常引用宋代哲学家张载的四句话，冯友兰先生称之为“横渠四句”，本文即是对这四句话进行阐释的议论文。

学习本文，首先要理解“横渠四句”的基本内容，感知领会其中蕴含的基本精神，然后分析文章、探究情理，看看作者作出了什么样的阐释与概括，最后又怎样结合儒家的标准深化了文章的主旨。阅读时，要从文章提出问题、分析问题、总结问题的结构入手，抓住重点语句进行分析，把自己的感受与作者的哲学分析有机结合，从一定高度对文章作整体领会。然后想一想：新的历史时期，当代青年应承担什么历史责任？社会责任应该在哪些地方体现出来？

张载的四句话，我称之为“横渠四句”。

“为天地立心，为生民立命，为往圣继绝学，为万世开太平”[2]这四句话，简明地说出了人的特点，人之所以为人，即“人之所以异于禽兽者”。这四

① 选自《中国哲学史新编》（广东人民出版社1999年版），有改动。标题为作者所加。横渠，即张载（1020—1077），字子厚，凤翔郿(méi)县（今陕西宝鸡市眉县）人，北宋哲学家，时人称之为横渠先生。冯友兰（1895—1990），字芝生，河南唐河人，现当代著名的科学家、哲学史家、教育家。著有《中国哲学史》《中国哲学简史》《中国哲学史新编》等。

② 【为天地立心，为生民立命，为往圣继绝学，为万世开太平】《张载集》（中华书局1978年版）所收《张子语录》作“为天地立志，为生民立道，为去圣继绝学，为万世开太平”。这里的文字出自南宋朱熹编《近思录》。

句中的那四个“为”字的主词，可能是张载本人，也可能是哲学家，也可能是哲学。无论如何，从一般人的观点看，第一句“为天地立心”很费解。其实，并不费解。宋朝有一个无名诗人，在客店的墙上题了两句诗：“天不生仲尼，万古长如夜。”这是以孔子为人类的代表。他应当说：“天若不生人，万古长如夜。”在一个没有人的世界中，如月球，虽然也有山河大地，但没有人了解，没有人赏识，这就是“长如夜”。自从人类登上月球，它的山河大地方被了解，被赏识。万古的月球，好像开了一盏明灯，这就不是“长如夜”了。地球和其他星球的情况，也是如此。地球上的山河大地是自然的产物，历史文化则是人的创造。人在创造历史文化的时候，他就为天地“立心”了。人所立之“心”，是宇宙“底”(所有格)心，不是宇宙“的”(形容词)心。

第二句是“为生民立命”。“立命”二字，在儒家经典中，初见于《孟子》。孟子说：“夭寿不二，修身以俟之[①]，所以立命也。”(《尽心上》)儒家所谓“命”，是指人在宇宙间所遭遇的幸或不幸，认为这是人所不能自主的。信宗教的人，于不能自主之中，要求一个“主”。信基督教的人遇见不能自决的事，就祷告“上帝”，求他的“主”帮助他决定。祈祷以后，他自己再作决定。即使这个决定还是以前的决定，他也认为这是他的“主”替他作的决定。儒家指出，不需要这个“主”。人在宇宙间所遇到的幸或不幸，是个人的力量所不能控制的。既然个人不能控制，那就顺其自然，而只做个人所应该做的事。这就是“夭寿不二，修身以俟之”。人的精神境界达到这样的高度，宗教对于他就失去作用了。蔡元培提倡以美育代宗教，其实，真能代替宗教的是哲学。

第三、四句都是“人之所以异于禽兽者”[②]的事。对于禽兽，只有现在，

---

① 【夭寿不二，修身以俟(sì)之】语出《孟子·尽心上》，意即不论夭折和长寿都不改变态度，只是修身养性等待天命。俟，等待。

② 【人之所以异于禽兽者】语出《孟子·离娄下》，孟子曰：“人之所以异于禽兽者几希，庶民去之。”孟子说：“人和禽兽的差异就那么一点儿(即仁义)，普通人抛弃它，君子保存它。”几希，多么少。

没有过去，也没有将来，也无所谓“为往圣继绝学，为万世开太平”。

最合于“人之所以为人”的标准的人，儒家称为“圣人”。儒家认为，圣人最宜于做社会最高统治者，因为他是廓然大公。柏拉图认为，在他的理想社会中，最合适的统治者是哲学家，即把哲学与政治实践结合起来的所谓“哲学王”。儒家也认为，有圣人之德者，才宜于居最高统治者之位，这就是所谓“圣王”。《庄子·天下》认为，最高的学问是“内圣外王[1]之道”，用我们现在的话说，就是哲学。

在中国封建社会里，封建统治者利用这个传统的说法欺骗人民。照他们的解释，不是圣人最宜于为王，而是为王者必定是圣人。所以在中国封建社会中，有关统治者的事都称为“圣”。皇帝的名字称为“圣讳”，皇帝的命令称为“圣旨”，甚至于皇帝的身体也称为“圣躬”。

欺骗终究是欺骗，没有人信以为真。在中国哲学史中，从孟子起，就把政治分为两种：一种名为“王”，一种名为“霸”。王者“以德服人”，霸者“以力服人”。中国的历代王朝都是用武力征服来建立和维持其统治的，这些都是霸。至于以德服人的，则还没有。宋明以来，道学和反道学的“王霸之辨”，其根本的分歧就在于此。

照我的了解，圣人之所以为圣，全在于他的最高精神境界。

中国哲学的传统认为最宜于为王的人是圣人，因为有圣人之德的人是大公无私的。程颢[2] 说：“天地之常，以其心普万物而无心；圣人之常，以其情顺万事而无情。”(《答横渠张子厚先生书》,《程氏文集》卷二)大公无私，只有最高精神境界的人才能如此。所以，只有圣人才最宜于为王。这就是“内圣外王”之道的真正意义。

---

① 【内圣外王】指具备圣人的才能，对外施行王道。这是中国古代修身为政的最高理想。

② 【程颢(hào)】字伯淳，河南洛阳人。与其弟程颐(1033—1107)俱为北宋“道学”的创始人，世称“二程”。

练习与思考

一、背诵“横渠四句”，把它翻译成白话文，整体领会“横渠四句”的深刻含义，并用自己的话概括课文主旨。

二、“天不生仲尼，万古长如夜”的含义正确的一项是（　　）

A. 比喻，突出了人类之于大自然的意义，没有人类的大自然在漫长的历史中会黑暗如夜。

B. 夸张，突出了人类之于大自然，没有人类的大自然在漫长的历史中会黑暗。

C. 比拟，突出了人类之于大自然，没有人类的大自然在漫长的历史中会黑暗。

D. 夸张，突出了人类之于大自然的意义，没有人类的大自然在漫长的历史中会黑暗如夜。

三、“人所立之‘心’，是宇宙‘底’（所有格）心，不是宇宙‘的’（形容词）心。”对这句话的含义理解不正确的一项是（　　）

A. 揭示了人与自然的关系。

B. 强调人应认识到在自然中的角色与作用。

C. 以人之心，以人化的眼光来看待、对待天地万物。

D. 指出人应认识到自然在宇宙中的作用。

四、下面对“夭寿不二，修身以俟之，所以立命也”的理解正确的一项是（　　）。

A. 孟子认为，一个人不管是寿是夭，处逆处顺，都应正确面对人生各种结果，这就是立命。

B. 孟子认为，一个人不管是寿是夭，处逆处顺，都应当修持自己的言行以面对人生各种困难，这就是立命。

C. 孟子认为，一个人不管是寿是夭，处逆处顺，都应当修持自己的身心以面对人生各种结果，这就是立命。

D. 孟子认为，一个人不管是寿是夭，处逆处顺，都应当修持自己的行为以面对人生各种困难，这就是立命。

五、下面对“横渠四句”与“内圣外王”的联系分析不正确的一项是（　　）

A.“横渠四句”正好把“内圣外王”较好地贯通起来了。

B.其“为天地立心，为生民立命”，明了宇宙之本体，确定安身立命之道，实为“内圣”之学。

C.“为往圣继绝学，为万世开太平”就是建功立业的问题，是“外王”之学。

D.“横渠四句”正好把“内圣外王”独立分开。

六、儒家的人生理想是“修身齐家治国平天下”。作为当代青年，我们又该如何承担社会责任和公民义务呢？请结合对《横渠四句》一文的理解，谈谈自己的看法。

七、读读记记。

1.天道之常，一阴一阳。阳者，天之德也；阴者，天之刑也。

——【中国】西汉·董仲舒《春秋繁露·阴阳义》

2.君子莫大乎与人为善。　　——【中国】战国·孟子《孟子·公孙丑上》

23 钱学森——中国人的骄傲①

刘敬智

·课文导读·

钱学森是我国杰出的科学家，被称为“中国的导弹之父”。在几十年的科学实践中，他始终把对祖国的热爱和建设强大国家的愿望，作为自己工作的动力，在火箭技术、航天技术和系统工程理论方面作出了卓越的贡献，被江泽民同志誉为“中国人的骄傲”。

文章以钱学森“对祖国执著的爱”为线索，在引言概述了他一生主要成就的基础上，以小标题的形式，分别叙述了他恋国、回国、建功立业等主要事迹。文章对这些事迹的记述，主要采用了大事记的方式，紧紧围绕“中国人的骄傲”这一中心，较为概括地介绍了钱学森在几个重要阶段的杰出成就。因此，文章显得精练、集中，中心更加突出。

阅读本文时，重在学习作者如何在短短的篇幅内通过人物非同寻常的经历来揭示人物的内心世界，刻画人物性格的写法，然后结合自身想一想，当代青年应如何勤奋学习，培养想象力和创造力，为祖国贡献力量。

有这样一位科学家——

50年代，他毅然放弃了国外优厚的工作、生活和学习条件，冲破重重阻力，回到亲爱的祖国。

① 选自《在爱国主义的旗帜下》（中国商业出版社1994年版，周道生主编）。刘敬智（1941—2003），当代作家，《光明日报》高级记者。

随后，他在我国火箭导弹技术、航天技术和系统工程理论方面不断开拓，几十年来作出了重大的贡献。

最近，他接受了国际技术学界的最高奖“小罗克韦尔奖章”，并由此进入“世界级科技与工程名人”之列，在世界的赞誉面前，他说“成绩归于党、归于集体”。

今年8月7日，江泽民总书记、李鹏总理会见了他。江泽民同志把他赢得的荣誉称为“中国人的骄傲”，李鹏同志则称赞在他身上体现了“一个中国知识分子具有的光辉品质”。

钱学森雕像

他，就是我国著名的科学家钱学森。

始终眷恋着自己的祖国

钱学森1911年生于上海，早年曾在北京师大附中和上海交通大学求学。1935年，他考取了庚子赔款公费留学，先是在美国麻省理工学院学习，后又到加利福尼亚州理工学院深造，拜读于美国航天科学创始人之一、著名物理学家冯·卡门门下，三年后获博士学位后留校任教。这期间，他在冯·卡门的影响下，对火箭技术发生了兴趣，参加了加州理工学院古根海姆实验室的火箭研究小组。这个实验室后来成为美国火箭技术的摇篮，钱学森就是在这个摇篮里进行火箭技术研究最早的三名成员之一。

钱学森是冯·卡门教授的得意门生。在卡门的指导下，钱学森写出了有关高速空气动力学方面的博士论文。1943年，美国军方经过慎重的选择之后，委托钱学森同马利纳合作，研究用火箭发动机推进导弹这一重大的军事课题。

第二次世界大战结束时，美国空军高度赞扬钱学森为战争的胜利作出了“巨大的贡献”，“无法估价的贡献”。美国专栏作家密尔顿·维奥斯特认为，钱学森已是“制定使美国空军从螺旋桨式向喷气式飞机过渡，并最后向遨游太空无人航天器过渡的长远规划的关键人物”，“是帮助美国成为世界第一流军事强国的科学家银河中一颗明亮的星”。

1947年，经冯·卡门推荐，钱学森成了加州理工学院最年轻的终身教授。自1949年下半年开始，他肩负起该学院“古根海姆喷气推进研究中心”主任的职务，领导研究生的研究和教学工作。那时，年仅37岁的钱学森，已被世界公认为是力学界和应用数学界的权威和流体力学研究的开路人之一，是卓越的空气动力学家、现代航空科学与火箭技术先驱、工程控制论的创始人。

从1935年到1955年，钱学森在美国整整呆了20年。这20年间，他在学术上取得了辉煌的成就，生活上拥有优厚的待遇。然而，他始终眷恋着生他养他的祖国。他在写给自己父亲的信中，不止一次地发出“旅客生涯作到何时”的感叹！他告诉他的父亲，他还不止一次梦见上海，梦见那所伴他度过童年时代的房子。

为回国而斗争

1949年10月1日，新中国诞生了。钱学森兴奋极了。就在那年的中秋节（新中国诞生的第六天）钱学森夫妇心中萌发起一个强烈的念头：回到祖国去，为新生的祖国贡献自己的智慧和力量。

1950年7月，已经下定决心返回祖国的钱学森，会见了主管研究工作的美国海军次长，告诉他准备立即动身回国。这位次长大为震惊，他认为，“钱学森无论在哪里都能抵得上五个师”。他说：“我宁肯枪毙他，也不能放他回中国。”

1950年8月，钱学森买好了机票，准备搭乘加拿大太平洋公司的飞机离开美国。9月中旬，他辞去了美国洛杉矶加利福尼亚理工学院超音速实验室主任和这个学院“古根海姆喷气推进研究中心”负责人的职务。与此同时，他已将许多科学书籍和自己的研究工作笔记装好箱，交给美国搬运公司启运回国。

就在这时，他突然接到美国移民局的通知，勒令他不准离开美国，并以判刑与罚款加以恐吓！移民局还搜查并扣压了他的全部科学书籍和笔记本，污蔑他企图运送机密的科学文件回国。

那时，中美在朝鲜战场正处于交战的敌对状态。美国又正盛行法西斯式的麦卡锡主义[①]。钱学森的回国决心触怒了美国当局。1950年9月9日，钱学森突然被联邦调查局非法逮捕，送到特米那岛上的一个拘留所关押了15天。15天的折磨，使他的体重下降了30磅。

加州理工学院的许多师生和当时远在欧洲的冯·卡门等教授闻讯后，立即向美国移民局提出了强烈抗议，又募集了15000美元保释金，才将钱学森从特米那岛的拘留所营救出来。

然而，事情并没有完。美国移民局非法限制钱学森的自由，要他每月到移民局报到一次，并且不准他离开所在的洛杉矶。联邦调查局的特工一直监视他，时常闯入他的研究室和住宅捣乱。他的信件和电话也都受到了检查。

为了减少朋友们的麻烦，整整5年的时间内，钱学森经常处在与世隔绝的境地。但是，这种变相软禁的生活并没有磨掉钱学森夫妇返回祖国的意志。他的夫人蒋英回忆说："那几年，我们总是摆好三只轻便的小箱子，天天准备随时可以搭飞机动身回国。"

为了回国的方便，他们租住的房子都只签订一年合同。5年中他们竟搬了5次家。那时候，他的7岁男孩和5岁女孩也都知道，离美国远远的地方——中国，有他们的祖父和外祖母在想念着他们。

1955年6月，饱受折磨的钱学森为了早日回到祖国，写信给人大常委会，

① 【麦卡锡主义】约瑟夫·雷芒德·麦卡锡（1908—1957），生于威斯康星州，美国共和党参议员。1950—1954年间，一度操纵参议院常设调查小组委员会，收集黑名单，进行非法审讯，采取法西斯手段迫害民主和进步力量，有麦卡锡主义之称。

向祖国母亲发出求救的呼声。

周恩来总理对此非常重视，立即指示，速将此信送给中国驻波兰大使王炳南，指示他在中美大使级会谈中，据理力争，设法营救钱学森回国。

在铁的事实面前，美方代表无言以对。不久，美有关方面匆忙通知钱学森可以离美回国。

1955 年 9 月 17 日，经过了长达 5 年多的斗争，钱学森、蒋英和他们的两个孩子，终于乘坐轮船胜利地驶向东方的祖国。

开创我国的导弹卫星事业

钱学森回到祖国，受到了党和政府无微不至的关怀。一种盼望新中国强大的愿望，促使他上书周恩来总理，提出了发展中国导弹技术的规划设想，受到了党和政府的高度重视。

1956 年 4 月，由周恩来总理亲自主持，在解放军总参谋部大楼里，召开了一次不寻常的中央军委会议。会议的中心议题是，由钱学森谈在我国发展导弹技术的规划设想。

那时钱学森刚入不惑之年，看到那么多共和国的最高军事领导人倾听他的意见，他显得十分兴奋和激动。他从总理、元帅和将军们一双双亲切的目光里，体验到一种从未有过的信任。一种神圣的使命感，在他的心中升腾。

1956 年 10 月 8 日，我国第一个导弹研究机构——国防部第五研究院成立。钱学森任院长。

那是白手起家、艰苦创业的年代。除刚刚粉刷过的两个疗养院的一批旧房子外，一无所有。

要搞导弹，首先要有搞导弹的专门技术人才。可是，在五院刚成立时的 300 人中，只有钱学森一个人是火箭专家。有 200 多人是刚分配来的大专院校毕业生，他们不仅从未学习过导弹理论，甚至连一般的科学实践都很缺乏。毫无疑问，要搞中国的导弹，当务之急是培养中国的第一代导弹人才。

钱学森任国防部第五研究院院长时办的第一件事，就是在院内开设导弹研究班，由他亲自授课。此外，他还组织有关专家参加授课，如请空气动力学专家庄逢甘教授讲授《空气动力学》，飞机专家梁守槃教授讲《火箭发动机》，朱正教授讲《制导》等。

这年10月17日，毛泽东主席、周恩来总理批准了聂荣臻元帅提出的我国导弹研究采取“自力更生为主，力争外援和利用资本主义国家已有的科学成果”的方针。钱学森在他为我国火箭、卫星事业发展的几十年奋斗中，坚定不移地贯彻了这一方针。

1960年10月中旬，在钱学森的亲自领导下，我国第一枚国产近程导弹制造成功了。11月5日上午9时，随着指挥所发出的点火命令，火光闪，惊雷吼，国产导弹呼啸着向90公里外的目标飞去。很快，落区传来报告：导弹精确命中目标。

当天下午，在基地的庆祝酒会上，聂荣臻元帅激动地举杯祝酒说：“在祖国的地平线上，飞起了我国自己制造的第一枚导弹！”

有成功，也有失败，1962年3月，我国自行设计的一种中程导弹起飞不久就掉在发射阵地前300米处，把地面炸了一个大坑。

在寻找失败的原因和研究新方案的过程中，钱学森经常深入控制系统第一线，与同志们共同研究，进行指导。经过再次研究设计和精心加工生产，1964年我国自行设计的中程导弹试制出来，并发射成功。这以后，科技人员重新设计了具有更为先进系统的导弹，并于1965年发射成功。也就在这一年，我国原子弹小型化的工作也已完成。听到这一消息后，钱学森对聂帅说，利用改进的中程运载火箭，即可满足运载核弹头的要求。聂帅听后很高兴，表示同意这一意见。

在钱学森的领导下，改进型运载火箭的研制工作紧张地展开，主攻方向是提高火箭的战术技术性能，使射程、精度、使用性能符合实战要求。改进型运载火箭从方案设计到完成试验飞行仅用了 10 个月。

1966 年 10 月 27 日凌晨，改进型中程火箭载着核弹头，向千里之外的沙漠深处飞去，准确命中目标并起爆。

从第一颗原子弹爆炸到第一枚导弹核武器研制成功，美国用了 13 年，我国仅用了两年多的时间。这一成功震惊了世界！从此，在世界上确立起我国是拥有核武器的大国的地位。正因为如此，当成功的喜讯传来的时候，一直坐镇于发射场的聂荣臻元帅和钱学森教授互相拥抱，流下了激动的热泪。

他把荣誉和奖励让给了中青年

《工程控制论》一书出版并获奖了，书上印的名字是钱学森、宋健。这是一本巨著，它的第一版原是钱学森用英文写的，1954 年在美国出版时，曾被美国一些人认为是一本“天书”。然后正是这本“天书”，开创了工程控制论这门新的技术科学，被公认为是奠基性的权威著作。1980 年，一位访华的美国哈佛大学教授说：“钱学森的科学思想远远走在了时代的前面。”

1982 年 2 月，当全国优秀科技图书发奖大会在北京举行的时候，走上领奖台的《工程控制论》作者只有当时任中国自动化学会理事长的中年科学家宋健。主席台上钱学森的座位一直空着，他没有来。

他为什么没来领奖？对此，宋健满怀深情地说：“他把荣誉和奖励让给了我们这些中青年，他希望有更多的中青年人走上领奖台。”

钱学森不只是谦虚，他的一贯想法是老年人要帮助中青科学家成长得再快一些。1960 年，宋健留学回国不久，钱学森很快发现了他的才华。1962 年他委托宋健修订《工程控制论》原书。那时的宋健 30 刚出头。

在钱学森的亲自指导下，修订稿完成了，但那已是十年动乱的初期，出版已几乎不可能，他们只好将原稿妥善地保存起来。

1978 年，出版社提出重新出版这本书。在钱学森的主持下，宋健等人又开始了新的工作，书稿也从原来的 30 万字扩充到 130 万字。为此，宋健付出了艰巨的劳动，用去了全部业余时间。

新书出版时，钱学森把宋健和参加写作的于景元、唐志强找去，商议署名的问题。钱学森说："一是这本书不应署我的名，我没做什么工作。二是应署宋健同志主编，打破中国传统的讲资历、等级的习惯，在这方面，我们要学习周总理。"

宋健、于景元等都不同意钱学森的意见，他们说："作为学生，帮助老科学家做些工作是我们的责任。工作做得多一点是应该的。更何况钱老是这门科学的奠基人，也是这次新版的奠基者。"钱学森依然坚持不同意署自己的名字，他说，充其量署原著钱学森。最后，是出版社拍板定案，署名是钱学森、宋健。对此，钱学森在为该书写的一篇长序中，再一次重复说："他们，尤其是宋健同志，带头组织并亲自写作定稿，完成了工作量的绝大部分，是新版的创造者。有他们这一代人，使我更感到实现四个现代化有了保障。对这一新版，我是没有做什么工作的……"

其实，事实恰好相反。宋健说，在修订过程中，修订版从方案到增补的内容，都是在钱老的指导下进行的，每一章节，他都仔细审阅，直到在清样上还作了一些修改。

这就是钱学森的为人。他不仅是一位善于发现和培养人才的伯乐，他还时时刻刻以自己的言行，为广大科学工作者树立了一个高尚的科研道德典范。

不倦的追求

钱学森教授是一位在科学的追求上永无止境的科学家。50年代后期和70年代初，他总结了我国导弹武器和航天器系统的研制经验，提出了系统工程理论，并将这一理论应用到运筹和社会经济问题，推动了作战模拟技术和社会经济工程在我国的发展。

随着时光的流逝，钱学森已进入古稀之年，但他的科学研究却越发活跃起来，他支持人体科学的研究，主张建立人体科学体系。他还把思维的触角伸向社会科学和文学艺术领域。多年来，他不止一次地呼吁社会科学、文学艺术与自然科学的结合。他提出了技术美学新观念，甚至主张将系统工程理论和方法用于美学、文艺学和社会主义文化建设。他说：“我们应当创立一门新的社会科学，即社会主义文化学。文化建设需要总体的科学指导思想，需要统筹管理，才能搞得更好。”

夕阳无限好，晚霞别样红。1986 年 6 月，在中国科协第三次全国代表大会上，钱学森同志光荣地当选为中国科协主席。这个结果一公布，记者们便涌上前去，祝贺钱老。他坦率而谦虚地说，“我就是那么一个人。回到祖国后，领导要我搞科学的组织工作，做得还不够。现在担任了领导职务，只能虚心地学，向同志们请教，做好这项工作。”钱老的高风亮节在我国科学界已传为佳话。

练习与思考

一、人们都赞誉钱学森是“中国人的骄傲”，钱学森的哪些地方值得中国人骄傲？请结合课文谈谈你的理解。

二、文中写道：“从第一颗原子弹爆炸到第一枚导弹核武器研制成功，美国用了 13 年，我国仅用了两年多的时间。这一成功震惊了世界！”结合课文说说中国导弹卫星事业为什么发展得如此之快。

三、把你所知道的科学家的事迹说给同学们听。

四、读读记记。

1. 我愿用我全部的生命从事科学研究，来贡献给生育我、栽培我的祖国和人民。

——【俄国】巴甫洛夫

2. 锦城虽乐，不如回故乡；乐园虽好，非久留之地。归去来兮。

——【中国】华罗庚

24 公德[1]

冯骥才

·课文导读·

什么是公德？本文作者运用对比的手法，通过其在欧美国家的一些见闻，叙议结合地表达了自己的见解，并指出公德与教育、环境的关系，引人深思。

文章举例生动，以小见大，将抽象的道理讲得浅显易懂，阅读时应结合现实进行思考：哪些行为是有公德的行为？怎样做一个有公德的人？

在汉堡[2]定居的一个中国人，对我讲了他的一次亲身感受——

他刚到汉堡时，随着几个德国青年驾车到郊外游玩。他在车里吃香蕉，看车窗外没人，就顺手把香蕉皮扔了出去。驾车的德国青年马上“吱”地来了个急刹车，下去拾起香蕉皮塞进一个废纸兜里，放进车中，对他说：“这样别人会滑倒的。”这件事给他印象很深，从此再不敢随便乱丢废物。

在欧美国家的快餐店里，有个不成文的规矩，吃完东西要把用过的纸盘纸杯吸管扔进店内设置的大塑料箱内，以保持环境的整洁。为了使别人舒适，不妨碍影响别人，这叫公德。

在美国碰到过两件小事，我记得非常深。

---

① 选自《中华活页文选（初二年级）》2013年第1期，有改动。冯骥才（1942— ），天津人，当代著名作家、民俗文化学者。有《挑山工》《珍珠鸟》《刷子李》等多篇文章被选入中小学语文教材。

② 【汉堡】德国的港口城市。

一次是在华盛顿[①]艺术博物馆前的开阔地上，一个穿大衣的男人猫腰在地上拾废纸。当风吹起一块废纸时，他就像捉蝴蝶一样跟着跑，抓住后放进垃圾桶内，直到把地上的乱纸拾尽，拍拍手上的土，走了。这人是谁，不知道。大概他看不惯这些废纸满地，就这样做了。

另一次在芝加哥[②]的音乐厅。休息室的一角是可以抽烟的，摆着几个脸盆大小的落地式烟缸，里面全是银色的细砂，为了不叫里边的烟灰显出来难看，但大烟缸里没有一个烟蒂。柔和的银砂很柔美。我用手一拂，几个烟蒂被指尖勾起来。原来人们都把烟蒂埋在下面，为了怕看上去杂乱。值得深思的是，没有一个人不这样做。

有人说，美国人的文化很浅，但教育很好。我十分赞同这见解。教育好，可以使文化浅的国家的人文明；教育不好，却能使文化古老的国家的人文明程度低，素质很差。教育中的“德”，一个重要成分是公德。公德的根本是重视他人的存在。

我坐在布鲁塞尔[③]一家旅店的大厅内等候一个朋友。我点着烟，看到对面一个人面前放个烟碟，就伸手拉过来。不一会儿那人起身伸长胳膊往我面前的烟碟里磕烟灰，我才知道他也正在抽烟，赶紧把烟碟推过去。他很高兴，马上谢谢我，并和我极友好地谈起天来。我想当我把烟碟拉过来时，他为什么不粗声粗气地说：“哎，你没看见我正在抽烟！”

美好的环境培养着人们的公德，比如清洁的新加坡，有随地吐痰恶习的人也不会张口把一口黏痰吐在光洁如新的地面上。相反，混乱肮脏的环境败坏人们的公德，比如纽约地铁的墙壁和车厢内外到处胡涂乱抹，污秽不堪，人们的烟头废纸也就随手抛了。

---

① 【华盛顿】美国的首都。

② 【芝加哥】美国中西部城市。

③ 【布鲁塞尔】比利时的首都。

好的招致好的，坏的传染坏的，善的感染善的，恶的刺激恶的，世上万事皆同此理。

练习与思考

一、结尾一段不禁让我们联想到一句古语：________________。

二、课文将新加坡和纽约地铁对比，意在揭示____________的道理。

三、说说下列句子中加点词语的表达效果。

1. 驾车的德国青年马上“吱”地来了个急刹车，下车拾起香蕉皮塞进一个废纸兜里，放进车中，对他说：“这样别人会滑倒的。”

2. 当风吹起一块废纸时，他就像捉蝴蝶一样跟着跑，抓住后放进垃圾桶内，直到把地上的乱纸拾尽，拍拍手上的土，走了。

四、你认为课文第⑧段中的“我”是有公德的吗？为什么？

五、根据课文内容回答：何为公德？我们应该如何培养公德？

六、读读记记。

1. 服民以道德，渐民以教化。——【中国】宋·欧阳修《三皇设言民不违论》

2. 涵养、致知、力行三者，便是以涵养为首，致知次之，力行又次之。

——【中国】宋·朱熹《朱子语录》

25 报任安书（节选）[1]

司马迁

·课文导读·

此文是司马迁给朋友任安的一封复信。司马迁因李陵之祸被捕下狱，惨遭宫刑，出狱后，任中书令。表面上看，这是宫中的机要职务，实际上却是以一个宦者的身份在内廷侍候，为一般士大夫所鄙视。在这期间，任安写信给他，希望他利用中书令的地位“推贤进士”。出于以往的沉痛教训和对黑暗现实的深刻认识，司马迁觉得实在难以按任安的话去做，所以一直没有复信。后来，任安以重罪入狱，司马迁担心任安一旦被处死，就会永远失去给他回信的机会，使他抱憾终生，同时自己也无法向老朋友一抒胸中的积愤，于是写下了这篇《报任安书》。

司马迁以激愤的心情，陈述了自己的不幸遭遇，抒发了内心的痛苦，说明因为《史记》未完，他决心放下个人得失，相比“死节”之士，体现出一种进步的生死观。行文大量运用典故，用排比的句式一气呵成，对偶、引用、夸张的修辞手法穿插其中，气势宏伟。这篇文章对后世了解司马迁的生活，理解他的思想具有不可替代的作用。学习本文，要在掌握文言文知识的基础上，体会课文叙事、说理、抒情熔于一炉的写法，感受司马迁逆境中发愤的高尚

---

① 选自《古文观止注评》（凤凰出版社 2015 年版）。司马迁（前 145—前 87），字子长，司马谈之子，左冯诩夏阳(今陕西韩城)人，西汉时期的史学家、文学家、思想家，被后世尊称为“太史公”。其代表作《史记》被鲁迅先生誉为“史家之绝唱，无韵之离骚”，列为前“四史”之首，与《资治通鉴》并称为“史学双璧”。报，答。任安，字少卿，荥阳人，曾任益州刺史、北军使者护军。

人格和他的生死观。

太史公牛马走[①]司马迁再拜言，少卿足下：

曩[②]者辱赐书，教以慎于接物，推贤进士为务[③]，意气勤勤恳恳，若望仆不相师，而用流俗人之言[④]。仆非敢如此也……请略陈固陋。阙然久不报，幸勿为过！

……

司马迁雕像

仆之先，非有剖符丹书之功[⑤]，文史星历[⑥]，近乎卜祝[⑦]之间，固主上所戏弄，倡优所畜[⑧]，流俗之所轻也。假令仆伏法受诛，若九牛亡一毛，与蝼蚁何以异？而世俗又不能与死节者次比[⑨]，特以为智穷罪极，不以自免，卒就死耳。何也？素所自树立[⑩]使然也。人固有一死，死或重于泰山，或轻于鸿毛，用之

① 【太史公牛马走】太史公，官名，即太史令。牛马走，谦词，像牛马般被驱使的仆人。走，义同“仆”。

② 【曩(nǎng)】从前。

③ 【为务】作为应当做的事。

④ 【若望仆不相师，而用流俗人之言】好像怨我不效法你的话，而遵行世俗之人的话。望，怨。

⑤ 【剖符丹书之功】剖符，把竹做的契约一剖为二，君臣各执其一，上面写着同样的誓词，说永远不改变立功大臣的爵位。丹书，把誓词用丹砂写在铁制的契券上。凡持有剖符、丹书的大臣，其子孙犯罪可获赦免。

⑥ 【文史星历】史籍和天文历法，都属太史令掌管。

⑦ 【卜祝】卜，卜官。祝，祭祀时赞辞的人。

⑧ 【倡优所畜】像优伶一样养育着我。倡，乐人。优，戏人。在封建社会倡优被视为所谓下等人。畜，通“蓄”。

⑨ 【比】同等看待，相提并论。

⑩ 【所自树立】自己用来立身于世的，也就是自己的职业和地位。

所趋异也[①]。太上，不辱先；其次，不辱身；其次，不辱理色[②]；其次，不辱辞令；其次，诎[③]体受辱；其次，易服[④]受辱；其次，关木索[⑤]、被箠楚[⑥]受辱；其次，剔毛发、婴金铁[⑦]受辱；其次，毁肌肤、断肢体受辱；最下，腐刑[⑧]极矣。传曰："刑不上大夫。"[⑨]此言士节不可不勉励也。猛虎在深山，百兽震恐，及其在槛阱[⑩]之中，摇尾而求食，积威约之渐也。故士有画地为牢，势不可入；削木为吏，议不可对。定计于鲜[⑪]也。今交手足，受木索，暴肌肤，受榜箠[⑫]，幽于圜墙之中。当此之时，见狱吏则头抢地，视徒隶则心惕息[⑬]。何者？积威约之势也。及以至是，言不辱者，所谓强颜耳，曷足贵乎！且西伯，伯也[⑭]，拘于牖里[⑮]；李斯[⑯]，相也，具于五刑[⑰]；淮阴[⑱]，王

---

① 【用之所趋异也】应用死节的地方不同。趋，向。

② 【理色】理，腠理。色，脸上的气色。"理色"在这里泛指脸面。

③ 【诎】通"屈"。

④ 【易服】换上罪犯的服装。古代罪犯穿赭（深红）色的衣服。

⑤ 【木索】木枷和绳索。

⑥ 【箠楚】箠，杖。楚，荆条。"箠楚"都是当时用来打犯人的。

⑦ 【剔毛发、婴金铁】剔，通"剃"。剔毛发，把头发剃光，即髡(kūn)刑。婴，环绕。婴金铁，颈上带着铁链服苦役，即钳刑。

⑧ 【腐刑】即宫刑。

⑨ 【刑不上大夫】语见《礼记·曲礼上》。

⑩ 【槛阱】槛，关兽的笼子。阱，捕兽的陷坑。

⑪ 【鲜】态度鲜明。即自杀，以示不受辱。

⑫ 【榜箠】榜，鞭打。箠，竹棒。此处用作动词。

⑬ 【惕息】胆战心惊。

⑭ 【西伯，伯也】西伯，即周文王，为西方诸侯之长。伯也，伯通"霸"。

⑮ 【牖(yǒu)里】在今河南汤阴县。文王曾被殷纣王囚禁于此。一作"羑里"。

⑯ 【李斯】秦始皇时任为丞相，后因秦二世听信赵高谗言，被受五刑，腰斩于咸阳。

⑰ 【五刑】秦汉时五种刑罚，见《汉书·刑法志》："当三族者，皆先黥劓，斩左右趾，笞杀之，枭其首，菹其骨肉于市。"

⑱ 【淮阴】指淮阴侯韩信。

也，受械于陈[①]；彭越[②]、张敖[③]，南乡称孤，系狱抵罪；绛侯诛诸吕[④]，权倾五伯[⑤]，囚于请室[⑥]；魏其，大将也，衣赭衣、关三木[⑦]；季布为朱家钳奴[⑧]；灌夫受辱于居室[⑨]。此人皆身至王侯将相，声闻邻国，及罪至罔[⑩]加，不能引决自裁，在尘埃之中。古今一体，安在其不辱也？由此言之：勇怯，势也；强弱，形也。审矣，何足怪乎？且人不能蚤自裁绳墨之外，以稍陵迟，至于鞭箠之间，乃欲引节，斯不亦远乎？古人所以重施刑于大夫者，殆为此也。

夫人情莫不贪生恶死，念父母，顾妻子，至激于义理者不然，乃有所不得已也。今仆不幸，蚤失父母，无兄弟之亲，独身孤立。少卿视仆于妻子何如哉？且勇者不必死节，怯夫慕义，何处不勉焉？仆虽怯懦，欲苟活，亦颇识去就之分矣，何至自沉溺累绁[⑪]之辱哉？且夫臧获[⑫]婢妾，犹能引决[⑬]，况仆之不得已乎？所以隐忍苟活，幽于粪土之中而不辞者，恨私心有所不尽，

---

① 【受械于陈】汉立，淮阴侯韩信被刘邦封为楚王，都下邳（今江苏邳县）。后高祖疑其谋反，用陈平之计，在陈（楚地）逮捕了他。械，拘禁手足的木制刑具。

② 【彭越】汉高祖的功臣。

③ 【张敖】汉高祖功臣张耳的儿子，袭父爵为赵王。彭越和张敖都因被人诬告称孤谋反，下狱定罪。

④ 【绛侯诛诸吕】绛侯，汉初功臣周勃，封绛侯。惠帝和吕后死后，吕后家族中吕产、吕禄等人谋夺汉室，周勃和陈平一起定计诛诸吕，迎立刘邦中子刘恒为文帝。

⑤ 【五伯】即“五霸”。

⑥ 【请室】大臣犯罪等待判决的地方。周勃后被人诬告谋反，囚于狱中。

⑦ 【魏其，大将也，衣赭衣、关三木】魏其，大将军窦婴，汉景帝时被封为魏其侯。武帝时，营救灌夫，被人诬告，下狱判处死罪。赭衣，罪人之服。三木，头枷、手铐、脚镣。

⑧ 【季布为朱家钳奴】季布，楚霸王项羽的大将，曾多次打击刘邦。项羽败死，刘邦出重金缉捕季布。季布改名换姓，受髡刑和钳刑，卖身给鲁人朱家为奴。

⑨ 【灌夫受辱于居室】灌夫，汉景帝时为中郎将，武帝时官太仆。因得罪了丞相田蚡，被囚于居室，后受诛。居室，少府所属的官署。

⑩ 【罔】，通“网”，法网。

⑪ 【累绁（lěixiè）】捆绑犯人的绳子，引申为捆绑、牢狱。

⑫ 【臧获】古人骂奴婢的贱称。奴曰臧，婢曰获。

⑬ 【引决】承上文引决自裁，含有自裁意。

鄙陋没世而文采不表于后世也。

古者富贵而名摩灭，不可胜记，唯俶傥[①]非常之人称焉。盖文王拘，而演《周易》[②]；仲尼厄，而作《春秋》[③]；屈原放逐，乃赋《离骚》[④]；左丘失明，厥有《国语》[⑤]；孙子膑脚，《兵法》修列[⑥]；不韦迁蜀，世传《吕览》[⑦]；韩非囚秦，《说难》《孤愤》[⑧]；《诗》三百篇[⑨]，大氐贤圣发愤之所为作也。此人皆意有所郁结，不得通其道，故述往事，思来者。乃如左丘无目，孙子断足，终不可用，退而论书策，以舒其愤，思垂空文以自见。

仆窃不逊，近自托于无能之辞，网罗天下放失[⑩]旧闻，略考其事，综其终始，稽其成败兴坏之理[⑪]。上计轩辕，下至于兹，为十表、本纪十二、书八章、世家三十、列传七十，凡百三十篇。亦欲以究天人之际，通古今之变，成一家之言。草创未就，会遭此祸，惜其不成，是以就极刑而无愠[⑫]色。仆诚已著此书，藏之名山，传之其人，通邑大都，则仆偿前辱之责，虽万被戮，岂

---

① 【俶(tì)傥(tǎng)】同“倜傥”，卓越，特出。

② 【文王拘，而演《周易》】传说周文王被殷纣王拘禁在牖里时，把古代的八卦推演为六十四卦，成为《周易》的骨干。

③ 【仲尼厄，而作《春秋》】孔丘字仲尼，周游列国宣传儒道，在陈地和蔡地受到围攻和绝粮之苦，返回鲁国作《春秋》一书。

④ 【屈原放逐，乃赋《离骚》】屈原曾两次被楚王放逐，幽愤而作《离骚》。

⑤ 【左丘失明，厥有《国语》】左丘，春秋时鲁国史官左丘明。《国语》，史书，相传为左丘明撰著。

⑥ 【孙子膑脚，《兵法》修列】孙子，春秋战国时著名军事家孙膑。膑脚，孙膑曾与庞涓一起从鬼谷子习兵法。后庞涓为魏惠王将军，骗膑入魏，割去了他的膑骨（膝盖骨）。孙膑有《孙膑兵法》传世。

⑦ 【不韦迁蜀，世传《吕览》】不韦，吕不韦，战国末年大商人，秦初为相国。曾命门客著《吕氏春秋》（一名《吕览》）。始皇十年，令吕不韦举家迁蜀，吕不韦自杀。

⑧ 【韩非囚秦，《说难》《孤愤》】韩非，战国后期韩国公子，曾从荀卿学，入秦被李斯所谗，下狱死。著有《韩非子》，《说难》《孤愤》是其中的两篇。

⑨ 【《诗》三百篇】今本《诗经》共有三百零五篇，此举其整数。

⑩ 【放失】放，散。失，读为“佚”。

⑪ 【稽其成败兴坏之理】稽，考察。理，道理、规律。

⑫ 【愠（yùn）】怒。

有悔哉！然此可为智者道，难为俗人言也！

且负下未易居[①]，下流[②]多谤议，仆以口语遇遭此祸，重为乡党所戮笑，以污辱先人，亦何面目复上父母之丘墓乎？虽累百世，垢弥甚耳！是以肠一日而九回[③]，居则忽忽若有所亡，出则不知其所往。每念斯耻，汗未尝不发背沾衣也！身直为闺阁之臣[④]，宁得自引深藏岩穴邪？故且从俗浮沉，与时俯仰，以通其狂惑。今少卿乃教以推贤进士，无乃与仆私心剌谬乎！今虽欲自雕琢，曼[⑤]辞以自饰，无益，于俗不信，适足取辱耳。要之[⑥]死日，然后是非乃定。书不能悉意，略陈固陋。谨再拜。

练习与思考

一、下列加点字的注音全都正确的一组是（　　）

A. 魏其（jī），大将也，衣（yī）赭（zhě）衣、关三木。

B. 暴（bào）肌肤，受榜箠（chuí），幽于圜（yuán）墙之中。

C. 何至自沉溺（nì）累（léi）绁（xiè）之辱哉？

D. 无乃与仆（pū）私心剌（là）谬（miù）乎？

---

① 【负下未易居】负下，负罪之下，就是在背过负罪的情况下面。未易居，不容易处。

② 【下流】水的下游，这里比喻卑贱的身份与受辱的处境。

③ 【九回】九转。形容痛苦之极。

④ 【闺阁之臣】指宦官。闺、阁都是宫中小门，指皇帝深密的内廷。

⑤ 【曼】美。

⑥ 【要之】总之。

二、下列句中全部含有通假字的一项是（　　）

①剔毛发、婴金铁受辱②不能自免，卒就死耳③网罗天下放失旧闻④当此之时，见狱吏则头抢地⑤则仆偿前辱之责⑥古者富贵而名摩灭⑦居则忽忽若有所亡⑧大氐贤圣发愤之所为作也

A. ①②④⑧　　B. ②④⑥⑧　　C. ①③⑤⑦　　D. ③④⑤⑥

三、下列加点词的古今义都相同的一项是（　　）

A. 意气勤勤恳恳　　B. 唯倜傥非常之人称焉

C. 且负下未易居，下流多谤议　　D. 仆以口语遇遭此祸

四、古人在对话或交流中，常使用尊称或谦称，以表示礼貌或谦虚，下列句子中加点的词与其他不同的一项是（　　）

A. 太史公牛马走司马迁再拜言　　B. 少卿足下

C. 仆非敢如此也　　D. 臣虽下愚，知其不可

五、读读记记。

1. 貌言华也，至言实也，苦言药也，甘言疾也。　　——【中国】汉·司马迁

2. 修身者，智之府也；爱施者，仁之端也；取予者，义之符也；耻辱者，勇之决也。

——【中国】汉·司马迁

综合实践活动：辩论赛

活动目标：

1. 掌握辩论赛基本流程、能组织并完成一场完整的辩论赛；

2. 灵活运用辩论基本技巧，并能将之内化为思维模式，运用到工作、生活当中。

活动准备：

了解辩论的基础知识。

一、什么是辩论

辩论，也称论辩，是说话的双方对同一问题持有相互排斥、互不相容的观点，为证明己方观点的正确、反驳对方的观点而进行的双向语言活动。

辩论古已有之，在文史记载中我们可以看到很多论辩实例。较为著名的有庄子和惠子的“鱼之乐”之辩，公孙龙的“白马非马”“离坚白”的诡辩，朱熹、陆九渊在鹅湖会上对“理学”和“心学”的争论，而最为大众熟知的当属《三国演义》中经典片段“诸葛亮舌战群儒”。辩论在历史的发展进程中起到过非常重要的作用，《战国策》有云：“三寸之舌，强于百万雄兵；一人之辩，重于九鼎之宝。”

而在今天，辩论已经发展成为一种综合能力的竞赛，参赛人员在组委会的组织下，在主席（主持人）的引导下，在约定好的场地就事先抽签选定的辩题遵循一定规则进行辩论，最后由评委判定竞赛的胜负，这也就是我们通常所说的辩论赛。（在这里必须要说明的是，法庭辩论、议会辩论都是广义辩论的一种，出于实用性需要，我们仅对一般辩论赛进行讲解。）

二、辩论的注意事项

在学习辩论的基本规则和技巧之前，我们必须要明确以下两点：

1. 辩论是说理，不是争吵，要避免情绪化。辩论是通过理性的立论和辩驳来说服对手、观众和评委，辩论的第一要义是说服而非冲突。辩论是对己方所抽取的辩题的论证，在辩论过程中要尊重对手的人格，不能进行人身攻击。

2. 辩论讲求一定的语言技巧，但语言技巧不是辩论的全部要求。辩论是选手综合素质的较量，这其中固然包含了技巧素质，但若没有丰富的知识、没有思辨能力，任何技巧都是空谈。所以，我们要注意日常学习中知识的吸纳、批判性思维的培养，不能仅依靠临阵磨枪。

活动基本流程及注意事项：

一、人员组成

主席（即主持人，一人）、计时员（一人）、记分员（一人）、评委（三至七人、必须为单数）、辩手（八人，正反双方各四人）。正式比赛要有公证人员。

二、辩论赛流程

1. 主席宣布辩论赛开始，宣布辩题；

2. 主席介绍参赛代表队及所持立场，介绍参赛队员、评委；

3. 辩论比赛；

4. 评委退席评议；

5. 评委入席评析发言；

6. 主席宣布本场获胜队伍及最佳辩手，辩论赛结束。

三、辩论流程

目前，辩论赛并无统一标准流程，以下内容仅供参考，可根据需要进行调整。

<table>
<tr><th>顺序</th><th>程序</th><th>时间</th><th>备注</th></tr>
<tr><td>1</td><td>正方一辩发言</td><td>3 分钟</td><td></td></tr>
<tr><td>2</td><td>反方一辩发言</td><td>3 分钟</td><td></td></tr>
<tr><td>3</td><td>正方二辩选择反方二辩或三辩进行一对一攻辩</td><td>2 分钟</td><td rowspan="4">攻辩阶段，攻方只能提问，时间不超过 15 秒；辩方只能回答，时间不超过 20 秒。每一轮攻辩中途攻辩双方不得换人。</td></tr>
<tr><td>4</td><td>反方二辩选择正方二辩或三辩进行一对一攻辩</td><td>2 分钟</td></tr>
<tr><td>5</td><td>正方三辩选择反方二辩或三辩进行一对一攻辩</td><td>2 分钟</td></tr>
<tr><td>6</td><td>反方三辩选择正方二辩或三辩进行一对一攻辩</td><td>2 分钟</td></tr>
<tr><td>7</td><td>正方一辩进行攻辩小结</td><td>2 分钟</td><td></td></tr>
<tr><td>8</td><td>反方一辩进行攻辩小结</td><td>2 分钟</td><td></td></tr>
<tr><td>9</td><td>自由辩论（正方先开始）</td><td>8 分钟（双方各 4 分钟）</td><td>双方交替发言，先满 4 分钟一方停止发言，另一方继续发言至 4 分钟结束。</td></tr>
<tr><td>10</td><td>反方四辩总结陈词</td><td>3 分钟</td><td></td></tr>
<tr><td>11</td><td>正方四辩总结陈词</td><td>3 分钟</td><td></td></tr>
</table>

四、注意事项

1. 时间提示：辩论赛的每一个计时周期，每方可使用时间剩余 30 秒时，计时员以一次短促的铃声提醒；时间用尽时，以钟声终止发言。终止钟声响起时，发言辩手必须停止发言，否则作违规处理。若辩手还未停止，由主席提醒。

自由辩论时，各队累计耗时计算方法为，一队发言结束即发言队员坐下后，则开始计算另一队用时。

2. 参赛时可以自备卡片、小纸条，但切忌通篇宣读。

3. 比赛中，辩手不得离开座位，不得打扰对方或本方辩手发言，不得人身攻击。如有上述行为，主席应当警告，警告无效时，可取消其参赛资格。

活动评价标准：

一、团体评分标准（满分 100 分）

1. 参赛队伍有团队精神，论辩衔接流畅，整体配合默契。（25 分）

2. 立论准确，观点鲜明，论据充足，分析透彻，论证过程合乎逻辑；结辩总结全面、系统，语言有说服力、逻辑性。（25 分）

3. 攻辩阶段，质询问题合理，回答问题精准，处理问题有技巧；自由辩论阶段，攻防转换有序，把握辩论主动权。（25 分）

4. 语言流畅，语速适中，表达清楚，落落大方，辩论技巧使用得当。（25 分）

备注：

1. 参赛队有突出表现的，可酌情给予适当加分，但累计加分不超过 10 分，加分后总分不超过 100 分。

2. 参赛队如有违反比赛规程、过激语言或行为、不尊重他人等不应有行为的，应给予适当减分。情节特别恶劣者，可取消其参赛资格。

二、个人评分标准（100 分）

1. 语言表达（20 分）

2. 逻辑推理（20 分）

3. 辩驳能力（20 分）

4. 临场反应（20 分）

5. 整体意识（20 分）

备注：个人评分不计入总成绩，只作优秀辩手评选之用。

活动实施技巧：

一、辩论前的准备

1. 搜集并整理资料，明确分工。通常，辩手会在赛前至少一周的时间里拿到辩题并通过抽签决定所持方。在拿到辩题之后我们就可以开始对资料的搜集、整理工作。所搜集的材料要保证准确无误以防造成漏洞，引对手攻击；同时，涉及政策法规、史实、数据等内容最好明确材料出处；资料的搜集务求全面，正反双方可用的材料都要有所涉及。对所搜集材料进行分析整理，将己方材料变成有价值的论据，推断对方材料的使用方式并寻找可以反驳的方法。

同时，我们要根据队员特点确认四位辩手位置，一辩要进行开场陈词及攻辩小结，要求气质沉稳，立论全面；二辩和三辩要进行一对一攻辩，要求反应快，应变能力强；四辩要在最后总结对方场上漏洞，进一步阐释己方观点，要求归纳总结能力强，临场发挥能力强。当然，每位辩手在场上发挥的作用都是一样的，只是分工各有不同，要强调辩手间的协调配合。

2. 立论准确全面，准备攻辩内容。在准确、透彻地理解辩题的基础上，确立己方的最佳立论角度。经过反复论证，确认立论的完整性和严密性，尽量使己方立场无懈可击。

立论之后，要进行攻辩和自由辩论。赛前要设计好攻辩和自由辩论中质询提问，并对对方可能的回答内容进行推演，从而设计进一步的问题。同时，还要设想对手可能提出的问题，并对回答内容进行推敲，尽量做到简洁有力。

3. 赛前进行试辩，进一步完善方案。为了检验己方所准备材料的可行性，可在赛前寻找一支实力相当且经过准备的队伍进行模拟辩论。辩论结束之后，试辩双方应共同分析总结，找出原有论辩内容的逻辑漏洞和技巧上的不足，加以调整改进。如有可能，试辩可进行两次，在不断地改进下使辩论方案更加成熟。

二、辩论中的技巧

辩论赛中，在立论准确、论据充足、逻辑合理的情况下，运用恰当的技巧可以将辩论内容做最大化发挥，帮助我们获得辩论的最终胜利。辩论的操作性技巧有很多，篇幅有限，我们不能一一讲解，此处仅就基础理论加以阐释。

1. 攻防并重，善用归谬。辩论讲究进攻和防守的平衡，进攻就是对对方观点进行反驳，防守就是对己方观点进行辩护。防守是基础，是最有效的进攻；进攻是关键，是最有力的防守。在一场辩论赛中，如果只防守而不进攻，则无法对对方造成任何的威胁；只进攻而不防守，己方阵营就会无任何防守之力轻易被对方攻破。

攻防的核心是归谬。所谓归谬即不直接对对方的论点、论据及论证方式进行正面驳斥，而是按照对方的逻辑和思路推导出一个明显荒谬的结论，使其论点不攻自破。归谬的要义是原则的可类比性，辩手可以选取生活中耳熟能详的例子，或者社会上约定俗成的公理进行类比，将观点情境化，从而使评委及观众能较容易地接受己方观点。

2. 分工明确，控制节奏。在辩论史上曾形成多种辩论风格，甚至不同的辩手也有自己的辩论风格。但无论是哪种辩论风格，在赛场上总要体现在进攻的有效性和有序性，这些取决于对辩论的有效组织。所以，在辩论中一定要有明确的分工，由主辩负责组织和发起进攻及防守，其他队友根据个人风格进行分工配合。

在辩论节奏上，所谓“兵贵神速”，“快”固然是一种很有效的进攻方法，可当辩局不宜速战速决，或时机尚不成熟之时，不妨放慢节奏，等待时机成熟时再后发制人，一击制胜。但要注意，“慢”不等于拖延时间，在争分夺秒的辩论赛中要注意论证成本，用最短的话语产生最好的效果。

3. 分清主次，找出破绽。在辩论中，对手往往会将己方的核心观点拆分成若干层面的小论点。此时，一定要善于从对手的发言中找出其观点最核心的部分，对准焦点，直截了当解决战斗。

一场辩论赛，无论是论点、论据还是论证方式，只要任何一个方面出现漏洞，都可以给我们藉由漏洞撕裂命题的机会。所以，在辩论过程中，我们要带着批判性思维认真倾听，找出对方辩论内容的漏洞，予以攻击。

辩论是一门艺术，深入探索你会发现还有很多东西值得我们细细研究。今天，我们只能带领大家初窥门径，在今后的学习生活中，希望大家可以进一步学习探索，更上层楼。

综合训练：

一、认真阅读以下辩论实录[①]，完成实践任务：

2001 年国际大专辩论会总决赛

辩　题：钱是 \ 不是万恶之源

正　方：武汉大学

反　方：马来亚大学

主　席：蔡　萦

主　席：首先有请正方一辩蒋舸同学发言，时间是 3 分钟，请。

蒋　舸：谢谢主席。各位评委，各位观众，大家早上好。《圣经》中“失乐园”的故事和中国先贤孟子的教诲都说明人之为恶并非本性使然，而是外在的诱惑使人迷失了自己的良知。那么外在诱惑如此之多，为什么偏偏是钱成为了万恶之源呢？第一，钱具有与任何商品进行等价交换的现实合法性。一方面，钱既是财富的象征，又是一般等价物。它具有无限的效力，因此能

① 节选自《创世纪舌战——2001 国际大专辩论会纪实与评析》（西苑出版社 2001 年版），有改动。本场比赛获胜队伍为反方马来亚大学队，最佳辩手为正方三辩余磊。

煽起人的无穷贪欲。但是另一方面，每个人对于金钱的占有又都是有限的，无限的欲望根本不可能得到满足。正是金钱这种效用无限性和占有有限性之间的矛盾，使它比其他任何物品都更能激起人心中的非分之想，从而使人迷失良知，堕入邪恶。第二，钱不仅可以在商品领域呼风唤雨，而且可以使非商品也商品化。它不仅是物质财富的象征，而且成为了精神价值的筹码。权力、地位可以用钱购买，贞洁、名誉可以公开出售，人性、尊严被待价而沽，甚至天理、良心也染上了铜臭之气。莎士比亚早就揭露道：金钱可以使黑的变成白的，丑的变成美的，错的变成对的，卑贱的变成尊贵的。正因为金钱具有如此混淆是非、颠倒乾坤的无边法力，它才成为了滋生种类繁复、数量极多的罪恶肆意蔓延的深刻根源。第三，人对钱的崇拜还异化了人与钱之间的关系。钱本应是促进社会经济发展的一种工具，但在现实中，却被人们当作了顶礼膜拜的上帝。因为钱，人们迷失于这光怪陆离的物欲世界；因为钱，人们丧失了内在良知却还浑然不觉；还是因为钱，人生价值和人性尊严都被当作了牺牲品（时间警示）供奉到了拜金主义的祭坛之上。钱作为工具，的确可以促进社会经济的发展，但问题就在于现实中，它已经被人们当作了目的本身在看待。但是，当崇尚自由的人类精神已经被缚上了黄金锁链的时候，他还能自由飞翔吗？谢谢。

主　席：谢谢蒋舸同学。下面我们来听听反方一辩陈勋亮同学是如何破题立论的，时间是3分钟，请。

陈勋亮：谢谢主席。大家早上好。对方辩友刚才告诉我们，钱之所以是万恶之源，因为她把钱等同于目的了。那我想请问二辩一个问题，我今天奉公守法地去追求钱，钱也是我的目的了，请问钱成为万恶之源了吗？第二，对方辩友告诉我，钱有时不是万恶之源，是因为有法律的制约。我想请问各位，法律是制约钱不赚，还是制约我们行为的准则呢？如果是制约行为的准则，那钱还是万恶之源吗？接下来，且让我开宗明义，解释一下辩题的几个重要定义吧。钱其实是人类文明发展的产物，它是一个不具主动性的交易媒介。而恶则是一个价值上的破坏、行动上的破坏。而我们所谓的源，就是事情的起源和根本。所以对方辩友要告诉我们钱是万恶之源，就得告诉我们，其实一切恶的根源是由钱导致出来的。我方认为，不是。因为钱根本就无法达至是万恶之源的两个特性：第一，它无法告诉我，钱如何全面性地涵盖一切恶源。第二，钱不能够具有源的根本性。如果对方辩友说，钱是根本的话，钱是万恶之源的话，那就请你解答我方以下的四大疑问。第一，世间上的恶可是成千上万，难道用单一的钱就可以解释所有的恶吗？强盗杀人放火也许是为了钱，但难道今天家庭暴力、虐待儿童，甚至是种族大屠杀都是为了钱吗？第二，今天钱的起源其实是错综（时间警示）复杂的，我们无法将它归类成一个共同的源头。我们知道独裁者排除异己，可能是为了钱，但难道他就不可以为权势、地位，或是愚昧吗？可见如果以钱作为万恶之源，有点以偏概全之嫌。第三，今天萨特这位哲学家就告诉了我们，人具有自由意志，人有选择的权利，因此人必须为自己的行为而付出一切的责任，我们不应该把一切的恶的罪行都怪罪于钱上。同样是钱，但是为什么君子求财却是取之有道，小人求财却是偏偏喜欢偷盗呢？可见，关键根本就不在于钱吧。第四，今天如果钱是万恶之源，为什么有人会用万恶之源来行善呢？陈六水先生创办了南大，而我们看各地的华人也在华东的大水灾时候慷慨解囊。如果钱是万恶之源的话，那么到底这个恶源（时间到）如何结出善行呢？谢谢各位。

…………

主　席：那么究竟钱是不是万恶之源呢？现在呢，又是双方辩友施展辩才的时刻了，马上要进行的是自由辩论。在自由辩论当中，各队都有 4 分钟的发言时间，必须交替发言。我们先从正方开始，请。

周玄毅：对方三辩刚才谈“贪”，请问“贪”字怎么写？上面一个“今”，下面一个“贝”。“贝”是什么意思？还是钱嘛！

胡渐彪：我倒是对对方一辩提出的整个立论架构很有兴趣。她说今天人为恶不是本性使然，是钱诱惑他的。那我想请问对方辩友，那钱还没发明之前，世界上有没有万恶呢？

余　磊：原始社会到底有没有恶，伦理学上有争议。但是没有争议的是什么呢？是钱产生之后，恶的种类、恶的形式是一日千里、突飞猛进，犹如“黄河之水滔滔来，奔流到海不复还”哪！

陈政鞑：对方认为在原始社会钱还没有出现的时候，那种伦理还有争议。真的是有争议吗？难道肚子饿了就杀掉同类，看到性欲起来就侵犯女性，这种罪恶还叫作有争议啊？

袁　丁：这叫作动物性，根本就不是人的善恶嘛。我再请问您，又是什么力量使得色情网站如洪水猛兽一样打击东方各国原本纯朴的本土文化的呢？请正面告诉大家吧。

陈勋亮：所以其实对方辩友是告诉我，人在钱还没有出现之前，是兽性。也就是钱还没出现之前，人根本就不是人，人是动物。这样的逻辑大家可以信服吗？

余　磊：动物性等于恶吗？请大家想一下。对方辩友看到一只老虎吃兔子，会告诉大家这个老虎多么的恶。这个恶是我们社会评判的标准吗？对方辩友善恶的观念根本就是界定错误嘛。

陈锦添：我想请问对方辩友，对方说人没有恶的本性，那请问，贪婪是不是恶的本性？是不是人的本性呢？

袁　丁：我方已经说了，连“贪”字下面都有个“贝”字，那不是表示对钱的贪欲吗？

胡渐彪：有一个“贝”字，就是为了钱。那我们今天“辩论员”的“员”字下面也有一个“贝”字，你是说我们大家都是贪钱的人了？

余　磊：首先告诉对方同学，在中文的“员”当中，目前的文字当中仍然有一个“贝”字。还要告诉对方同学，对方同学说，今天的奖杯有一万块钱，我们会不会去贪呢？我们不会，因为我们受过教育。而且还要提醒对方同学，在这种情况下根本就没有恶的存在。没有恶的存在，对方同学还要讨论恶之源，是不是叫作“没有牙齿的老太太嚼牛筋——白费口舌”呢？

陈锦添：对方说到教育，我倒想问对方一个问题，今天你教育，是教育人，还是教育钱呢？

周玄毅：对方同学，您的四辩告诉大家说，我方不谈逻辑，光谈事实。可是事实您一个都没有解决呀！您不愿意说赌博的问题，那好，我们就谈谈毒品犯罪。请问您，毒品犯罪背后的推动力量究竟是什么？

陈政鞡：如果要谈事实的话，我想人类最悲剧的一个事实就是在南京大屠杀的时候。请问南京大屠杀的时候，日本人蹂躏我们的中华女性的时候，他是为了钱而这样子做的吗？

余　磊：按照对方辩友的观点，日本人侵略亚洲各国，为的不是经济利益，为的是建立“大东亚共荣圈”。这样的借口，我们能接受吗？

陈勋亮：对方辩友别忙着扣帽子。如果经济发展就是万恶之源的话，那新加坡今日经济蓬勃发展，不是把恶源堆得越来越多了吗？对方辩友，请你回答我方的一个例子吧，如果钱是万恶之源，那么到底钱跟东京的杀人毒气案件有什么关系呢？

周玄毅：经济发展，新加坡的确做得很好。可是日本的经济发展比新加坡做得更好啊！他还不是一阔脸就变说，反正我现在有钱了，我根本就不承认我侵略了东南亚各国啊！

胡渐彪：对方辩友说到日本人篡改历史，我就一肚子气。我想请问，这种不顾事实、掩盖历史的现象，这种恶是钱带来的吗？

余　磊：钱多，这叫钱多烧得慌，冲昏了头脑啊！对方同学，毒品的问题，请您告诉大家，是什么让毒犯舍得一身剐，敢把毒品扶上马？

陈勋亮：其实对方辩友来来去去还是谈一个例子，就是贪钱的例子。请问，今天我们贪的就只有钱吗？我方问了，色情的罪恶是不是万恶之源？我想请问对方辩友，到底强奸是不是万恶包括在内呢？

余　磊：中国人说“万恶淫为首”。但是现在有了钱可以大摇大摆出入红灯区，还认为是风流快活。对方同学，把不道德的变成（时间警示）道德的，把不合法的变成合法的，还不能说明是万恶之源吗？

胡渐彪：说到“万恶淫为首”，就要让我想到性侵犯。美国根据调查，每三位妇女就有一位曾经面对过性侵犯的这种侵扰。请问各位，这和钱有什么关系呀？

袁　丁：可是我也知道，美国现在每两分钟就有一次抢劫案，每三分钟就有一次盗窃案哪！

陈勋亮：所以对方辩友说得好啊，又有抢劫案，又有强奸案。为什么今天你的万恶之源导致部分的恶呢？部分的恶等于万恶吗？请你论述一下吧。

余　磊：很简单嘛，对方同学“万”字概念界定错误。我方已经重申过四遍了呀！

胡渐彪：对呀，这个界定本身就是不看原典。请问你知不知道，这句话原典是来自《提摩太》第六章第十节呢？

周玄毅：我可以告诉您中文的原典在哪里，在这里。（举起《汉语大辞典》）《汉语大辞典》中，“万”字一共九种意思，没有一种是“一切”。请对方辩友自己去查。

胡渐彪：对方辩友（时间警示）把今天这个辩题断章取义，你只告诉我是一个“万” 字，不是“万恶之源”。成语、谚语、《辞海》也告诉我们，“万恶之源”所指是一切恶的源哪！

蒋　舸：对方辩友，刚才我方的问题您都不愿回答。其实犯毒是冰山一角，现在全世界的有组织犯罪，还有偷渡、卖淫、造假、洗钱、走私，请问其中哪一种不是为了钱呢？

陈锦添：毒贩有罪，还是钱有罪呢？

袁　丁：对方同学知道为什么毒贩都抓不到吗？因为有官员腐败。请问腐败是不是为了钱呢？

陈勋亮：对方辩友没有回答我方问题，到底是毒贩有罪，还是钱有罪呢？

余　磊：毒贩不是为了钱，难道是为吸毒者服务的吗？他干脆无偿大派送好了。

陈政鞳：按照对方逻辑，那么一个强奸犯强奸一个女人，是强奸犯有罪，还是那女人有罪呢？

余　磊：对方同学今天的兴趣怎么只在强奸上面？世界上那么多的恶，您视而不见哪！

胡渐彪：所以对方辩友今天看万恶之源，只看抢劫。那强奸他们就认为不是万恶，那是大善吗？

袁　丁：强奸当然是恶。可是我已经说了，现在有人有了钱就可以进红灯区，连强奸都算不强奸了，这是不是恶呢？

陈锦添：如果强奸对方不能回答，那我就问你，校园枪杀案是不是说，杀了一个人我就可以得到很多钱呢？

余　磊：因为新闻媒体播放暴力片，让天真无邪的孩子心灵（时间到）受到了蒙蔽。

…………

1. 观看本场辩论赛视频（视频可通过网络搜索），观察辩手神态、动作、语言风格，你认为哪一位辩手表现更好，有哪些值得你学习的地方？试分角色进行模拟。

2. 一场辩论赛的立论是否全面、准确非常重要。比较正反双方一辩的立论陈词，你认为哪一方更好，好在哪里？

3. 我们在前面学习了一些辩论的基本技巧，这些辩论技巧在这场辩论赛中有没有被用到，你能找到吗？如果让你来参加一场辩论赛，能否使用到这些技巧？

二、在班级组织一场辩论赛，如有条件可在学校范围内进行多场比赛，可参考题目如下：

宽松管理对学生利大于弊 \ 弊大于利

校园秩序的维持主要靠自律 \ 他律

顺境 \ 逆境更利于人的成长

网络使人们更亲近 \ 疏远

智商（IQ）\ 情商（EQ）更重要

人类会 \ 不会毁于人工智能

要 \ 莫以成败论英雄

整容可以 \ 不可以改变命运

专才比通才更吃得开 \ 通才比专才更吃得开

信用卡消费利大于弊 \ 弊大于利

网络用语丰富 \ 污染了我们的语言

家长可以 \ 不可以查看未成年子女的个人信息

附录一

文面常识

文面是文章的外在表现形式，它直接影响到读者的观赏欲望和阅读效果，也展示了作者的性情态度和文化素养。整洁美观的文面有助于准确恰当地表达内容，方便阅读，也能促使作者养成严肃认真的文风和学风。下面就从文字、标点符号的书写、行款格式的布置和修改符号的使用等方面来谈谈一般文章文面的要求。

一、文字的书写

文字是文面的主要内容，要想文面整洁美观，首先必须重视文字的书写。文字书写的基本要求是：正确、规范、美观。

（一）正确

所谓正确就是不写错字、别字。错字是指形体不正确，字典里没有的字；别字是指这个字本身形体没有毛病，但是在具体的语言环境里不适用，写成了另一个字。

（二）规范

规范就是字的笔顺不错乱，点画要分明，结构比例适当，不写繁体字，不随意简化汉字。字形要合乎《现代汉语通用字表》的规定，简化字要合乎《简化字总表》的规定。

（三）美观

美观就是字的线条流畅，结构匀称，大小有致，疏密得当，这是对书写较高的要求，也是作者应当追求的目标。美观还要求字迹清晰、文面整洁，不能潦草，没有污迹和胡乱涂改之处。

除了文字，数字和法定计量单位也常出现在文面中，关于这方面的内容，请参阅《出版物上数字用法的规定》（GB/T 15835—2011）。

二、标点符号的书写

标点符号是记录语言不可缺少的工具，用来表示停顿、语气以及词语的性质和作用，可以帮助人们确切地表达思想感情，便于阅读。

标点符号分为点号和标号两大类，点号主要表明语句的停顿和语气，按照用的不同位置，点号分为句末点号(句号、问号和感叹号)和句间点号(顿号、逗号、分号和冒号)两种。标号主要表明词语的性质和作用，包括引号、括号、破折号、省略号、书名号、间隔号、连接号、着重号、专名号和分隔号。

（一）标点符号的书写位置[①]

点号的形状、位置

名称	句末标点			句间标点			
	句号	问号	叹号	逗号	顿号	分号	冒号
形状	。	？	！	，	、	；	：
位置	一格左下方	一格左半偏下	一格左半偏下	一格左下方	一格左下方	一格左下方	一格左下方

点号的形状、位置

名称	破折号	省略号	括号	书名号	引号	连接号	间隔号	着重号	专名号	分隔号
形状	——	……	（）	《》	“”	- 或— ～	•	.	_	/
位置	两格居中	两格居中	两格右半，左半	两格右半，左半	两格右上角左上角	半格或一格居中	半格居中	标字下	标字下	半格居中

（二）标点符号的转行

1. 所有的点号和引号、括号、书名号的后部分不得写在一行之首，可以挤在上行之末（可写在格外）。

① 此处只说明横式文稿标点符号的书写及位置，竖式文稿标点符号的位置及书写格式请参阅《标点符号用法》（GB/T 15834 – 2011）。在无格稿纸中，“一格”即指一个字的位置。

2. 括号、引号、书名号的前半部分不得写在一行之末，可以写在下一行的行首（必须写在格内并占相应的位置，不能写在格外）。

3. 省略号、破折号可在行首，也可在行尾，但不可拆成两半，如果只剩下一个空格，可写出格外一点。

4. 间隔号、分隔号既不能写在行首也不能写在行尾，可以通过缩小或扩大字距及不占格等解决。

（三）标点符号的连用

1. 两个问号（或叹号）叠用时，占一个字位置；三个问号（或叹号）叠用时，占两个字位置；问号和叹号连用时，占一个字位置。

2. 两个省略号连用时占四个字位置并须单独占一行。

3. 点号和引号、书名号前（后）半可以合用一格；如同时使用冒号、引号的前一半和省略号，就要把冒号和引号的前一半写在一个字的位置上，省略号仍占两个字的位置。

4. 连续引用几段文字，可在每段段首用引号的前一半，最后一段段末用引号的后一半，不必在每段段末都用引号的后一半。

5. 括号中用括号的，里面的用圆括号，外面的用方括号；书名号中又有书名号的，里面的用单书名号，外面用双书名号；引号中又用引号的，里面的用单引号，外面的用双引号；连用三次书名号的，最里面的用双书名号，中间的用单书名号，外面的还用双书名号（三次引号连用同三次书名号）。

三、行款格式的布置

行款格式是人们在长期写作实践中总结出来的一种约定俗成的规范，它是指文章在文面上的安排、布局，包括选用纸型、预留天头地脚、订口、翻口以及行距、字间、标题、署名、正文、附注、写作时间、页码等。不同的文体有不同的行款格式的要求，这里只介绍一般文章的主要行款格式。

(一) 纸型

稿纸一般用16开型，带方格或横线；信笺用纸有大小两种，16开型或32开型；公文用纸采用国际标准A4型纸，其成品幅面尺寸为210mm×297mm。

(二) 天头地脚

任何文章，在文面安排上都必须预留天头、地脚、订口和翻口。

天头，又叫天白，是指标题以上的空白。不同的文体，在不同的场合预留的天白是不一样的。比如课本的章始页天白较多，而正文页的天白较少；公文有严格的规定，天白宽37mm。

地脚，是文章在底部预留的空白处，一般以页码以下为地脚。空白多少视纸张大小定，一般书刊为12mm以上至20mm不等；公文的地脚空白一般为33mm。

订口，是指左侧的装订线预留的空白处。公文的订口为28mm，书刊一般为15~20mm。

翻口，是指右侧翻页预留的空白处。一般翻口比订口的空白要小些。

(三) 行距、字间

文面安排，要求行有行距、字有字间，成行成列，整齐清楚，切忌密密麻麻、乱涂乱划。排版和打印的自有规定，采用手写，就必须注意行距、字间，使文面清晰美观。

(四) 标题

标题的书写安排，要力求在文面中显得醒目美观，与文章内容长短相称。

标题上下各空一行，居中。两个字的标题中间空一个字。字数多的可分成两行，分行要注意词组的完整性，不能把词组拆开写在两行，又要注意把上下行的字数排列匀称，一般是上行长一些，下行短一些。篇中的大标题上下也要空行，居中。对称式标题中间空一格，也可写成两行。标题中使用标点符号应按规定占格，一般末尾不用标点，偶尔用，也只加问号、叹号、省略号。

副标题以破折号领起，在正题之下，较正题首字退后两格书写，如副标题较长，也可不退格，写在正中。章题、节题要注意预留上下行的空行，使之醒目明示。

标题的排列形式：

1. “一”字形

关于建职工宿舍楼的请示

2. 等腰形

关于废止《第二次汉字简化方案（草案）》

和纠正社会用字混乱现象请求的通知

3. 正梯形

学习文件　统一思想

市粮食局对“三讲”教育工作进行初步部署

4. 倒梯形

全国计算机等级考试

考生须知

5. 其他形式

进一步推动我国对外汉语教学的发展

——第二届国际汉语教学讨论会开幕词

命 脉

——“把脉”中国的土地问题

中国人民政治协商会议

XX 市第 X 届委员会第一次全体会议

闭　幕　词

（X 年 X 月 X 日）

（五）署名

作者的姓名一般写在标题下间隔一行的正中，每个字的中间可空一格，单名的字间可空两格；也可写在标题后面（有副标题的写在副标题后），但与标题间至少有两个空格，姓名后也留有两个空格为宜。

作者的姓名也可以写在文章的末尾。如末行正文较短，可写在末行；末行正文后所剩空格不多，可另起一行写，署名后应留两个空格为宜，单字间也应有一个空格。

根据需要，署名前后可写明作者的工作单位和职务、职称等。

（六）正文

1. 分段。每个自然段开头需空两格，无格时空两个字的位置。自然段之间一般不空行，有时根据内容需要，如诗歌的章节之间、文章大的段落（部分）之间及篇章之间，可以留有适当的空行。有时，篇章之间也另起一页。

2. 引文与对话。引文可以同正文连写，不分行，不空格；也可以单独成段，一是同正文的其他段落一样，第一行开头空两格，其他行不空格；二是第一行开头空四格，其他行均空两格，行尾可空两格，也可不空。引文中的诗歌书写也可同正文一样，按散文形式书写，并在诗行间用“/”隔开(也可不隔开)；还可以单独成段，或按散文形式连写，或分行排列(每行开头均空四格)。独立成段的引文，可不加引号，但应在引文前的正文末尾加冒号。冒号前未写明引文出处的，可在引文后的括号内注明，或另加注释说明。

短的对话可与正文连写，用引号标明；长的、多的(特别是戏剧)，或需要强调的，都应提行分段书写。一个人的较长话语必须分段时，每段的开头都加引号的前一半，只在最后一段的末尾加引号的后一半。如果对话不是引用的，应按其他正文格式书写，每行前后不必再空两格。

3. 小标题与序码。正文内容较多，可分部分并列出小标题。小标题的书写可同大标题一样，写在一行中间，也可在本部分单独成段。小标题可编序码，也可不编。

序码主要用于分条列项，其种类很多，有大写汉字、小写汉字、天干地支、阿拉伯数字、拉丁文、罗马数字等。目前，尚未统一使用。一般说来，可按下列顺序使用：

一级“一、二、三……”

二级“（一）（二）（三）……”

三级“1.2.3……”

四级“(1)(2)(3)……”

内容层次少的也可仅用“一”或“1”类，仅有两个层次的可用“一”和“1”类。内容层次多的，还可用外文字母，长篇的还可分章分节等。

在科技著作或文体中，国际上通常使用如下的方法标明序码，以使内容清晰，条理性强。

1

1.1

1.2

2

2.1

2.2

2.2.1

……

（七）附注

附注就是附于正文的注解，它有四种形式：一是段中注，即夹注，它紧接在被注的正文后加括号写出；二是页下注，即脚注，它把本页正文中需要注释的内容分条写在本页的下端；三是篇末注，它将每篇正文需要加注的内容分条集中写在该篇正文的后面；四是尾注，它是全文或全书的附注，类似篇末注。后三种注法都必须在被注正文后的右上角用注码①②③…进行标示，而且注码的序号与注文的序码必须一致，否则就对不上号。如果注释很少，也可用【注】或 * 号标明。附注的如果是引文，其顺序应为：作者、书名或报刊名、章节、页码、出版单位、出版日期等。

（八）写作时间

写文章，一般都应在文末注明写作的时间（包括年、月、日等），习惯写在文末后空一行或二三行的右下方。如果是在较长时间内写成的，也可写明起讫时间，中间加连接号。如果写成后又经过修改，还可在注明写作时间的下一行的相应位置，再注明修改时间。

“年、月、日”不能写成“年、月、号”，不能前面写了“年”字，后面不写“月”或“日”字，这样前后不一致。不能将中文数字（一、二……）和阿拉伯数字（1、2……）夹杂在一块写。阿拉伯数字，一般两个数码占一格，如“2018 年 10 月 25 日”。

（九）页码

原稿超过一页的，要标出页码，其位置一般标在右上角或右下角，用阿拉伯数字标出即可，不必加括号或圈等。

四、修改符号的使用

修改文章时，要使用统一的符号加以标示，这样既可以节省一些说明性文字，又可以使文面不受大的影响。1981 年 12 月，我国发布了中华人民共和国专业校准 GBI—81《校对符号及其用法》。该标准规定的符号共有 22 种，下面，结合文章修改的实际，介绍几种常用的修改符号及其用法。

编号	符号名称	符号形态	符号说明	用法示例
1	改正号	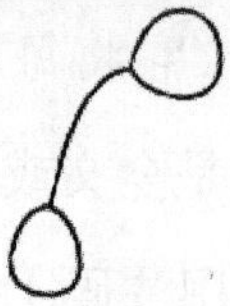	表明需要改正错误，把错误之处圈起来，再用引线引到空白处改正。	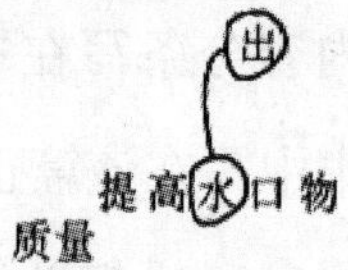 出 提高水口物质量
2	删除号		表明删除掉。文字少时加圈，文字多时可加框打叉。	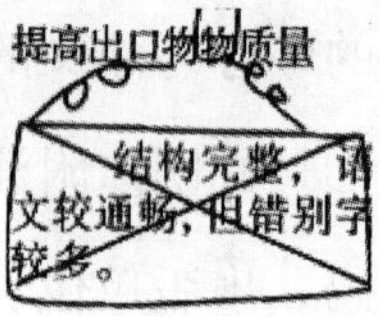 提高出口物物质量 结构完整，语文较通畅，但错别字较多。
3	增补号	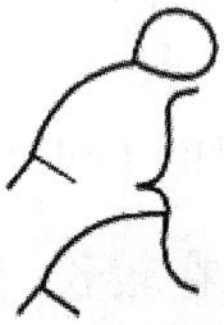	表明增补。文字少时可以用线画清增补范围。	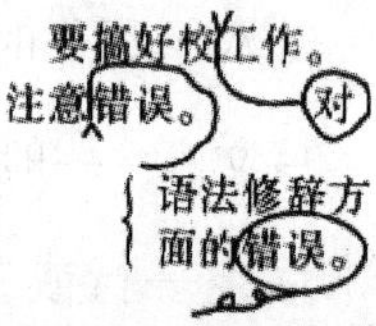 要搞好校工作。对 注意错误。 语法修辞方面的错误。
4	对调号	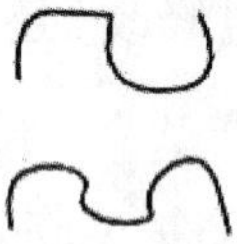	表明调整颠倒的字、句位置。三曲线的中间部分不调整。	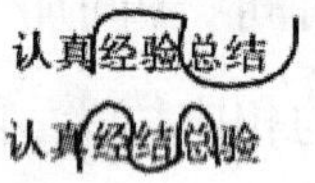 认真经验总结 认真经结总验
5	转移号		表明词语位置的转移。将要转移的部分圈起，并画出引线指向转移部位。	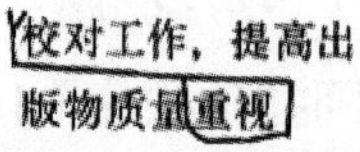 校对工作，提高出版物质量重视

续 表

编号	符号名称	符号形态	符号说明	用法示例
6	接排号		表明两行文字之间应接排，不需要另起一行。	本应用文书，语言 通畅，但个别之处 ……
7	另起号		表明要另起一段。需要另起一段的地方，用引线向左延伸到起段的位置。	我们今年完成了 任务。明年……
8	移位号	或 或	表明移位的方向。用箭头或凸曲线表示。使用箭头，是表示移至箭头前直线位置；使用凸曲线是表示把符号内的文字移至开口处两短直线位置。	锦州印刷厂 锦州 印刷厂
9	排齐号		表明应排列整齐。在行列中不齐的字句上下或左右画出直线。	认真提高 提高 质量印刷质量， 缩短出版周期
10	保留号	△	表明改错、删错后需保留原状。在改错、删错处的上方或下方画出三角符号，并在原删除符号上画两根短线。	认真搞好校对工作 △

续表

编号	符号名称	符号形态	符号说明	用法示例
11	加空号	∨ ＞ ＜	表明在字与字、行与行之间加空。符号画在字与字之间的上方，行与行之间的左右处。	要认真修改原稿 加强市场调研 提高产品质量
12	减空号	∧ ＜ ＞	表明在字与字、行与行之间减空。符号使用方法同上。	校对 须 知 校对书刊应 注意的问题
13	空字号	#	表明空一字距；表明空 1/2 字距；表明空 1/3 字距；表明空 1/4 字距；	第一章应用写作概述
14	角码号		用以改正上、下角码的位置。	CO2 2 16=42 2
15	分开号	Y	用以分开外文字母。	Howare you

附录二

常用应用文格式模板

（一）便条

请假条

尊敬的 XXX：

您好！我因 XXX（原因），需要请假 X 天（X 年 X 月 X 日到 X 年 X 月 X 日），恳请批准。

此致

敬礼

请假人 XXX

X 年 X 月 X 日

（二）单据

借条

今借到 XXX（人名或单位名）人民币（或具体的物品）XXXX（大写）元整（或数量）。将于 X 年 X 月 X 日之前归还。

借用人 XXX

X 年 X 月 X 日

（三）一般书信

XX：

你好！

XXXXXXXXXXXXXXXXXXXXXXXXXXXXXXXXXXXXXXXXXXXXXXXXXX
XXXXXXXXXXXXXXXXXXXXXXXXXXXXXXX

XXXXXXXXXXXXXXXXXXXXXXXX（正文）。

此致

敬礼

XXX

X 年 X 月 X 日

（四）专用书信

与一般书信相比，专用书信需列标题，遵循一信一事的原则，有的专用书信（如证明信、介绍信）须在落款处加盖公章。其余与一般书信大致相同。

邀请函

尊敬的 XX 先生（女士）：

您好！

为了 XXXXXXXXXXXXXXXXXXXXXXXXXXXXXXXXXXXXXXXXXXXX
XXXXXXXXXXXXXXXXXXXXXXXXX，我公司将举办 XXX 活动。诚挚邀请您莅临指导，不胜感激。

活动主题：XXXXX

活动时间：X 年 X 月 X 日上午 X 时

活动地点：XXXXX

热烈期盼您的到来！

XXX 公司

X 年 X 月 X 日

XX 申请书

XXX（单位、组织或有关领导）：

XXXXXXXXXXXXXXXXXXXXXXXXXXXXXXXXXXXXXXXXXXXXXXX XXXXXXXXXXXXXXXXXXXXXXXXXXX

XXXXXXXXXXXXXX（提出申请事项）。

XXXXXXXXXXXXXXXXXXXXXXXXXXXXXXXXXXXXXXXXXXXXXXX XXXXXXXXXXXXXXXXXXXXXXXXXXXXXXX（阐述申请理由）。

请组织（或领导）批准我的申请。

此致

敬礼

申请人 XXX

X 年 X 月 X 日

（五）启事

XX 启事

XXXXXXXXXXXXXXXXXXXXXXXXXXXXXXXXXXXXXXXXXXXXXXX XXXXXXXXXXXXXXXXXXXXXXXXXXXXXXXXXXXXXXXXXXXXXXXXXX XXXXXXXXXXXXXX（正文）。

联系人：XXX

联系电话：XXXXXXXX

联系地址：XXXXXXXXX

XX（个人或单位）

X 年 X 月 X 日

（六）通知

关于XX的通知

XX（单位或个人）：

XXXXXXXXXXXXXXXXXXXXXXXXXXXXXXXXXXXXXXXXXXXXXXXXXX
XXXXXXXXXXXXXXXXXXXXXXX（正文）。

XXX（单位）

X年X月X日

（七）计划

XX职业学校XX年度工作计划

为了XXXXXXXXXXXXXXXXXXXXXXXXXXXXXXXXXXXXXXXXXXXXXX
XXXXXXXXXXXXXXXXXXXXXXXXXX，特制订下列工作计划。

一、目标和任务

1.XXXXXXXXXXXXXXXXXXXXXXXXXXXXXXXXXXXXXXXXXXXXXXXXX
XXXXXXXXXXXXXXXXXXXXXXXXXXXXXXXXXXXXXXXXXXXXXXXXXX。

2.XXXXXXXXXXXXXXXXXXXXXXXXXXXXXXXXXXXXXXXXXXXXXXXXX
XXXXXXXXXXXXXXXXXXXXXXXXXXXXXXXXXXXXXXXXXXXXXXXXXXX。

二、步骤

1.XXXXXXXXXXXXXXXXXXXXXXXXXXXXXXXXXXXXXXXXXXXXXXXXX
XXXXXXXXXXXXXXXXXXXXXXXXXXXXXXXXXXXXXXXXXXXXXXXXXX。

2.XXXXXXXXXXXXXXXXXXXXXXXXXXXXXXXXXXXXXXXXXXXXXXXXX
XXXXXXXXXXXXXXXXXXXXXXXXXXXXXXXXXXXXXXXXXXXXXXXXXXX。

3.XXXXXXXXXXXXXXXXXXXXXXXXXXXXXXXXXXXXXXXXXXXXXXXXX
XXXXXXXXXXXXXXXXXXXXXXXXXXXXXXXXXXXXXXXXXXXXXXXXXX。

三、措施

1.XXXXXXXXXXXXXXXXXXXXXXXXXXXXXXXXXXXXXXXXXXXXXXX
XXXXXXXXXXXXXXXXXXXXXXXXXXXXXXXXXXXXXXXXXXXXXXXXXX。

2.XXXXXXXXXXXXXXXXXXXXXXXXXXXXXXXXXXXXXXXXXXXXXXX
XXXXXXXXXXXXXXXXXXXXXXXXXXXXXXXXXXXXXXXXXXXXXXXXXXX。

3.XXXXXXXXXXXXXXXXXXXXXXXXXXXXXXXXXXXXXXXXXXXXXXX
XXXXXXXXXXXXXXXXXXXXXXXXXXXXXXXXXXXXXXXXXXXXXXXXXX。

XX

X 年 X 月 X 日

（八）总结

XX 师范学校第 X 届艺术节总结

XXXXXXXXXXXXXXXXXXXXXXXXXXXXXXXXXXXXXXXXXXXXXXXXXX
XXXXXXXXXXXXXXXXXXXXXXXXXXXXXXXXXXXXXXXXXXXXXXXXXXXXX
XX（叙述概况，领起下文）。

一、思想统一，组织有力。

XXXXXXXXXXXXXXXXXXXXXXXXXXXXXXXXXXXXXXXXXXXXXXXXXX
XXXXXXXXXXXXXXXXXXXXXXXXXXXXXXXXXXXXXXXXXXXXXXXXXXXXX
XXXXX。

二、内容丰富，推陈出新。

XXXXXXXXXXXXXXXXXXXXXXXXXXXXXXXXXXXXXXXXXXXXXXXXXX
XXXXXXXXXXXXXXXXXXXXXXXXXXXXXXXXXXXXXXXXXXXXXXXXXXXXX
XXXXX。

三、参与面广，节目质量高。

XXXXXXXXXXXXXXXXXXXXXXXXXXXXXXXXXXXXXXXXXXXXXXXXXX

XXXXXXXXXXXXXXXXXXXXXXXXXXXXXXXXXXXXXXXXXXXXXXXXXX
XXXXX。

XXXXXXXXXXXXXXXXXXXXXXXXXXXXXXXXXXXXXXXXXXXXXXX
XXXXXXXXXXXXXXXXXXXXXXXXXXXXXXXXXXXXXXXXXXXXXXXXXX
XXXXX（指出问题，提出改进措施、今后努力方向）。

XXX

X 年 X 月 X 日

（九）会议记录

XX 会议记录

时间：X 年 X 月 X 日下午 X 时

地点：XXX

出席人：张 XX，杨 XX，蒋 XX，王 XX，陈 XX。

缺席人：蔡 XX

列席人：黄 XX

主持人：张 XX

记录人 : 陈 XX

一、议题：XXXXXXXXXXXXXXXXXXXXXXXXXXXXXXXXXXXXXX

二、议程：

（一）主持人发言

XXXXXXXXXXXXXXXXXXXXXXXXXXXXXXXXXXXXXXXXXXXXXXX
XXXXXXXXXXXXXXXXXXXXXXXXXXXXXXXXXXXXXXXXXXXXXXXXXX
XXXXX。

（二）发言

蒋 XX：XXXXXXXXXXXXXXXXXXXXXXXXXXXXXXXXXXXXXXXXXXX
XXXXXXXXXXXXXXXXXXXXXXXXXXXX。

王 XX：XXXXXXXXXXXXXXXXXXXXXXXXXXXXXXXXXXXXXXXXXXXXXXXXXXXXXXXXXXXXX。

杨 XX：XXXXXXXXXXXXXXXXXXXXXXXXXXXXXXXXXXXXXXXXXXXXXXXXXXXXXXXXX。

（三）决议

1.XXXXXXXXXXXXXXXXXXXXXXXXXXXXXXXXXXXXXXXXXXXXXXXXXXXXXXXXXXXXXXXXXXXXXXXXXXXXXXXXXXXXXXXXX。

2.XXXXXXXXXXXXXXXXXXXXXXXXXXXXXXXXXXXXXXXXXXXXXXXXXXXXXXXXXXXXXXXXXXXXXXXXXXXXXXXXXXXXXXXXXX。

下午 X 时 X 分散会

主持人：张 XX（签名）

记录人 : 陈 XX（签名）

（十）会议纪要

XX 会议纪要

（X 年 X 月 X 日）

X 年 X 月 X 日上午，XX 在 XX 主持召开了 XX 会议，协调解决 XX 问题。参加会议的有 XXXXXXXXXX。会议议定事项如下：

一、XXXXXXXXXXXXXXXXXXXXXXXXXXXXX

二、XXXXXXXXXXXXXXXXXXXXXXXXXXXXX

三、XXXXXXXXXXXXXXXXXXXXXXXXXXXXX

（十一）简报

简报（名称）

第 X 期（期数）

X市X局　　　　　　　　　　　　X年X月X日（编发日期）

标题

XXXXXXXXXXXXXXXXXXXXXXXXXXXXXXXXXXXXXXXXXXXXXXXXXXXXXXXXXXXXXXXXXXXXXXXXXXXXXXXXXXXXXXX(导语)。

XXXXXXXXXXXXXXXXXXXXXXXXXXXXXXXXXXXXXXXXXXXXXXXXXXXXXXXXXXXXXXXXXXXXXXXXXXXXXXXXXXXXXXXXXXX（主体）。

XXXXXXXXXXXXXXXXXXXXXXXXXXXXXXXXXXXXXXXXXXXXXXXXXXXXXXXXXXXXXXXXXX

XXXXXXXXXXXXXXXXXXXXXXXX（结尾）。

报：上级单位

送：平级单位

发：下级单位

共印X份

（十二）说明书

XX药品使用说明书

【药品名称】

通用名：XXXXXX

英文名：XXXXXX

汉语拼音：XXXXXX

【成分】XX、XX、XX、XX

【性状】XXXXXXXXXXXXXXXXXXXXXXXXX。

【功能主治】XXXXXXXXXXXXXXXXXXXXXXXXXX。

【规格】XX。

【用法用量】XXXXXXXXXXXXXXXXXXXXXXXXXXXXXXX。

【不良反应】XXXXXXXXXXXXXXXXXXXXXXXXXXXXXXXX。

【禁忌】XXXXXXXXXXXXXXXXXXXXXXXXXXXXXXXXXXX。

【注意事项】

1.XXXXXXXXXXXXXXXXXXXXX。

2.XXXXXXXXXXXXXXXXXXXXX。

3.XXXXXXXXXXXXXXXXXXXXX。

【贮藏】XXXXXXXXXXXXXX

【包装】XXXXXXXXXXXXXX

【有效期】X 个月

【产品批号】见包装

【生产日期】见包装盒

【执行标准】XXXXXXXXXX

【批准文号】国药准字 XXXXXX

【生产企业】

企业名称：XXXXXXXXXX

生产地址：XX 市 XX 区 XX 路 XX 号

邮政编码：XXXXXX

电话：XXXXXXXX

传真：XXXXXXXX

（十三）商业广告词

标题

XXXXXXXXXXXXXXXXXXXXXXXXXXXXXXXXXXXXXXXXXXXXXXXX
XXXXXXXXXXXXXXXXXXXXXXXXXXXXXXXXXXXXXXXXXXXXXXXXXXX

XXXXXXXXXXXXXXXXXXXXXXXXXX（正文）。（结构没有固定格式）

XXXXXXXXXXXXXXXXXXXXXXXXXXXXXXXXXXXXXXXXXXXXXXXXXXXXXXXXXXXXXXXXXXXXXXXXXXXXXXXXXXXXXXXXXXXXXXXXXXXXXXXXXXXXXXXXXXXXXXXXXXX（随文）。（一般包括生产厂家名称、地址、网址、邮编、电话号码、联系人姓名等信息）

（广告标语，它的位置比较自由，一般独立于正文之外。）

（十四）策划书

XX 活动策划书

一、活动背景

XXXXXXXXXXXXXXXXXXXXXXXXXXXXXXXXXXXXXXXXXXXXXXXXXXXXXXXXXXXXXXXXXXXXXXXXXXXXXXXXXXXXXXXXXXXXXXXXXXX。

二、活动目的和意义

XXXXXXXXXXXXXXXXXXXXXXXXXXXXXXXXXXXXXXXXXXXXXXXXXXXXXXXXXXXXXXXXXXX

XXXXXXXXXXXXXXXXXXXXXXXXXXXXXXXX。

三、活动步骤

1.XXXXXXXXXXXXXXXXXXXXXXXXXXXXXXXXXXXXXXXXXXXXXXXXXXXXXXXXXXXXXXXXXXXXXXXXXXXXXXXXXXXXXXXXXXXXXXX。

2.XXXXXXXXXXXXXXXXXXXXXXXXXXXXXXXXXXXXXXXXXXXXXXXXXXXXXXXXXXXXXXXXXXXXXXXXXXXXXXXXXXXXXXXXXXXXXX。

3.XXXXXXXXXXXXXXXXXXXXXXXXXXXXXXXXXXXXXXXXXXXXXXXXXXXXXXXXXXXXXXXXXXXXXXXXXXXXXXXXXXXXXXXXXXXXXXXXX。

四、活动用品及经费预算

1. 桌子：X 张，从 XX 处借用。

2. 太阳伞：X 把，从 XX 处借用。

3. 海报、横幅：X 幅，共 XX 元。

4. 矿泉水：X 瓶，共 XX 元。

5. 签名笔：XX 支，共 XX 元。

以上合计：XXX 元。

活动负责人：XXX 联系电话：XXXXXXXX。

主要参与人：XXXXXXXXXXXX

主办单位：XXX

X 年 X 月 X 日

（十五）求职信、应聘信

求职信

尊敬的公司领导：

您好！

XXXXXXXXXXXXXXXXXXXXXXXXXXXXXXXXXXXXXXXXXXXXXXXXXXXXXXXXXXXXXXXXXXXXXXXXXXXXXXXXXXXXX XXXXXXXXXXXXXXXXXXXXXXXXXXXXXXXXXXXXXXXXXXXXXXXXXXXXXXXXXXXXXXXXXXXXXXXXXXXXXXXXXXXXX（正文）。（一般从自我介绍、求职意愿、求职理由三方面来写）

XXXXXXXXXXXXXXXXXXX。（再次表达求职愿望）

此致

敬礼

求职人 XXX

X 年 X 月 X 日

联系电话：XXXXXXXX

联系地址：XX 省 XX 市 XX 区 XX 路 XX 号

附件：1.XX 学历证书复印件

2.XX 获奖证书复印件

3.XXXX 复印件

应聘信

尊敬的公司领导：

您好！

非常感谢您在百忙之中阅读此信，近从 XX 处欣闻贵公司拟聘 XX 岗位 X 人，特来信应聘。

XXXXXXXXXXXXXXXXXXXXXXXXXXXXXXXXXXXXXXXXXXXXXXXXXXXXXXXXXXXXXXXX（正文）。（一般从岗位需求、自身优势、应聘期望三方面来写）

XXXXXXXXXXXXXXXXXXXXX。（再次表明应聘愿望）

此致

敬礼

应聘人 XXX

X 年 X 月 X 日

联系电话：XXXXXXXX

联系地址：XX 省 XX 市 XX 区 XX 路 XX 号

附件：1.XX 学历证书复印件

2.XX 获奖证书复印件

3.XXXX 复印件

附录三

党政机关公文格式

（中华人民共和国国家标准 GB/T 9704—2012 代替 GB/T 9704—1999）

1 范围

本标准规定了党政机关公文通用的纸张要求、排版和印制装订要求、公文格式各要素的编排规则，并给出了公文的式样。

本标准适用于各级党政机关制发的公文。其他机关和单位的公文可以参照执行。

使用少数民族文字印制的公文，其用纸、幅面尺寸及版面、印制等要求按照本标准执行，其余可以参照本标准并按照有关规定执行。

2 规范性引用文件

下列文件对于本标准的应用是必不可少的。凡是注日期的引用文件，仅所注日期的版本适用于本标准。凡是不注日期的引用文件，其最新版本（包括所有的修改单）适用于本标准。

GB/T 148 印刷、书写和绘图纸幅面尺寸

GB 3100 国际单位制及其应用

GB 3101 有关量、单位和符号的一般原则

GB 3102（所有部分）量和单位

GB/T 15834 标点符号用法

GB/T 15835 出版物上数字用法

3 术语和定义

下列术语和定义适用于本标准。

3.1 字

标示公文中横向距离的长度单位。在本标准中，一字指一个汉字宽度的距离。

3.2 行

标示公文中纵向距离的长度单位。在本标准中，一行指一个汉字的高度加3号汉字高度的7/8的距离。

4 公文用纸主要技术指标

公文用纸一般使用纸张定量为60 g/m^2~80 g/m^{2}的胶版印刷纸或复印纸。纸张白度80%~90%，横向耐折度≥15次，不透明度≥85%，pH值为7.5~9.5。

5 公文用纸幅面尺寸及版面要求

5.1 幅面尺寸

公文用纸采用GB/T 148中规定的A4型纸，其成品幅面尺寸为：210 mm×297 mm。

5.2 版面

5.2.1 页边与版心尺寸

公文用纸天头（上白边）为37 mm±1 mm，公文用纸订口（左白边）为28 mm±1 mm，版心尺寸为156 mm×225 mm。

5.2.2 字体和字号

如无特殊说明，公文格式各要素一般用3号仿宋体字。特定情况可以作适当调整。

5.2.3 行数和字数

一般每面排22行，每行排28个字，并撑满版心。特定情况可以作适当调整。

5.2.4 文字的颜色

如无特殊说明，公文中文字的颜色均为黑色。

6 印制装订要求

6.1 制版要求

版面干净无底灰，字迹清楚无断划，尺寸标准，版心不斜，误差不超过 1 mm。

6.2 印刷要求

双面印刷；页码套正，两面误差不超过 2 mm。黑色油墨应当达到色谱所标 BL100%，红色油墨应当达到色谱所标 Y80%、M80%。印品着墨实、均匀；字面不花、不白、无断划。

6.3 装订要求

公文应当左侧装订，不掉页，两页页码之间误差不超过 4 mm，裁切后的成品尺寸允许误差 ±2 mm，四角成 90°，无毛茬或缺损。

骑马订或平订的公文应当：

a）订位为两钉外订眼距版面上下边缘各 70 mm 处，允许误差 ±4 mm；

b）无坏钉、漏钉、重钉，钉脚平伏牢固；

c）骑马订钉锯均订在折缝线上，平订钉锯与书脊间的距离为 3 mm~5 mm。

包本装订公文的封皮（封面、书脊、封底）与书芯应吻合、包紧、包平、不脱落。

7 公文格式各要素编排规则

7.1 公文格式各要素的划分

本标准将版心内的公文格式各要素划分为版头、主体、版记三部分。公文首页红色分隔线以上的部分称为版头；公文首页红色分隔线（不含）以下、公文末页首条分隔线（不含）以上的部分称为主体；公文末页首条分隔线以下、末条分隔线以上的部分称为版记。

页码位于版心外。

7.2 版头

7.2.1 份号

如需标注份号，一般用6位3号阿拉伯数字，顶格编排在版心左上角第一行。

7.2.2 密级和保密期限

如需标注密级和保密期限，一般用3号黑体字，顶格编排在版心左上角第二行；保密期限中的数字用阿拉伯数字标注。

7.2.3 紧急程度

如需标注紧急程度，一般用3号黑体字，顶格编排在版心左上角；如需同时标注份号、密级和保密期限、紧急程度，按照份号、密级和保密期限、紧急程度的顺序自上而下分行排列。

7.2.4 发文机关标志

由发文机关全称或者规范化简称加“文件”二字组成，也可以使用发文机关全称或者规范化简称。

发文机关标志居中排布，上边缘至版心上边缘为35 mm，推荐使用小标宋体字，颜色为红色，以醒目、美观、庄重为原则。

联合行文时，如需同时标注联署发文机关名称，一般应当将主办机关名称排列在前；如有“文件”二字，应当置于发文机关名称右侧，以联署发文机关名称为准上下居中排布。

7.2.5 发文字号

编排在发文机关标志下空二行位置，居中排布。年份、发文顺序号用阿拉伯数字标注；年份应标全称，用六角括号“〔 〕”括入；发文顺序号不加“第”字，不编虚位（即1不编为01），在阿拉伯数字后加“号”字。

上行文的发文字号居左空一字编排，与最后一个签发人姓名处在同一行。

7.2.6 签发人

由“签发人”三字加全角冒号和签发人姓名组成，居右空一字，编排在发文机关标志下空二行位置。“签发人”三字用3号仿宋体字，签发人姓名用 3 号楷体字。

如有多个签发人，签发人姓名按照发文机关的排列顺序从左到右、自上而下依次均匀编排，一般每行排两个姓名，回行时与上一行第一个签发人姓名对齐。

7.2.7 版头中的分隔线

发文字号之下 4 mm 处居中印一条与版心等宽的红色分隔线。

7.3 主体

7.3.1 标题

一般用 2 号小标宋体字，编排于红色分隔线下空二行位置，分一行或多行居中排布；回行时，要做到词意完整，排列对称，长短适宜，间距恰当，标题排列应当使用梯形或菱形。

7.3.2 主送机关

编排于标题下空一行位置，居左顶格，回行时仍顶格，最后一个机关名称后标全角冒号。如主送机关名称过多导致公文首页不能显示正文时，应当将主送机关名称移至版记，标注方法见 7.4.2。

7.3.3 正文

公文首页必须显示正文。一般用 3 号仿宋体字，编排于主送机关名称下一行，每个自然段左空二字，回行顶格。文中结构层次序数依次可以用“一、”“（一）”“1.”“（1）”标注；一般第一层用黑体字、第二层用楷体字、第三层和第四层用仿宋体字标注。

7.3.4 附件说明

如有附件，在正文下空一行左空二字编排“附件”二字，后标全角冒号和附件名称。如有多个附件，使用阿拉伯数字标注附件顺序号（如“附件：1. XXXXX”）；附件名称后不加标点符号。附件名称较长需回行时，应当与上一行附件名称的首字对齐。

7.3.5 发文机关署名、成文日期和印章

7.3.5.1 加盖印章的公文

成文日期一般右空四字编排，印章用红色，不得出现空白印章。

单一机关行文时，一般在成文日期之上、以成文日期为准居中编排发文机关署名，印章端正、居中下压发文机关署名和成文日期，使发文机关署名和成文日期居印章中心偏下位置，印章顶端应当上距正文（或附件说明）一行之内。

联合行文时，一般将各发文机关署名按照发文机关顺序整齐排列在相应位置，并将印章一一对应、端正、居中下压发文机关署名，最后一个印章端正、居中下压发文机关署名和成文日期，印章之间排列整齐、互不相交或相切，每排印章两端不得超出版心，首排印章顶端应当上距正文（或附件说明）一行之内。

7.3.5.2 不加盖印章的公文

单一机关行文时，在正文（或附件说明）下空一行右空二字编排发文机关署名，在发文机关署名下一行编排成文日期，首字比发文机关署名首字右移二字，如成文日期长于发文机关署名，应当使成文日期右空二字编排，并相应增加发文机关署名右空字数。

联合行文时,应当先编排主办机关署名,其余发文机关署名依次向下编排。

7.3.5.3 加盖签发人签名章的公文

单一机关制发的公文加盖签发人签名章时，在正文（或附件说明）下空二行右空四字加盖签发人签名章，签名章左空二字标注签发人职务，以签名章为准上下居中排布。在签发人签名章下空一行右空四字编排成文日期。

联合行文时，应当先编排主办机关签发人职务、签名章，其余机关签发人职务、签名章依次向下编排，与主办机关签发人职务、签名章上下对齐；每行只编排一个机关的签发人职务、签名章；签发人职务应当标注全称。

签名章一般用红色。

7.3.5.4 成文日期中的数字

用阿拉伯数字将年、月、日标全，年份应标全称，月、日不编虚位（即1不编为01）。

7.3.5.5 特殊情况说明

当公文排版后所剩空白处不能容下印章或签发人签名章、成文日期时，可以采取调整行距、字距的措施解决。

7.3.6 附注

如有附注，居左空二字加圆括号编排在成文日期下一行。

7.3.7 附件

附件应当另面编排，并在版记之前，与公文正文一起装订。“附件”二字及附件顺序号用3号黑体字顶格编排在版心左上角第一行。附件标题居中编排在版心第三行。附件顺序号和附件标题应当与附件说明的表述一致。附件格式要求同正文。

如附件与正文不能一起装订，应当在附件左上角第一行顶格编排公文的发文字号并在其后标注“附件”二字及附件顺序号。

7.4 版记

7.4.1 版记中的分隔线

版记中的分隔线与版心等宽，首条分隔线和末条分隔线用粗线（推荐高度为0.35 mm），中间的分隔线用细线（推荐高度为0.25 mm）。首条分隔线位于版记中第一个要素之上,末条分隔线与公文最后一面的版心下边缘重合。

7.4.2 抄送机关

如有抄送机关，一般用4号仿宋体字，在印发机关和印发日期之上一行、左右各空一字编排。“抄送”二字后加全角冒号和抄送机关名称，回行时与冒号后的首字对齐，最后一个抄送机关名称后标句号。

如需把主送机关移至版记，除将“抄送”二字改为“主送”外，编排方法同抄送机关。既有主送机关又有抄送机关时，应当将主送机关置于抄送机关之上一行，之间不加分隔线。

7.4.3 印发机关和印发日期

印发机关和印发日期一般用4号仿宋体字，编排在末条分隔线之上，印发机关左空一字，印发日期右空一字，用阿拉伯数字将年、月、日标全，年份应标全称，月、日不编虚位（即1不编为01），后加“印发”二字。

版记中如有其他要素，应当将其与印发机关和印发日期用一条细分隔线隔开。

7.5 页码

一般用4号半角宋体阿拉伯数字，编排在公文版心下边缘之下，数字左右各放一条一字线；一字线上距版心下边缘7 mm。单页码居右空一字，双页码居左空一字。公文的版记页前有空白页的，空白页和版记页均不编排页码。公文的附件与正文一起装订时，页码应当连续编排。

8 公文中的横排表格

A4纸型的表格横排时，页码位置与公文其他页码保持一致，单页码表头在订口一边，双页码表头在切口一边。

9 公文中计量单位、标点符号和数字的用法

公文中计量单位的用法应当符合GB 3100、GB 3101和GB 3102（所有部分），标点符号的用法应当符合GB/T 15834，数字用法应当符合GB/T 15835。

10 公文的特定格式

10.1 信函格式

发文机关标志使用发文机关全称或者规范化简称，居中排布，上边缘至上页边为30 mm，推荐使用红色小标宋体字。联合行文时，使用主办机关标志。

发文机关标志下 4 mm 处印一条红色双线（上粗下细），距下页边 20 mm 处印一条红色双线（上细下粗），线长均为 170 mm，居中排布。

如需标注份号、密级和保密期限、紧急程度，应当顶格居版心左边缘编排在第一条红色双线下，按照份号、密级和保密期限、紧急程度的顺序自上而下分行排列，第一个要素与该线的距离为 3 号汉字高度的 7/8。

发文字号顶格居版心右边缘编排在第一条红色双线下，与该线的距离为 3 号汉字高度的 7/8。

标题居中编排，与其上最后一个要素相距二行。

第二条红色双线上一行如有文字，与该线的距离为 3 号汉字高度的 7/8。

首页不显示页码。

版记不加印发机关和印发日期、分隔线，位于公文最后一面版心内最下方。

10.2 命令（令）格式

发文机关标志由发文机关全称加“命令”或“令”字组成，居中排布，上边缘至版心上边缘为 20 mm，推荐使用红色小标宋体字。

发文机关标志下空二行居中编排令号，令号下空二行编排正文。

签发人职务、签名章和成文日期的编排见 7.3.5.3。

10.3 纪要格式

纪要标志由“XXXXX 纪要”组成，居中排布，上边缘至版心上边缘为 35 mm，推荐使用红色小标宋体字。

标注出席人员名单，一般用 3 号黑体字，在正文或附件说明下空一行左空二字编排“出席”二字，后标全角冒号，冒号后用 3 号仿宋体字标注出席人单位、姓名，回行时与冒号后的首字对齐。

标注请假和列席人员名单，除依次另起一行并将“出席”二字改为“请假”或“列席”外，编排方法同出席人员名单。

纪要格式可以根据实际制定。

11 式样

A4型公文用纸页边及版心尺寸见图1；公文首页版式见图2；联合行文公文首页版式1见图3；联合行文公文首页版式2见图4；公文末页版式1见图5；公文末页版式2见图6；联合行文公文末页版式1见图7；联合行文公文末页版式2见图8；附件说明页版式见图9；带附件公文末页版式见图10；信函格式首页版式见图11；命令（令）格式首页版式见图12。

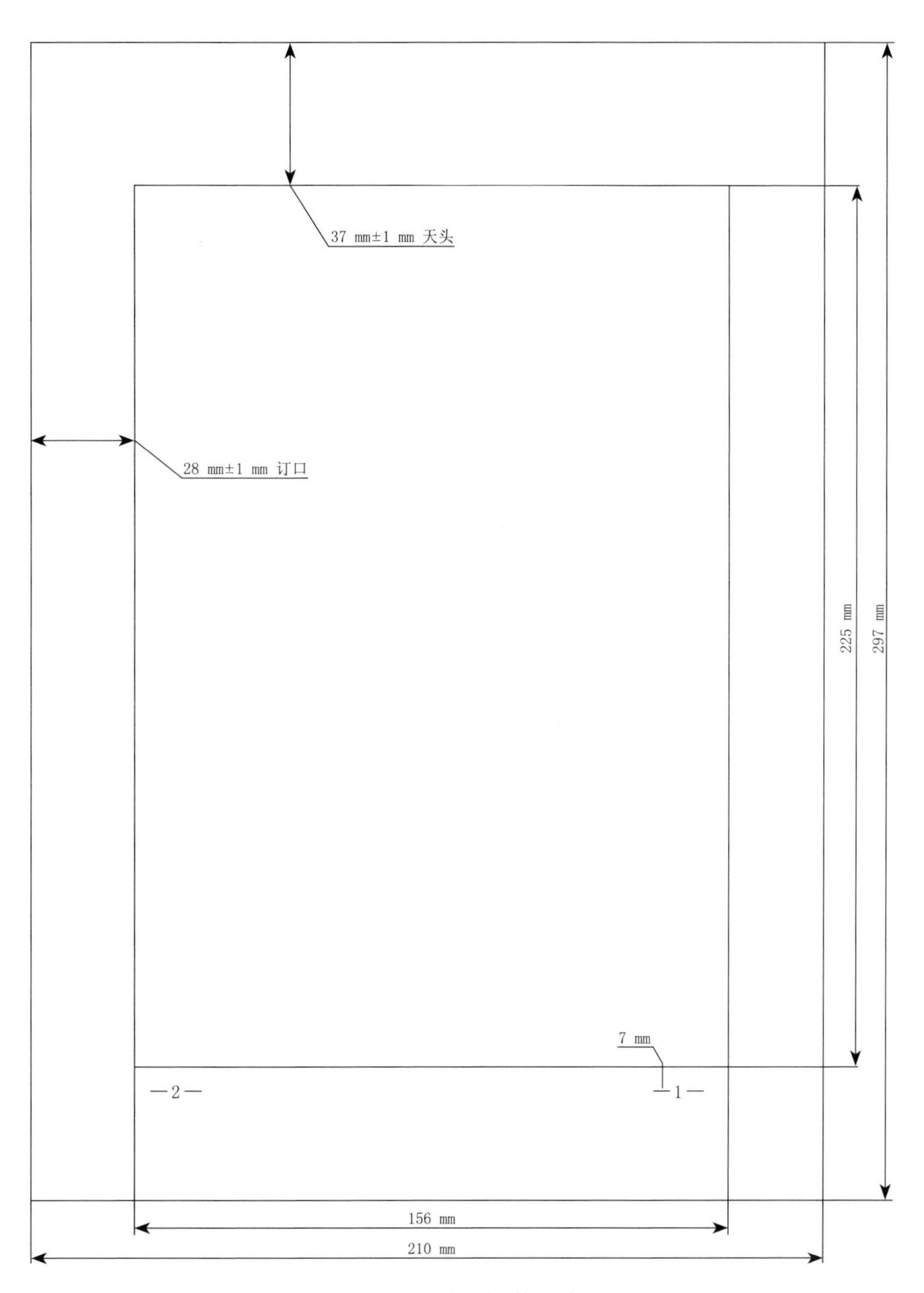

图 1　A4 型公文用纸页边及版心尺寸

000001

机密★1年

特急

×××〔2012〕10号

×××××关于××××××的通知

××××××××：

××××××××××××××××××××××××××
××××××××××××××××××××××××××××
××××××××××××××××××××××××××××
××××。

××××××××××××××××××××××××××
×××××××××××。

×××××××××××××。

×××××××。××××××××××××××××
××××××××××××××××××××××××××××
××××××××××××××××××××××××××××

— 1 —

图2　公文首页版式

注：版心实线框仅为示意，在印制公文时并不印出。

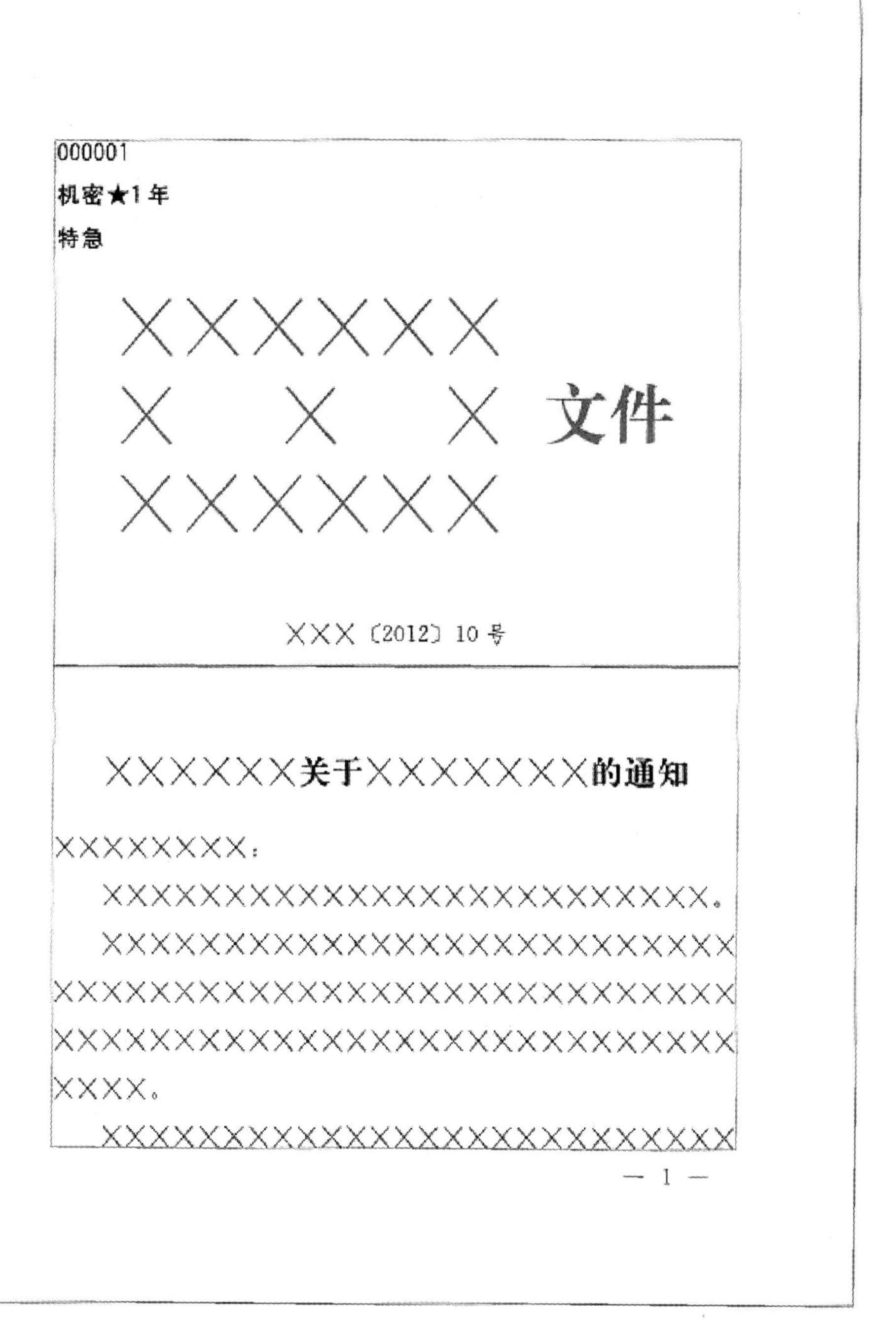
000001
机密★1年
特急

××××××
× × × 文件
××××××

×××〔2012〕10号

××××××关于×××××××的通知

××××××××：

×××××××××××××××××××××××××。

××。

××××××××××××××××××××××××××

— 1 —

图3 联合行文公文首页版式1

注：版心实线框仅为示意，在印制公文时并不印出。

000001
机　密
特　急

××××××
×　×　×
××××××

签发人：×××　×××
×××〔2012〕10号　　×××

××××××关于×××××××的请示

××××××××：

××。

×××××××××××××××××××××××××

— 1 —

图4　联合行文公文首页版式2

注：版心实线框仅为示意，在印制公文时并不印出。

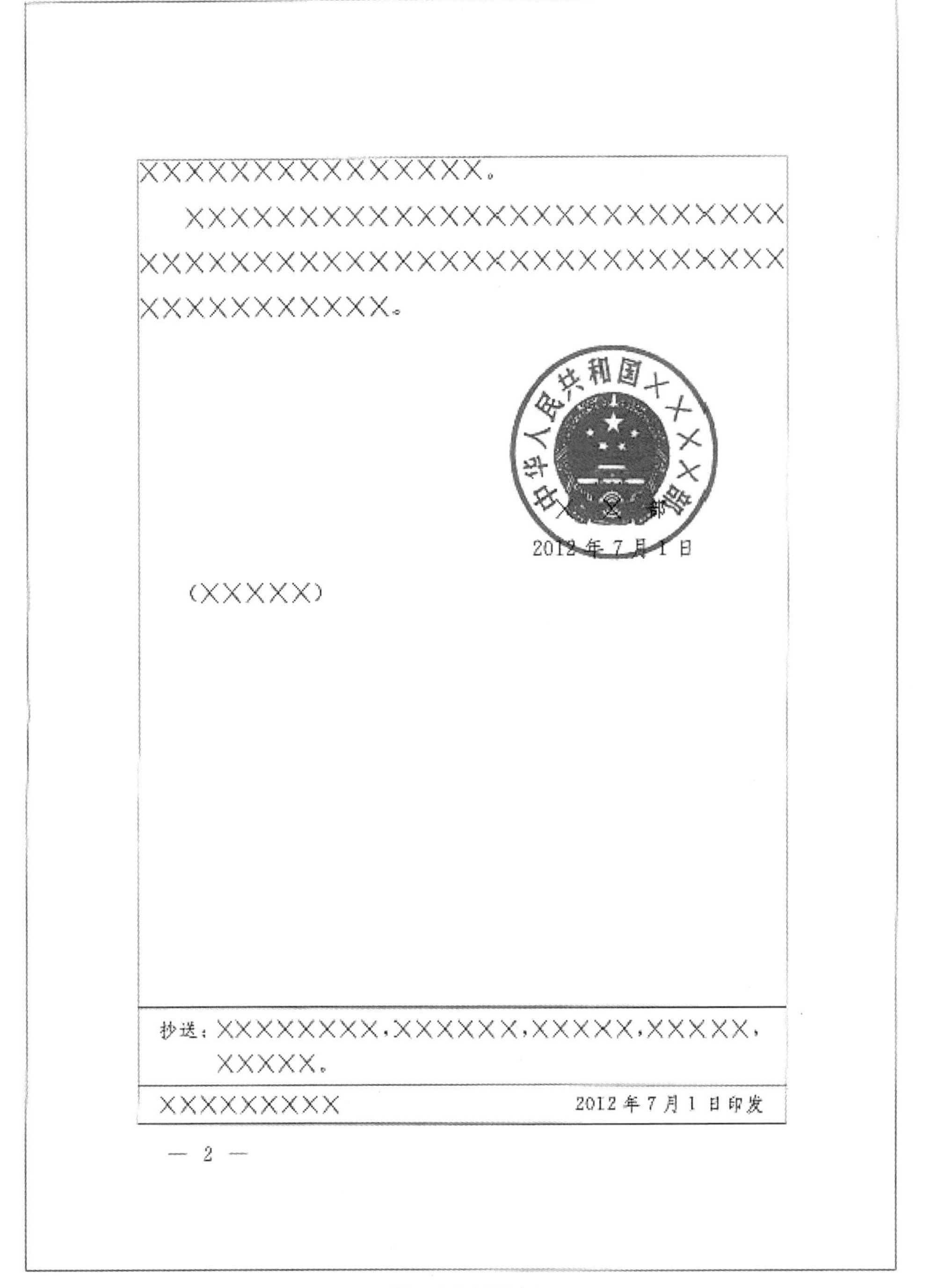
XXXXXXXXXXXXXXXX。

XXXXXXXXXXXXXXXXXXXXXXXXXXXXXXXXXXXXXXXXXXXXXXXXXXXXXXXXXXXXXXXXXXXXX。

（XXXXX）

抄送：XXXXXXXXX，XXXXXXX，XXXXX，XXXXX，XXXXX。

XXXXXXXXX　　2012年7月1日印发

— 2 —

图5　公文末页版式1

注：版心实线框仅为示意，在印制公文时并不印出。

XXXXXXXXXXXXXXX。

XXXXXXXXXXXXXXXXXXXXXXXXXX
XXXXXXXXXXXXXXXXXXXXXXXXXXX
XXXXXXXXX。

XXXXXXXXXXXX

2012年7月1日

（XXXXX）

抄送：XXXXXXXX，XXXXXX，XXXXX，XXXXX，XXXXX。

XXXXXXXXX 2012年7月1日印发

— 2 —

图6 公文末页版式2

注：版心实线框仅为示意，在印制公文时并不印出。

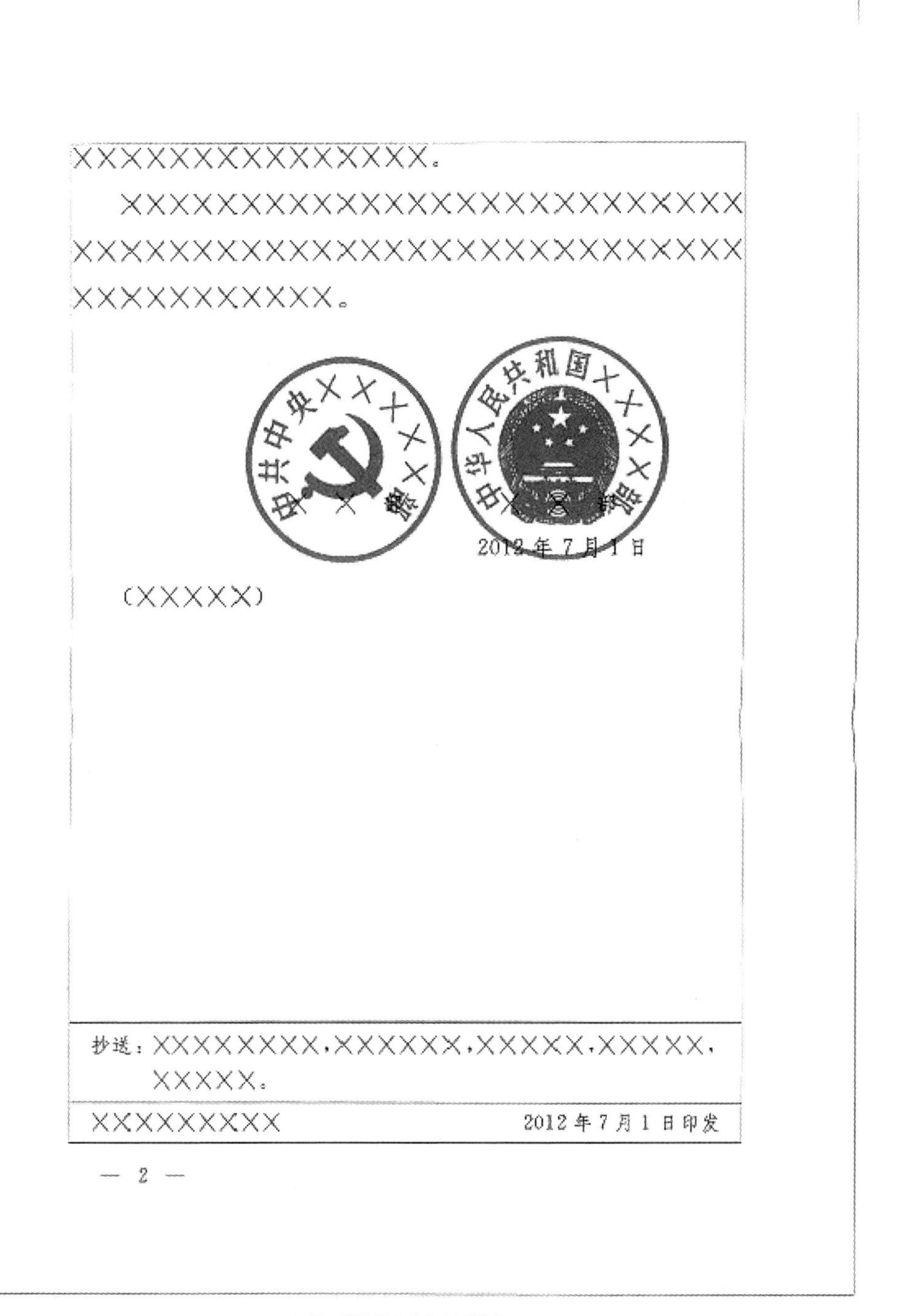

XXXXXXXXXXXXXXXX。

XXXXXXXXXXXXXXXXXXXXXXXXXXXXXXXXXXXXXXXXXXXXXXXXXXXXXXXXXXXXXXXXXXXXXXXXX。

中共中央××××部　中华人民共和国××××部

2012年7月1日

（XXXXX）

抄送：XXXXXXXX，XXXXXX，XXXXX，XXXXX，XXXXX。

XXXXXXXXX　2012年7月1日印发

— 2 —

图7　联合行文公文末页版式1

注：版心实线框仅为示意，在印制公文时并不印出。

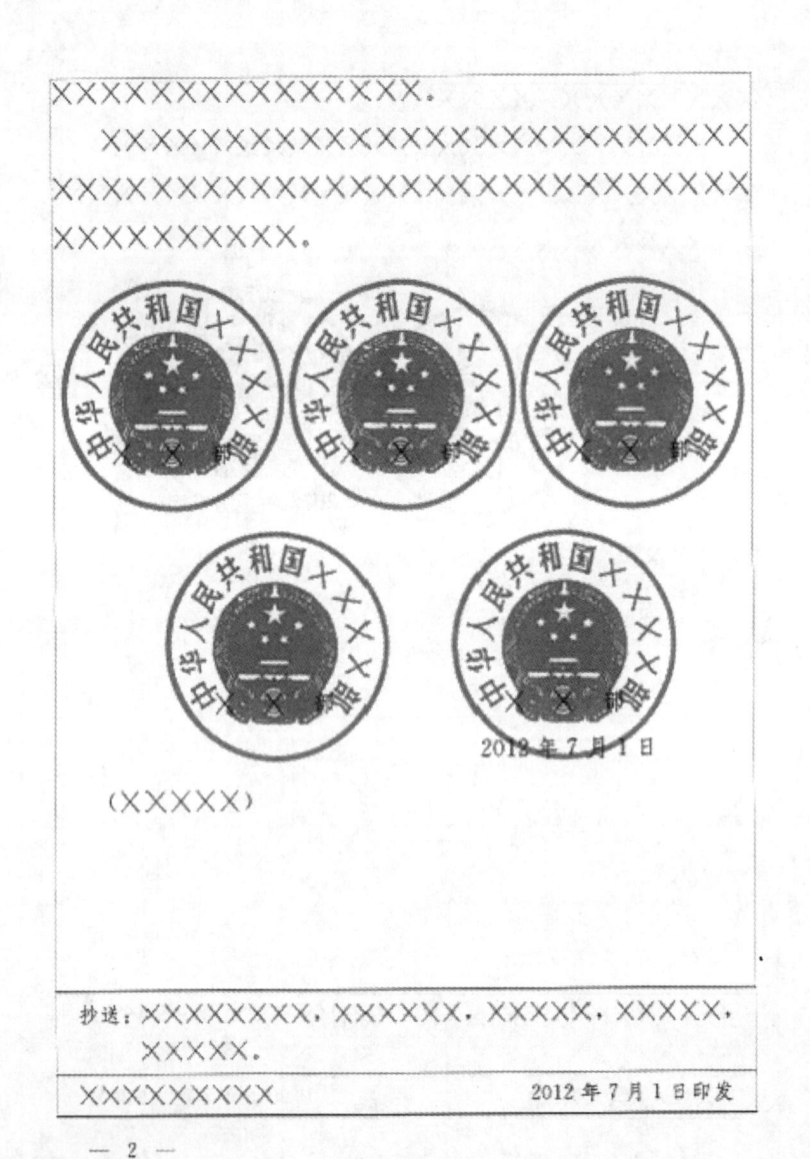

×××××××××××××××。

××。

2012年7月1日

（×××××）

抄送：××××××××，××××××，×××××，×××××，×××××。

×××××××××　2012年7月1日印发

— 2 —

图8　联合行文公文末页版式2

注：版心实线框仅为示意，在印制公文时并不印出。

XXXXXXXXXXXXXXX。

XXXXXXXXXXXXXXXXXXXXXXXXXX
XXXXXXXXXXXXXXXXXXXXXXXXXXX
XXXXXXXXXXXXX。

附件：1. XXXXXXXXXXXXXXXXXXXXXX
XXXXX
2. XXXXXXXXXXXXX

XXXXXXX
X X X X
2012年7月1日

（XXXXX）

— 2 —

图9 附件说明页版式

注：版心实线框仅为示意，在印制公文时并不印出。

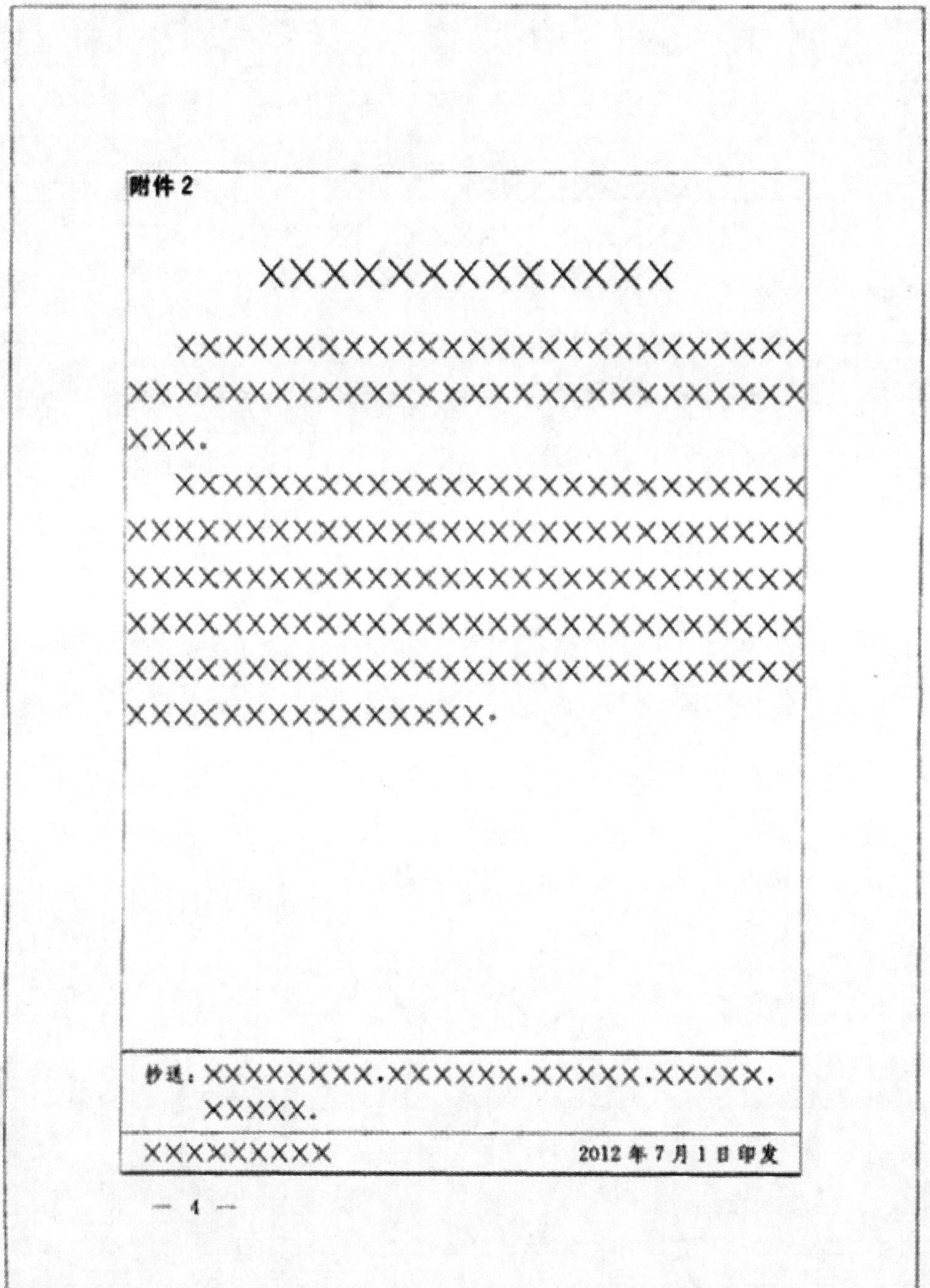

附件 2

XXXXXXXXXXXXXX

XXXXXXXXXXXXXXXXXXXXXXXXXXXXXXXXXXXXXXXXXXXXXXXXXXXXXXXXX.

XXXXXXXXXXXXXXXXXXXXXXXXXXXXXXXXXXXXXXXXXXXXXXXXXXXXXXXXXXXXXXXXXXXXXXXXXXXXXXXXXXXXXXXXXXXXXXXXXXXXXXXXXXXXXXXXXXXXXXXXXXXXXXXXXXXXXXXX.

抄送：XXXXXXXX，XXXXXX，XXXXX，XXXXX，XXXXX.

XXXXXXXXX　　2012 年 7 月 1 日印发

— 4 —

图 10　带附件公文末页版式

注：版心实线框仅为示意，在印制公文时并不印出。

中华人民共和国××××××部

000001　　　　　　　　　　　　　　　　　　×××〔2012〕10号

机　密

特　急

×××××关于××××××××的通知

××××××××：

××。

××。

×××。

图11　信函格式首页版式

注：版心实线框仅为示意，在印制公文时并不印出。

第XXX号

部　长　XXX

2012年7月1日

— 1 —

图12　命令（令）格式首页版式

注：版心实线框仅为示意，在印制公文时并不印出。